JN320637

DOBUN SHOIN

Physical Education for Children

2007

DOBUNSHOIN

Printed in Japan

幼児体育教本

河田 隆 [編著]

同文書院

Authors
執筆者紹介

【編著者】
河田 隆（かわた・たかし）/ 第1章，第6章 - 1～5節，第12章
宇都宮短期大学 教授

【著者】 ＊執筆順
古田瑞穂（ふるた・みずほ）/ 第2章
筑紫女学園大学短期大学部 教授

村松正之（むらまつ・まさゆき）/ 第3章，第5章
福岡教員養成所 講師

坂本勝江（さかもと・かつえ）/ 第4章
茨城女子短期大学 准教授

山内健次（やまうち・けんじ）/ 第6章 - 6～10節
佐野短期大学 准教授

渡辺貫二（わたなべ・かんじ）/ 第7章 - 1～3節
国際学院埼玉短期大学 教授

佐々木俊郎（ささき・としろう）/ 第7章 - 4～8節
佐野短期大学 准教授

森谷直樹（もりや・なおき）/ 第8章
文化女子大学室蘭短期大学 講師

月橋春美（つきはし・はるみ）/ 第9章，第12章
宇都宮短期大学 講師

瀧 信子（たき・のぶこ）/ 第10章
第一保育短期大学 教授

飯田昌男（いいだ・まさお）/ 第11章
東京福祉大学短期大学部 講師

Staff
スタッフ

【装丁デザイン】
清原一隆
KIYO＊DESIGN

【装画・本文イラスト】
しんざきゆき

Introduction
編著者まえがき

　子どもは，遊びを通して成長する。子どもにとって遊びとは，知的・情緒的・身体的・社会的価値を高め，「人」が「人間」として生きていくためのさまざまな能力を学習していく最良の教材である。とくに乳幼児期における遊びは，子どもにとって生活そのもので，その期間の遊び体験は，人格形成の基礎となり，その後の人生を左右するといっても過言ではない。

　毎日のように新聞・テレビ等で報道されている子どもたちの「いじめ」「自殺」「虐待」等の事件は，とても悲しい出来事である。現代社会において子どもたちが健康的な発育・発達をしているのか，またそれが可能な社会的環境であるのかと，いつもそうした事件か起きるたび疑問に思っている。最近「子どもの居場所づくり」として，遊びを中心とした「play・park」が地域に設置されるようになり（まだまだ少ないが），とてもうれしいことである。しかし，乳幼児期の子どもたちの遊び環境としては，安全管理・指導者の問題等の課題が多い。

　その点，保育所，幼稚園は，乳幼児期の子どもの育つ環境として，現代社会のなかではもっとも適した環境であり，その果たす役割は非常に大きいといえよう。発育・発達の著しい乳幼児期に，適切な遊び環境を整え与えることは重要なことである。とくに保育所，幼稚園での身体活動を中心とする遊びは，発育・発達の面からも，精神的・身体的・社会的にバランスのとれた健康的な遊びといえる。

　本書では，身体的な遊びを保育・教育的に考え「幼児体育」とし，保育所，幼稚園の現場において，体育指導が乳幼児期の子どもたちに効果的に実施できるように，大きく3部から構成した。第1部「理論編」，第2部「実技編」，第3部「指導計画と評価編」である。

　体育指導をする者にとっては，まず理論を正確に理解することが求められる。実技に関しては，指導展開手順・方法および指導上の留意点を十分に把握するとともに，保育・教育上のねらいを明確にする。そして，保育・教育上のねらいを効果的に達成させるための指導計画を立てることも必要である。さらに，指導後の自己評価も大切であり，より発展した指導ができるよう努力しなくてはならない。このような考え方から，本書は，保育所，幼稚園において体育指導する際に参考になるようまとめたものである。幼児体育指導書として少しでもお役に立ち，子どもたちの健康的な成長に繋ぐことができれば幸いである。

2007年 春

編著者　河田　隆

Contents
もくじ

編著者まえがき　i

第1部　基礎理論編　1

Chapter 1　健康領域における幼児体育の意義　3
1．現代社会における子どもの生活環境　3
2．幼児教育現場の役割　6
3．領域「健康」における幼児体育　7

Chapter 2　健康の概念　9
1．健康の定義と健康観　9
　1　健康の定義　9　/　2　健康観　9
2．近代の健康観・健康問題・健康対策・世界の潮流　11
　1　1950〜1980年までの動向　11　/　2　1980〜2000年の動向　12
3．わが国の健康問題と健康対策　14
　1　わが国の現状　14　/　2　健康対策「健康日本21」　14
4．幼児期の健康　17
　1　生涯を通じた健康　17　/　2　幼児の特徴　18　/
　3　子どもにかかわる社会—家庭・保育所・幼稚園・学校　19　/
　4　子どもの健康，人権を保証する　19

Chapter 3　幼児の体力　21
1．体力の概念と構成要素　21
　1　体力の概念　21　/　2　体力の構成要素　21
2．幼児の身体的体力　25
　1　運動能力と体力　25　/　2　知的能力とのかかわり　25　/
　3　幼児期の体力づくり　26
3．幼児の精神的体力　28
　1　生活環境とのかかわり　28　/　2　個人差との関連　28
4．体力・運動能力と体育遊び　30

Chapter 4　幼児の身体活動と発育・発達　33

1．身体の発育・発達　33

　1　形態の発育　34　／　2　機能の発達　39　／　3　運動機能の発達　41

2．心の発達　48

　1　情緒の発達　48　／　2　情緒機能と運動遊びのかかわり　49

3．社会性の発達　51

　1　社会性の発達とは　51　／　2　社会性の発達と運動遊びのかかわり　52

第2部　実　技　編　55

Chapter 5　徒手的運動　57

1．体　操　58

　1　姿勢①―立位　58　／　2　姿勢②―座位　59　／　3　姿勢③―臥位　61　／

　4　部位①―首　62　／　5　部位②―上下肢　63　／　6　部位③―体幹　64　／

　7　部位④―全身（動的）　65　／　8　部位⑤―全身（静的）　66

2．組体操　67

　1　組み立て①―2人　67　／　2　組み立て②―3人　68　／　3　組運動①―2人　69　／

　4　組運動②―3人　69　／　5　親子体操　70

3．集団行動　72

　1　整列①―横隊　72　／　2　整列②―縦隊　73　／　3　方向転換　73　／

　4　隊列変化　74　／　5　行進　75

Chapter 6　器具的運動　77

1．マット　78

　1　歩く・走る①―立位　78　／　2　歩く・走る②―腕立て（膝つき）　80　／

　3　歩く・走る③―腕立て（足つき）　81　／　4　歩く・走る④―腕立て　82　／

　5　跳ぶ①―立位　83　／　6　跳ぶ②―全屈膝　84　／　7　跳ぶ③―腕立て　85　／

　8　転がる①―前方　86　／　9　転がる②―側方　86　／　10　転がる③―後方　87　／

　11　這う　88　／　12　押す・引く　89

Contents
もくじ

2．ロールマット　90
    1　跳び乗り・下り　90　／　2　踏み越し下り　91　／　3　跳び越し下り　92　／
    4　転がる　93

3．跳び箱　94
    1　助走・踏切　94　／　2　空間動作・着地―低い跳び箱　95　／
    3　腕支持①―高い跳び箱（一台）　97　／　4　腕支持②―高い跳び箱（二台）　98　／
    5　跳び越し下り　100

4．鉄　棒　102
    1　握り方　102　／　2　ぶら下がる・振る①―手　103　／
    3　ぶら下がる・振る②―肘裏　104　／　4　ぶら下がる・振る③―脇　104　／
    5　ぶら下がる・振る④―腹部　105　／　6　ぶら下がる・振る⑤―膝裏　105　／
    7　ぶら下がる・振る⑥―手足　105　／　8　上がる・下りる　106　／　9　支持　109　／
    10　まわる　109

5．平均台　111
    1　歩く・走る①―送り　111　／　2　歩く・走る②―交互足　112　／　3　跳ぶ　113　／
    4　這う　115　／　5　ぶら下がる　115　／　6　押す・引く　115　／　7　渡る　116　／
    8　くぐる・跳ぶ　116

6．ブランコ　117
    1　振る　117　／　2　跳び下り　118

7．すべり台　119
    1　すべる　119　／　2　登る　120

8．ジャングルジム　121
    1　登り・下り　121　／　2　ぶら下がる　122　／　3　歩く　123　／　4　くぐる　123

9．うんてい　124
    1　ぶら下がる　124　／　2　振る　125　／　3　渡る　125

10．登り棒　126
    1　登る・下りる①―1本登り　126　／　2　登る・下りる②―2本登り　127　／
    3　横渡り　127　／　4　まわる　127

Chapter 7　手具的運動　**129**

1．ボール　130

　　1　持って扱う①―座位　130　/　2　持って扱う②―立位　131　/
　　3　持って扱う③―臥位　131　/　4　投げる・受ける①―1人　132　/
　　5　投げる・受ける②―2人　134　/　6　転がす①―1人　136　/
　　7　転がす②―2人（＋止める）　138　/　8　つく　140　/　9　蹴る　143

2．縄　145

　　1　持って扱う　145　/　2　かく　146　/　3　歩く　146　/　4　引く　147　/
　　5　まわす　147　/　6　跳ぶ①―1人　148　/　7　跳ぶ②―2人　149　/
　　8　跳ぶ③―3人以上　150

3．フープ　152

　　1　持って扱う　152　/　2　まわす　152　/　3　投げる・受ける　153　/
　　4　転がす　153　/　5　くぐる　153　/　6　跳ぶ　154

4．棒　155

　　1　持って扱う―握る　155　/　2　足抜き　156　/　3　立てる　157　/
　　4　振る・まわす　157　/　5　転がす　158　/　6　投げる・受ける　158　/
　　7　押す・引く　159　/　8　跳ぶ①―床に置く（静）　159　/
　　9　跳ぶ②―床に置く（動）　160　/　10　跳ぶ③―高さを変えて　160　/
　　11　乗せる―3人　161

5．新　聞　162

　　1　開いて①―床に置いて　162　/　2　開いて②―体につけて　163　/
　　3　棒にして　163　/　4　丸めて　164　/　5　切って　165

6．タオル　167

　　1　開いて　167　/　2　丸めて　167

7．ダンボール　169

　　1　開いて①―引く　169　/　2　開いて②―持ちあげる　169　/
　　3　箱状で①―入る・出る　170　/　4　箱状で②―くぐる　170　/
　　5　箱状で③―移動　171　/　6　楕円状で―移動　171

8．タイヤ　172

　　1　横にして　172　/　2　縦にして　173

Contents
もくじ

Chapter 8　水プログラム　175

1．洗面器　176
　　1　洗う　176　/　2　面つけ①—目を閉じて　177　/　3　面つけ②—目を開けて　178

2．シャワー　179
　　1　水かけ　179

3．プール　182
　　1　プールサイド①—腰掛け　182　/　2　プールサイド②—下りる　183
　　3　プール内①—その場で　183　/　4　プール内②—歩く・走る　185
　　5　プール内③—這う　187　/　6　プール内④—浮く　188
　　7　プール内⑤—バタ足　189　/　8　プール内⑥—潜水　190

Chapter 9　野外活動　193

1．キャンプ　194
　　1　キャンプ（テント）サイトでの活動　194　/　2　山で遊ぶ　197
　　3　川で遊ぶ　198　/　4　海で遊ぶ　200

2．キャンプでのお泊まり保育　202
　　1　年中児のお泊まり保育　202　/　2　年長児のお泊まり保育　202

Chapter 10　表現運動　205

1．いろいろな動き　205
　　1　だるまさんがころんだ　207　/　2　ゴーゴー列車　208

2．イメージから動きへ・動きからイメージへ　210

3．日常の表現から発表の場へ　213
　　1　行事を通して　213　/　2　運動会の作品事例　214

第3部　指導計画と評価編　219

Chapter 11　指導計画案　221

1．指導計画の意義　221
　　1　幼稚園教育要領と保育所保育指針　222　/　2　幼児体育の方向　226

2．指導計画の種類　228
　　1　長期指導計画と短期指導計画　228　／　2　幼稚園指導計画と保育所指導計画　229
3．指導計画の評価　232
　　1　反省・評価と改善　232　／　2　指導計画の評価のポイント　233　／
　　3　幼児体育の評価にあたって　233

付録　単元計画の実際例　235

- 徒手体操：単元計画（年少 / 年中 / 年長児）　237〜239
- 縄　　　：単元計画（年少 / 年中 / 年長児）　240〜242
- ボール　：単元計画（年少 / 年中 / 年長児）　243〜245
- 鉄　棒　：単元計画（年少 / 年中 / 年長児）　246〜248
- 跳び箱　：単元計画（年少 / 年中 / 年長児）　249〜251
- 平均台　：単元計画（年少 / 年中 / 年長児）　252〜254
- マット運動：単元計画（年少 / 年中 / 年長児）　255〜257

さくいん　163

第1部 基礎理論編

第1部では，幼児教育現場の健康領域における幼児体育の意義について理解を深め，体育指導を行う際に必要な基礎理論を学習する。

健康領域における幼児体育の意義

今日，子どもの生活環境が大きく変化するなかで，保育・教育現場は，どのような役割を果たすべきであろうか。「健康」の領域から，「幼児体育」の意義について考えてみよう。

Chapter 1

1．現代社会における子どもの生活環境

　現代社会の子どもの生活環境をひと言でいえば「危険」となるだろう。

　戦争で多くのものを失ってしまった日本が，戦後目ざしたのは，豊かな国の再建だった。その結果，経済は著しく成長をみせ，GDP（国内総生産）は世界トップクラスとなった。たしかに，私たちの生活環境は大きく変化し，他の先進国と肩を並べるほど豊かな国になったといえる。食料はもとより，あらゆるものを誰でも簡単に手に入れられるようになった。

　しかし，物質的豊かさを手にした私たちは，同時に多くのものを失った。とくに子どもが育つ生活環境に関して，その傾向が強いのではなかろうか。連日メディアで報道される子どもたちの不幸な事件は，見たくも聞きたくもないほど悲しく，考えられないものばかりである。誘拐・殺人・虐待など，毎日子どもたちが犠牲になっている世の中も，日本の現代社会のもう1つの顔であるといえるだろう。

　2005年の『子ども白書』*では，「子どもを大切にする国・しない国──戦後60年・日本の子どもたちの今」という興味深い特集が組まれている。そこでは，国の宝である子どもたちが安心して，安全に育っていく生活環境が崩れかかっていると指摘されており，さまざまな視点から分析されている。「子どもを大切にする国ですか？」という問いかけは，日本が「子どもを大切にしない国」であると読みとることもできる。

　なお，前述の書で日本子どもを守る会・副会長の正木は，「いのち」と「健康」について，複数の統計資料から，子どもの生存する権利は発展しているが（図1-1），保護される権利は向上（図1-2-①）と悪化（図1-2-②）とに分化し，発達する権利は停滞（図1-3-①，③，④）と低下（図1-3-②）とに分化していると分析している。これらの方向を転換し，悪化や低下

●文献（*）
日本子どもを守る会編『子ども白書』草土文化，2005

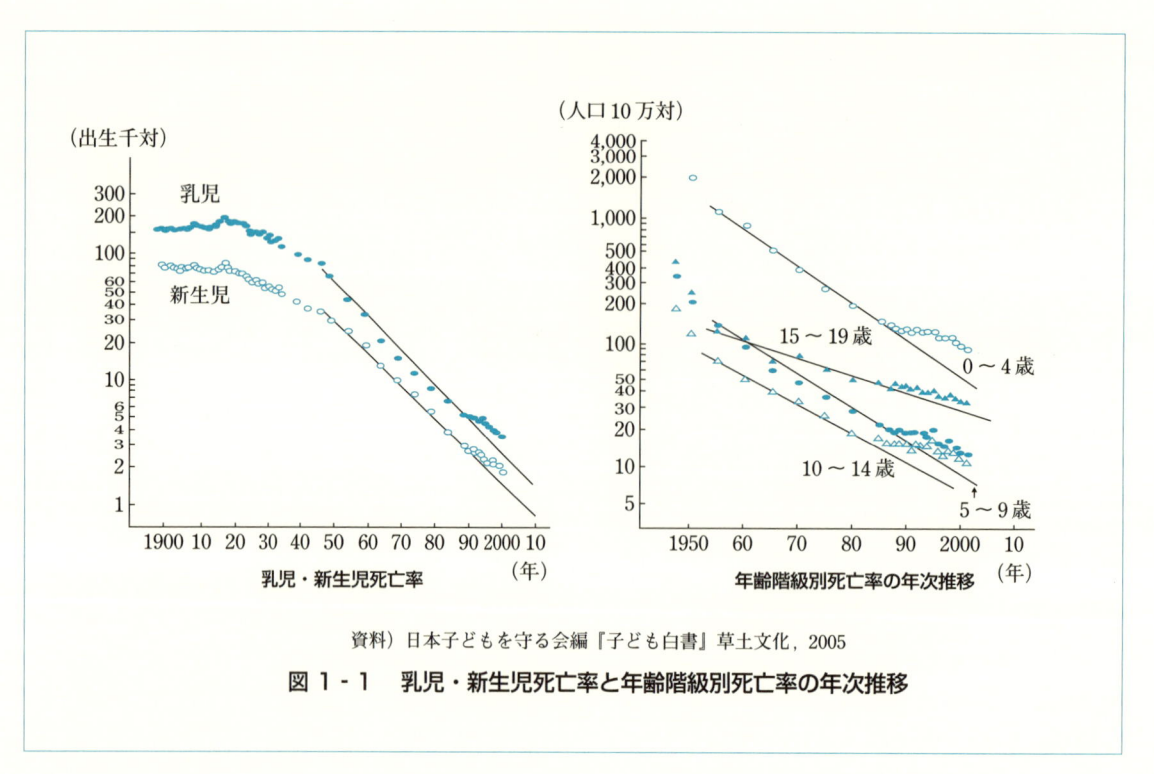

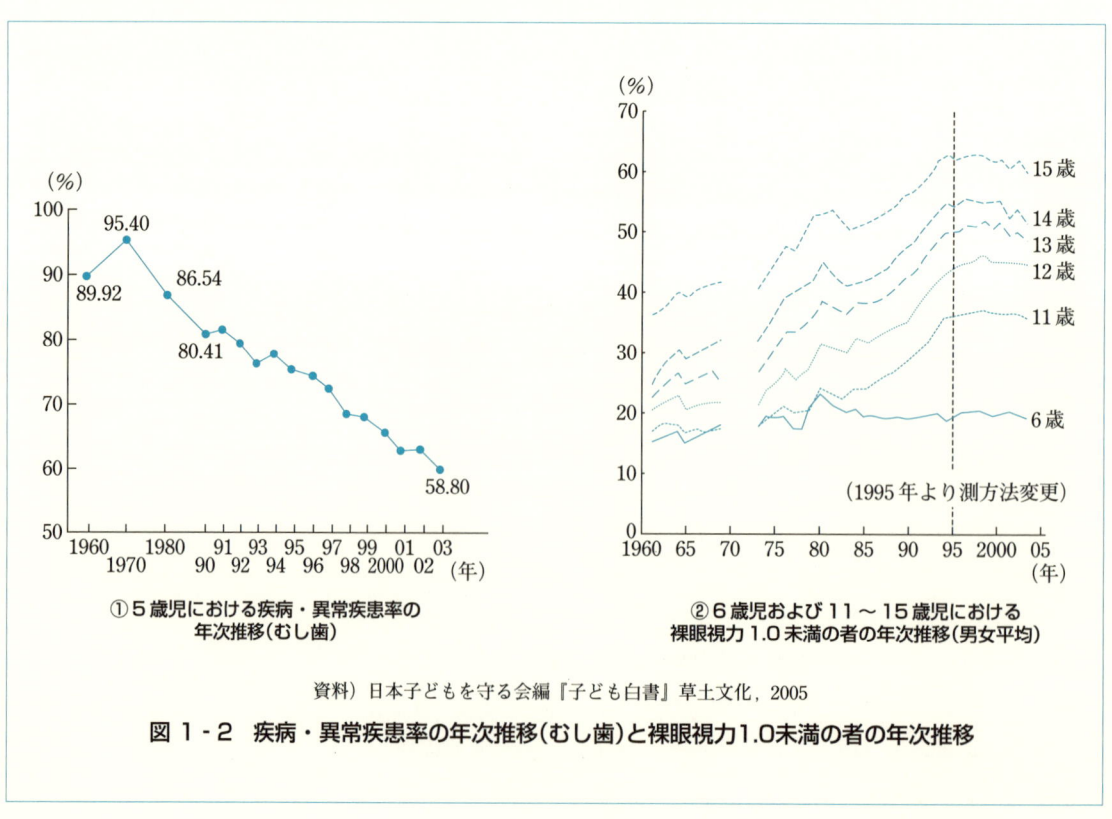

資料）日本子どもを守る会編『子ども白書』草土文化，2005

図1-1　乳児・新生児死亡率と年齢階級別死亡率の年次推移

① 5歳児における疾病・異常疾患率の年次推移（むし歯）

② 6歳児および11～15歳児における裸眼視力1.0未満の者の年次推移（男女平均）

資料）日本子どもを守る会編『子ども白書』草土文化，2005

図1-2　疾病・異常疾患率の年次推移（むし歯）と裸眼視力1.0未満の者の年次推移

資料）日本子どもを守る会編『子ども白書』草土文化，2005
図1-3 体力診断テスト・運動能力テスト合計点の平均値の年次推移

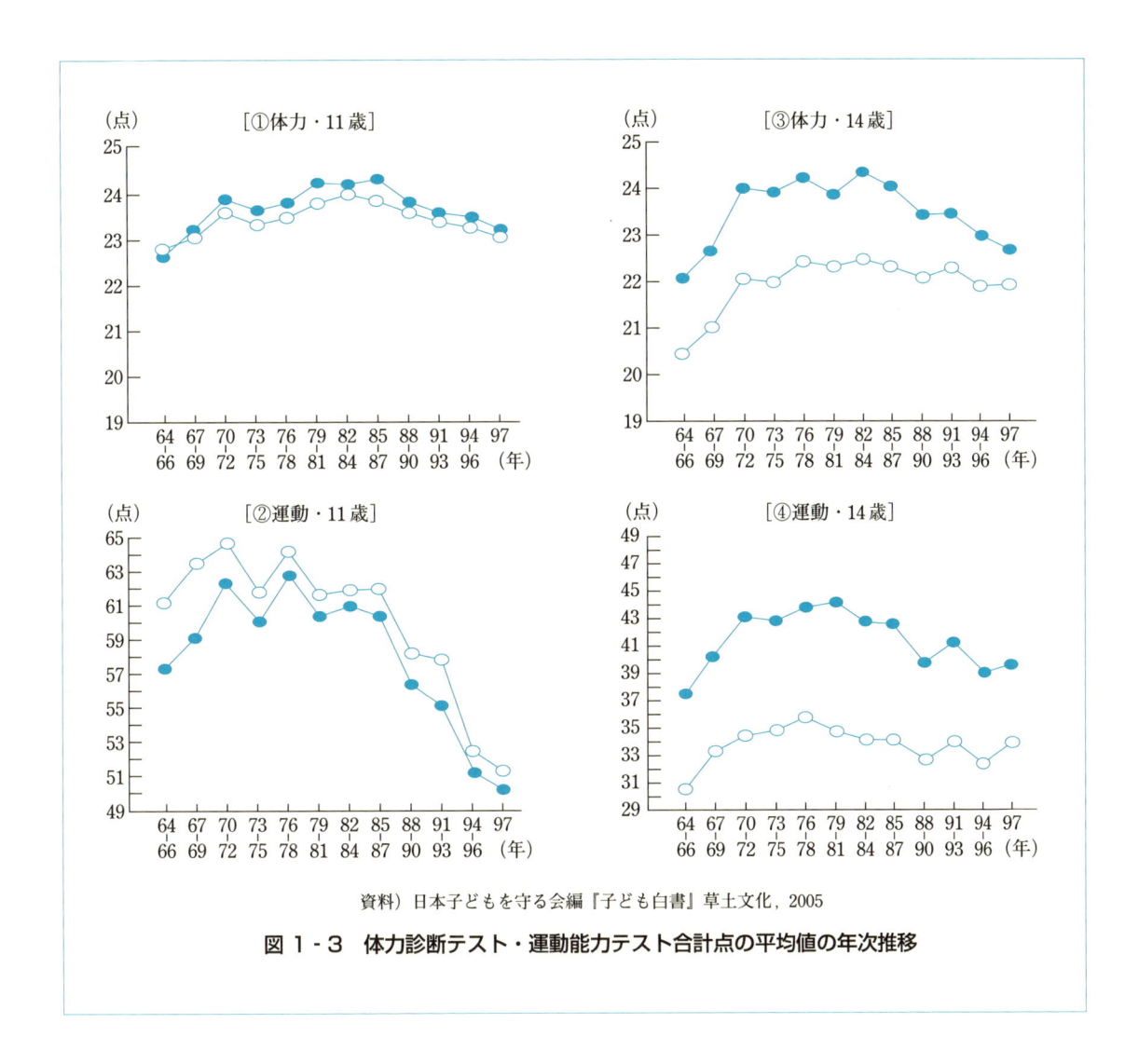

をくい止め，確実に成果を上げ発展させる取り組みを始めれば，「子どもを大切にする国」になると述べている。

今日，家庭や地域の崩壊など，子どもの育つ生活環境は，「危険」な空間になってきている。子どもが健全に発育・発達し，成長できる家庭や地域社会づくりは，早急に解決しなくてはならない国レベルの課題である。なぜなら「子どもは国の宝である」からで，言葉だけではなく，そのことを具現化していくことが，子どもにとって最良の生活環境をつくっていくことにつながるといえよう。

2. 幼児教育現場の役割

「三つ子の魂，百まで」という格言があるように，幼児期における教育は，子どもの人生を決定すると言っても過言ではない。1人ひとりの人格形成の基礎は，この時期にできあがるともいわれている。子どもの問題行動が児童期・青年期に数多く出てきている昨今であるが，問題行動の原因は，臨床心理士などの研究報告から，幼児期の生活環境のなかで体験した出来事であることが多く報告されている。

「1. 現代社会における子どもの生活環境」で述べているように，家庭や地域社会の崩壊が叫ばれている今日，幼児教育現場の果たす役割は非常に大きいものがある。幼児教育現場は，幼児期における発育・発達が，適切に進む生活環境として重要な空間なのである。そして，その代表として，保育所・幼稚園があげられる。

幼稚園は，1840年ドイツのフレーベルによって創設された「子どもの園（Kindergarten）」が各国に伝わり，「幼稚園」となって定着したものである。日本では，1875年に東京女子師範学校（現・御茶ノ水女子大学）の附属幼稚園として設立された。

2006年現在では，保育所や幼稚園が全国に数多く設立され，待機児童の問題などあるものの，徐々に充実をみせているといえる。このことは，一面的に子どもの教育空間が整いつつあることを示しているといえよう。

しかし，今日絶え間なく耳にする，子どもに関する数多くの悲惨な事件を考えると，幼児教育現場のあり方については，まだまだ議論する必要があると思われる。われわれは，「子どもが安心して生活できる社会」を早く創造していかねばならないのだ。

現在は，1999年に厚生省（現厚生労働省）が改訂した「保育所保育指針」，1998年12月に文部省（現文部科学省）が改訂した「幼稚園教育要領」をもとに，各々の保育所・幼稚園がもっている特徴を生かし，創意工夫しながら幼児教育を行っている。

3. 領域「健康」における幼児体育

　幼稚園の教育内容は「健康」「人間関係」「環境」「言葉」「表現」の5領域である。幼児期の教育で大切なことは，子どもの発育・発達に配慮して行われなければならないということである。とくに，人間が生きていくうえでもっとも基本になるのが健康で，WHO（世界保健機関）は，健康を「疾病がないとか病弱でないことだけでなく，身体的，精神的，社会的に安寧（安定）な状態にある」と定義している。

　幼児教育において5領域はどの領域も大切であるが，そういった意味においては，とくに，領域「健康」が大切といえるだろう。このことは，「保育所保育指針」第1章2－（1）ねらい及び内容や「幼稚園教育要領」第2章 ねらい及び内容で最初に記されていることからも理解できる。

　なお，健康な生活をするには幼児期における発育・発達が正常に進まなければならない。発育とは，形態面の量的変化であり，発達は機能面の質的変化である。スキャモン（Scamon, R. E.）は，身体各部の発育・発達を「リンパ型」「神経型」「一般型」「生殖型」の4つのカテゴリーに分類し，誕生0歳から成熟20歳までの発育発達曲線を示した（図1－4）。図では，幼児期において著しく伸びている神経型に注目できる。0歳から急激に伸び，3歳で成熟の3分の2まで達し，6歳までに成熟の90％にまで達する。

　身体は神経（脳）によって支配・コントロールされている。この時期に神経の発育・発達に適切な刺激（体験）による教育的学習効果を獲得することは，その後の人生に大きな影響がある。フレーベルが述べているように「遊び」が子どもにとってもっとも教育的学習効果を上げる適切な刺激（体験）である。その「遊び」のなかでも，身体活動が主となる「遊び」は幼児教育現場において時間・空間の面でも重視されなければならない。

　以上のことからも，身体活動を主とする幼児体育の意義は非常に大きい。では，幼児体育で目ざすものは，何であろうか。子どもの発育・発達から考えて，神経系と直接関係がある「運動の調整力」の発達が不可欠である。子どもにとって，生活そのものともいえる身体活動を主

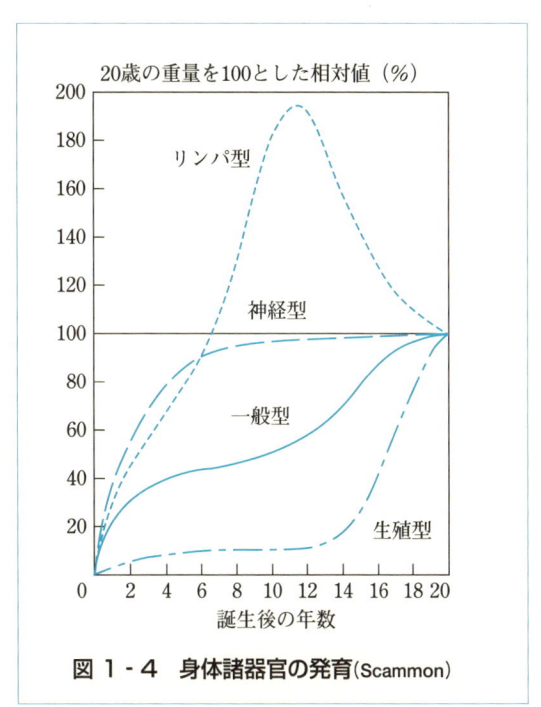

図1－4　身体諸器官の発育(Scammon)

とするすべての「遊び」は,「運動の調整力」を効果的に身につけさせ,その他にも「遊び」の特性から健康の条件をバランスよく獲得させてくれる。

　人生にとって重要なこの時期,幼児体育の指導は慎重に行われなければならない。そのためにも,1つひとつの身体活動を留意してねらいを明確にしながら進めることが大切である。

【参考文献】
・文部科学省『幼稚園教育要領解説』フレーベル館,1999
・園田碩哉『遊びの文化論』遊戯社,1998
・勝部篤美編『改訂新版 幼児の体育指導』学術図書出版社,2004
・近藤充夫編『領域別・保育内容研究シリーズ1 健康』ひかりのくに,2003
・田中敏孝監修『幼稚園・保育所の保育内容 保育健康』田研出版,2002

健康の概念

健康とは，どのような状態をさすのだろうか。健康の定義や健康観を理解し，現代の健康に関する諸問題を概観したうえで，子どもにとっての「健康」とは何であるかを考えてみよう。

Chapter 2

1. 健康の定義と健康観

1 健康の定義

　私たちのまわりには「健康」という言葉が氾濫している。「健康になる！」といえばモノが売れ，「健康になる方法」が人気を呼ぶ。これらのことからも，健康が多くの人々の関心事であることがわかる。

　医学的には，健康とは「恒常性が維持されていること」を示している。しかし，これは健康の一部を示しているだけで，未だに客観的で明快な概念を示すことは難しい。そうしたなかで，もっとも引用されている健康の考え方は，国際連合のなかのWHO（世界保健機関）が憲章の前文に示した健康の定義であろう。

> Health is a state of complete physical, mental and social well-being and not merely the absence of disease or infirmity (1946).
> 「健康とは，完全な肉体的，精神的および社会的福祉の状態であり，単に病気あるいは虚弱でないことではない」*

●文献（*）
『官報』独立行政法人国立印刷局，1951の日本語訳

　この健康の考え方は，世界中すべての人が目ざすべき健康の概念として定着している。

　続いて，憲章では最高水準の健康をすべての人が享有することは基本的な権利であること，子どもの健康についての重要性，医学・心理学関連の知識の共有，公衆衛生的な知識と活動などについても言及しており，「人間の状態がよいこと」を追求し実現するためには，医学のみならず総合的にさまざまな分野からアプローチすべき問題であることが示されている。

2 健康観

　健康観とは，健康に関する価値観・価値基準のことである。この健康観は個々人がもつものである。言い換えると，「あなたにと

って健康とは？」と問われたときの個人の判断基準である。「病気でない」という病気と反対状態から，「まずまず」，「調子がよい」，「元気」など，健康を病気と健康の連続線上にある場所として捉える場合もあるであろう。また，健康の評価を「食べ物がおいしい」，「よく眠れる」といった食欲や睡眠を基準にする場合もあるだろう。「毎日が楽しい」，「心配事がない」といった過度のストレスがない状態を表現したり，「働ける」，「生きがいがある」などといった社会的な表現で示すこともある。

　こうした価値観の違いは，ヒトの健康が「その生体内に起因するのみでなく，その人の生きる環境に起因することのほうがはるかに多い」ということを物語っている。属する社会によって健康を脅かす要因そのものが変化したり，異なったりするからである。

　また，個人の置かれた状況（性，年齢，身体状況）によっても変化する。変わっていないものがあるとすれば，それはヒトの身体の仕組みと「健康は尊い，すばらしい，健康でありたい」という価値観や願いであろう。

　私たちはWHOの「健康の定義」を踏まえつつ，医学的な健康と，おかれた環境や条件によって異なる多様な「健康観」で表現される主観的な健康が両立していることを知り，健康に関する社会的な問題や身近な問題について取り組んでいく必要がある。

2. 近代の健康観・健康問題・健康対策・世界の潮流

　近年の健康をめぐる健康問題や健康観にはどのようなものがあるだろうか。ここでは，第2次世界大戦後に世界でみられた健康に対する考え方や取り組みについて紹介してみたい。

1 1950～1980年までの動向

(1) 公衆衛生の取り組み

　公衆衛生の立場からの健康の取り組みとしては，まず，1950年代にクラークとレベルらによって一次予防のなかに「健康増進」が位置づけられたことがあげられる。この時代の健康増進は，感染症予防における一般的抵抗力の強化や，健康教育によって感染機会を避けることを意味していた。

　1970年代になると，臨床医学はさらに高度化され，種々の新しい治療法が開発された。しかし一方で医療費の増高による負担の問題や集団全体に対する治療の意義へ疑問が生じ，医療のあり方が問われることとなった。このようななか，WHOは医療の重点をこれまでの高度医療中心から予防を含む1次医療「プライマリ・ヘルス・ケア」に転換するよう提唱した（アルマアタ宣言，1978）。

(2) 運動・スポーツからの取り組み

①アメリカ合衆国

　アメリカでは，ケネディが大統領就任前に，「Soft American」という論文を発表した。そのなかで彼は，アメリカ青少年の体力が落ちていることを指摘し，このままではアメリカの国力が落ちると若者の状態を嘆いた。これがきっかけでアメリカでは1956年に「青少年の体力に関する大統領審議会」が設置され，青少年から国民全体に対象を広げ現在に至っている。そして，健康についても新しい価値観を生み出した。「フィットネス（適正，適応力）」という考え方である。これは，変化するであろう人生の局面や生活条件に適応していくことのできる能力といった意味をもつ。

　1968年にはクーパー博士が「エアロビクス」を発表し，ジョギングやエアロビックダンスなどが世界中に普及した。しかし，これは体力（全身持久力）を高めることに重点が置かれていたため，1970年代に入ると，より根本的に健康問題を解決する必要性が指摘され，生活場面の全般から個々に私的な健康づくりを考えよう

とする動きがみられるようになった。

1980年代に入って提唱されたのは「ウエルネス」という考え方である。1人ひとりが自己のライフスタイルを健康的なものへ改善し，効率的で生産的な質の高い人生を積極的に築くこと*が健康生活を現実のものにするという認識である。

②ヨーロッパ

ヨーロッパでは当時の西ドイツのオリンピック委員会が1959年に「ゴールデンプラン」を打ち出した。これは，その当時にすでに体力の低下のみならず肥満者の増加を指摘し，肥満が原因となって引き起こされる心臓病を予防する観点から運動・スポーツが重要であることを示し，その実施のために運動施設を国中に配置するというものであった。また，「第2の道」，つまり，第1が競技スポーツ，第2が生涯スポーツという路線を明確にし，その普及に乗り出した。生涯スポーツでは，孫と一緒の体操，夫婦で乗馬などといったさまざまなプログラムが提供された。ゴールデンプランでハード面の施設を，第2の道でソフト面のプログラムを同時に強化したのである。

北欧では，1967年にノルウェーから「トリム」が発信される。みんなでスポーツをしようという広報活動で，世界中の注目が集まった。スポーツを行うことが，肥満の予防，心臓病の予防，青少年の活力向上，生きがいの創出などにつながるからである。15年の期間をかけ，運動参加人口を増加させようとする施策であった。この考えに近隣の国は同調し，スウェーデン，フィンランド，ドイツなどが参画した。

このような動きは中欧・北欧を発信地として世界中に広がりをみせ，その後，1975年のヨーロッパ「Sports for all」憲章**を生み出した。この憲章の勧告文では，スポーツが肥満予防だけでなく，ストレス，喫煙，飲酒，食べすぎの悪習慣軽減につながると述べ，さらに，犯罪予防，社会的接触の機会増大，人間疎外感や孤独感の解消にもつながると言及している。

2 1980〜2000年の動向***

(1) 個人の生活習慣改善

1979年，アメリカでは，「Healthy People」という新たな国民的健康政策が打ち出された。この新政策は，疫学や健康への危険因子を重視し，とくに個人の生活習慣の改善による健康の実現に重

● CHECK（*）
生活の質（Quality of Life；QOL）を高めるということ。

● CHECK（**）
「Sports for all」の憲章はIOC（オリンピック委員会）にも影響し，1985年には，「みんなのスポーツ委員会」が設置された。さらにIOCは1992年，社会主義国の崩壊，民族主義の台頭などの変化を受け，新宣言を出している。

● 文献（***）
厚生労働省『健康日本21』総論（第2章），(財)健康・体力づくり事業財団，http://www.kenkounippon21.gr.jp/を参照。

点を置いたものであった。Healthy Peopleでは，科学的に立証された数値目標を人生の年代別で設定し，国民運動としてその目標を達成する手法をとっている。

目標を設定し，健康の改善を目ざすという手法は1980年代には世界中に広がった。とくにヨーロッパでは，1982年に提唱された「西暦2000年にすべての人に健康を」運動（HFA 2000；Health for all 2000）の一環として目標を設定することに同意し，32カ国で12の領域における約200の指標が設定され，運動が推進された。

（2）社会環境の整備

1980年代の後半になると，個人の努力にもとづいた予防活動に対する批判が展開され始めた。予防は個人のみで実現できるものではなく，社会環境の整備，資源の開発が必要であるという考え方である。この発想はヨーロッパから世界に広がった。そして，1986年カナダのオタワで健康増進に関する国際会議が開かれ，健康増進を個人の生活改善に限定して捉えるのではなく，社会的環境の改善を含むことを確認し，「オタワ宣言」として採択された。

その後，環境整備によってそれぞれの国民の健康を改善しようとする国が増加した。

アメリカでは第2期のHealthy Peopleの目標を2000年におき，「Healthy People 2000」*として新たに22の優先順位領域と300の目標設定を行った。

イギリスは1992年，「The Health of the Nation（健康な国）」という新しい健康政策を発表した。ここでは，5つの疾病を主な領域とし，26の目標が設定されている。1998年には「Our Healthier Nation（われわれのより健康なる国）」という新戦略の策定が開始された。

カナダでも，1992年にケベック州で「The Health and Well-Being（健康と豊かな生活のための政策）」，1993年にオンタリオ州で「Nurturing Health（健康の育成）」という政策が始められた。

このように，第2次世界大戦後，WHOの健康の定義をもとにアメリカやヨーロッパがリードした人間の健康を追求し増進する運動は，公衆衛生面からの感染予防対策とスポーツや運動を積極的に行う体力づくりから始まり，質の高い人生や生活を目ざし，日常生活のなかで個人の生活習慣を見直し改善していく運動へと展開し，さらに環境も改善していこうとするものへと変化してきた**。

● CHECK（*）
現在は，「Healthy People 2010」が実施されている。

● CHECK（**）
これらは，先進国中心の流れである。

3. わが国の健康問題と健康対策

1 わが国の現状

ここで，日本の現状に目を向けてみよう。国の健康状態の指標には，平均寿命や主な死因，疾病などを用いることが多い。

(1) 平均余命

わが国の平均与命は2005年の簡易生命表によると，男性78.53歳，女性85.49歳であり，世界でもトップクラスである。

日本人の平均寿命が50歳を超したのは第2次世界大戦直後である。短期間に得られたこの成果は，日本の高い教育・経済水準，保健・医療水準に支えられ，国民全体の努力によって成し遂げられたと考えられる。

(2) 主な死因

わが国の主な死因は，1900年代前半では，結核など感染症による疾病が1位を占めていたが，1955年頃から脳血管疾患となり，1985年からは悪性新生物（がん）となった。1955年頃から，脳血管疾患，悪性新神生物，心疾患が常に上位を占めている。

疾病は，大きく分けると遺伝的要因，外部環境要因および生活習慣要因によって発症する。現在の日本人の主な死因となる疾病は生活習慣病と呼ばれている。

2004年度の主な死因について年齢別に表2－1に示した。

(3) 出生率

現在，わが国では急速な出生率の低下が進んでいる。そのため，社会の高齢化が進展し，2020年には4人に1人が，2050年には3人に1人が老人という超高齢社会になると予想されている。社会の高齢化は，病気や介護の負担を上昇させる。医療費・介護費などの社会的負担を減らすためには，より健康な人々が長く活躍できる社会を目ざすことが課題となってくる。

2 健康対策「健康日本21」

1970年代には，日野原重明が「習慣病」という言葉でそれまで「成人病」と呼ばれていた疾患の特徴を捉え，その対策の必要性を提唱した。1978年には，第1次国民健康づくり政策，1988年には

表2-1 2004年度 性・年齢別にみた死因順位（死亡数，死亡率[人口10万対]，割合[%]）

順位	1		2		3		4		5	
	死因 死亡数 死亡率（人口10万対） 割合（%；それぞれの年齢別死亡数を100とした場合）									
総数	悪性新生物	320358 253.9 31.1	心疾患	159625 126.5 15.5	脳血管疾患	129055 102.3 12.5	肺炎	95534 75.7 9.3	不慮の事故	38193 30.3 3.7
0歳	先天奇形・染色体異常	1185 106.7 38	呼吸障害・血管障害	421 37.9 13.5	乳幼児突然死症候群	214 19.3 6.9	胎児の出血性障害	174 15.7 5.6	不慮の事故	149 13.4 4.8
1～4	不慮の事故	278 6.1 24	先天奇形・染色体異常	198 4.3 17.1	悪性新生物	109 2.4 9.4	肺炎	74 1.6 6.4	心疾患	67 1.5 5.8
5～9	不慮の事故	207 3.5 34.1	悪性新生物	104 1.8 17.1	その他の新生物	40 0.7 6.6	先天奇形・染色体異常	26 0.4 4.3	心疾患 肺炎	25 0.4 4.1
10～14	不慮の事故	149 2.5 25.3	悪性新生物	123 2 20.9	自殺	49 0.8 8.3	心疾患	42 0.7 7.1	先天奇形・染色体異常	33 0.5 5.6
15～19	不慮の事故	707 10.6 36.7	自殺	500 7.5 25.9	悪性新生物	211 3.2 10.9	心疾患	108 1.6 5.6	先天奇形・染色体異常	40 0.6 2.1
20～24	自殺	1312 17.5 40.5	不慮の事故	875 11.7 27	悪性新生物	245 3.3 7.6	心疾患	205 2.7 6.3	脳血管疾患	50 0.7 1.5
25～29	自殺	1710 20 41.1	不慮の事故	797 9.3 19.2	悪性新生物	483 5.7 11.6	心疾患	305 3.6 7.3	脳血管疾患	94 1.1 2.3
30～34	自殺	2055 21.3 34.4	悪性新生物	968 10.1 16.2	不慮の事故	897 9.3 15	心疾患	613 6.4 10.3	脳血管疾患	242 2.5 4.1
35～39	自殺	1977 23.3 26.7	悪性新生物	1782 21 24.1	不慮の事故	841 9.9 11.4	心疾患	817 9.6 11	脳血管疾患	455 5.4 6.1
40～44	悪性新生物	2841 36.5 28.2	自殺	2206 28.4 21.9	心疾患	1187 15.3 11.8	脳血管疾患	829 10.7 8.2	不慮の事故	818 10.5 8.1
45～49	悪性新生物	5736 73.9 35.6	自殺	2517 32.4 15.6	心疾患	1947 25.1 12.1	脳血管疾患	1501 19.3 9.3	不慮の事故	1064 13.7 6.6
50～54	悪性新生物	13409 145.4 42.8	心疾患	3613 39.2 11.5	自殺	3398 36.8 10.9	脳血管疾患	2796 30.3 8.9	不慮の事故	1662 18 5.3
55～59	悪性新生物	21412 223.5 46.1	心疾患	5366 56 11.5	脳血管疾患	4167 43.5 9	自殺	3896 40.7 8.4	不慮の事故	2204 23 4.7
60～64	悪性新生物	29441 342 47.8	心疾患	7644 88.8 12.4	脳血管疾患	5420 63 8.8	自殺	2928 34 4.8	不慮の事故	2502 29.1 4.1
65～69	悪性新生物	38520 526.8 47.3	心疾患	10396 142.2 12.8	脳血管疾患	7879 107.8 9.7	肺炎	3141 43 3.9	不慮の事故	2927 40 3.6
70～74	悪性新生物	51211 794.7 43.7	心疾患	15618 242.4 13.3	脳血管疾患	12495 193.9 10.7	肺炎	6603 102.5 5.6	不慮の事故	3988 61.9 3.4
75～79	悪性新生物	55881 1099.6 36.7	心疾患	22301 438.8 14.7	脳血管疾患	18866 371.2 12.4	肺炎	12876 253.4 8.5	不慮の事故	5000 98.4 3.3
80～84	悪性新生物	44970 1395.7 28	心疾患	27023 838.7 16.8	脳血管疾患	23112 717.3 14.4	肺炎	18369 570.1 11.4	不慮の事故	4971 154.3 3.1
85～89	悪性新生物	31731 1852.4 20.5	心疾患	28764 1679.2 18.6	脳血管疾患	24780 1446.6 16	肺炎	21929 1280.2 14.2	老衰	4992 291.4 3.2
90歳～	心疾患	33410 3298.1 19.9	肺炎	28593 2822.6 17	脳血管疾患	26271 2593.4 15.6	悪性新生物	21137 2086.6 12.6	老衰	16040 1583.4 9.5

資料）厚生労働省「人口動態調査」2004

第2次国民健康づくり対策（アクティブ80ヘルスプラン）のもとで，習慣病に対して，栄養，運動，休養の3要素の内容が深められ，よい生活習慣形成に貢献した。

日本で文部省（現文部科学省）に生涯スポーツ課が設置されたのは1988年である。欧米に約30年遅れたとも解釈できるし，その当時の日本では体力の低下や肥満が深刻ではなく必要なかったとも解釈できる。

やがて，世界の健康対策の流れに日本も同調し，厚生労働省は2000年，活力のある日本の実現に向けて国民健康づくり運動として「健康日本21」を策定し開始した。

その目的は，壮年期死亡の減少，健康寿命の延伸および生活の質の向上を実現することとし，生活習慣病およびその原因となる生活習慣等の課題について，9分野（栄養・食生活，身体活動と運動，休養・こころの健康づくり，たばこ，アルコール，歯の健康，糖尿病，循環器病，がん）をあげ，それぞれ2010年度を目途とした「基本方針」，「現状と目標」，「対策」など示している。さらに，積極的に推進するため，「健康増進法」が2002年公布されている。

以上のように，世界中それぞれの社会において健康な生活を実現するために，人類は努力をしている最中である。なぜなら，健康を得ることは，夢（他の目的）を達成するための「資源」を得ることだからだ。そして，それは個人の自覚，社会の自覚なくしては達成しない。人類の幸福追求の基盤に健康が深く関わっていることを忘れてはならない。

4. 幼児期の健康

　子どもにとっての健康は，「自分の状態がよいこと」であり，この点では大人と同様であろう。したがって，子どもは「どこも痛くない」「おなかがすく」「楽しい」と感じることが健康であろうし，他者からみれば，「熱がない」「生き生きとしている」「元気である」「笑顔がよく出る」などが健康を判断する基準になるだろう。

1 生涯を通じた健康

　ところで，幼児期の健康は，どのような意味をもっているだろうか。「健康日本21」では，ヒトの生涯を6つに分け，生涯通じた健康づくりを提案している（表2-2）。

　誕生後，ヒトは生涯の各段階で課題を達成しながら次の段階へと進むのであるが，各段階での生き方によって，次の段階の内容は大きく変わる。

　たとえば，壮中年期に多いがんや循環器疾患は，原因が本人の生活習慣にもとづくことから，幼年期や少年期における家庭での生活習慣の確立時期から始まっているといえよう。

　また，脳血管疾患や老化は，高年期の「寝たきり」や障害を引き起こすため，早期の運動習慣や適切な食生活の確保が必要と考え

表2-2　生涯を通じた健康課題

生涯	段階	身体的特徴	社会的意義	生活	早世（主な死因）	罹患	生活危険因子	健康観
誕生育つ	幼年期 0～4歳	生理機能の自立	自立	身体的機能の自立を促す	先天性 周産期疾患	アレルギー性疾患	周産期 先天性 両親と関連	親からの影響
学ぶ	少年期 5～14歳	精神機能の発達	社会参加への準備	順調な身体および精神機能の発達と社会参加への移行を促す	事故	骨折 アレルギー性疾患	不慮の事故	清潔
巣立つ	青年期 15～24歳	生殖機能の完成	社会への移行	身体的・精神的な転換期を経つつ社会参加を果たす	事故	事故	喫煙 飲酒 肥満	美容・ファッション
働く	壮年期 25～44歳	身体機能の充実	働く次世代を育む	職場，子育ての場など社会での役割の発見・充実	がん 自殺 事故	外傷 がん	喫煙 飲酒 肥満	働ける
熟す	中年期 45～64歳	更年期	高年への準備	よりよいライフスタイルと地域などでの役割の発見	がん 心疾患 脳卒中	がん 骨折	喫煙 飲酒 肥満	病気がない
稔る 死	高年期 65歳～	老化	楽しんで豊かな収穫	病気，障害のない生活いきいき				死・障害を避ける

資料）厚生労働省『健康日本21』より筆者が作成。

られる。さらに，歯の喪失を防止し，高年期になっても咀しゃく能力を保持していくためには，幼年期の乳歯のむし歯予防から始まる生涯を通じた歯の健康管理が必要である。

「三つ子の魂，百まで」や「鉄は熱いうちに打て」の言葉は，早期に確立されたことは持続性や効果があることのたとえである。成人した後に健康教育を受け，理解したとしても習慣化されないこともある。疾病予防や事故などから身を守る健康習慣に関しては，早期より行われ確立させることが充実した生涯を送ることへとつながりそうである。

このように，幼児期の健康は，幼児期だけの問題ではなく快適な生涯を送るためのスタート期としてたいへん重要である。

2 幼児の特徴*

(1) 幼年期（0〜4歳）

この時期は生理的機能が次第に自立する時期である（表2-2）。また，身体的な発育・発達だけでなく，人格や習慣を形成する時期として重要である。

幼年期の死亡は，世界でもっとも低い値を示している。死亡の多くは，周産期に発生した病態と先天異常によるものである。また，突然死症候群や不慮の事故が目立っている（表2-1）。

障害は他の期に比べて知的障害が多く，原因は先天性ならびに周産期に起因していることが多い。

罹患は，外来・入院とも比較的多く，外来では呼吸器系の感染症，入院では喘息が第1位である。

幼児自身の健康観の形成に対する影響力は，家庭すなわち両親からがもっとも大きい。

(2) 少年期（5〜14歳）

この時期は，社会参加への準備とされる。また，精神・神経機能の発達の著しい時期である（表2-2）。

死亡は絶対数は少ないものの，その最大の原因は不慮の事故である（表2-1）。

罹患は比較的少ない時期といえるが，歯科ではう蝕（虫歯）の急増期にあたっている。この時期の健康観は，清潔や衛生などに関連していることが多い。

● 文献（*）
厚生労働省『健康日本21』総論（第6章），(財)健康・体力づくり事業財団，http://www.kenkounippon21.gr.jp/を参照。

3 子どもにかかわる社会——家庭・保育所・幼稚園・学校

　子ども自身がもつ健康観の形成やよい健康習慣の確立には，大人の援助が必要である。

　したがってこの時期の養育にあたる母親，家族，保育者，教育者などの影響が大きい。もし，これらの人々が健康に対して正しい認識をもっていない，あるいは健康でなければ，虐待や事故につながる可能性もある。したがって，社会全体が子どもの養育や教育環境に関心を寄せ，家庭，保育所，幼稚園，学校，社会環境をよく整備することが重要である。

　このように，子どもの健康問題は，同時に大人の健康問題や社会問題でもあることがわかる。

4 子どもの健康，人権を保証する

　国家は，子どもの人権を保障している。主なものをあげると，「教育基本法」(1947)，「学校教育法」(1947)，「児童福祉法」(1947)などである。そして，これらをもとに「幼稚園教育要領」や「保育所保育指針」を作成している。子どもの健康に関する問題は，「健康」という領域としてあげられ，課題や内容を設置している。

　「幼稚園教育要領」の「健康」では，健康な心と体を育て，自ら健康で安全な生活をつくり出す力を養うことを目標にし，①明るく伸び伸びと行動し，充実感を味わう，②自分の体を十分に動かし，進んで運動しようとする，③健康，安全な生活に必要な習慣や態度を身につける，をねらいにあげている。

　「保育所保育指針」では，保育者として子どもの健康を観察するために注意すべき点が示されている。日常の保育における保健活動のなかには，子どもの健康状態，発育・発達の把握や健康習慣・休養・体力づくりがあげられている。また，現代の問題である乳幼児突然死症候群（SIDS）の予防やアトピー性皮膚炎対策についても述べられている。そして，事故防止・安全指導に加え，虐待などへの対応や家庭，地域との連携についても触れられている。

　以上，健康や健康をとりまく問題について，概観してきた。身体的，精神的，社会的にバランスのとれた「健康」を実現するために，さらに研究が進められるだろう。

　そのなかで，適切な「運動」，バランスのとれた「栄養」，そし

てこれらに伴う習慣は，身体だけでなく心の健康においても，社会的な健康においても重要な基礎となるものであろう。これらに，心身の疲労の回復と充実した人生を目ざす「休養」が加えられ，健康のための3つの要素とされてきたところである。幼児期においてこの3要素について十分に配慮され満たされることが，よい習慣の獲得へとつながり，生涯を通じて総合的な健康の確保へとつながると考えられる。

【参考文献】
・斉藤恭平編『あなたの知りたい健康・運動・スポーツのTopics』八千代出版，2002
・民秋 言・穐丸武臣編『保育内容　健康』北大路書房，2003
・中央労働災害防止協会「諸外国の健康づくり」『運動指導専門研修テキストⅡ』2002
・厚生労働省『健康日本21』総論（第2，6章），(財) 健康・体力づくり事業財団，http://www.kenkounippon21.gr.jp/

幼児の体力

健康の根源となる「体力」の構成要素について理解することにより，乳幼児期の発育・発達に適した身体的体力・精神的体力の理解を深め，乳幼児期の体育活動内容の追究に結びつけよう。

Chapter 3

1. 体力の概念と構成要素

1 体力の概念

「体力」という言葉は，運動，健康，活動などと同じように，漠然とした意味をもって日頃使用されているが，「体力」という概念に関しては，統一されているとはいえない。体力を狭義に解釈するか，広義に解釈するかによって，多少のずれが生じるのである。なかでも，「身体的な体力」のみをさしていう場合と，「身体的な体力」と「精神的な体力」の両者を合わせて捉える場合が多いようである。

また，人間の能力を身体的なものと精神的なものとに分けて捉えた場合，石川利寛は体力について，「体力は精神力に対する言葉で『人間の身体活動の基礎となる身体的能力』と考えておくのが妥当な定義のように思います。この定義では体力が劣れば，身体活動が思うようにできなくなることを表しています」と指摘している*。このことは，体力は身体活動に重点をおいて定義づけられていると考えられるが，もちろん，精神的能力を否定しているわけではない。

一方，猪飼道夫は「体力とは，人間の生存と活動の基礎をなす身体的，および精神的能力である」と定義している**。これは，体力のなかに精神的能力を含め，心身がともに良好な状態で活動できることに重点をおき，身体的，精神的両者をさすことを強調している。

なお，広辞苑では，体力を「身体の力」と解釈している。これは両者に解釈できるが，一般的には，身体的体力を意味して使用していることが多い。

2 体力の構成要素

体力は，大きく身体的な要素と精神的な要素に分けて考えられる（図3-1）。

● 文献（*）
石川利寛『スポーツとからだ』岩波書店，1970，p.20

● 文献（**）
猪飼道夫『運動生理学入門』杏林書院，1969，p.143

```
                              ┌─ 形態 ─── 身体の構造・体格
                   ┌─ 行動体力 ┤          ┌─ 敏捷性
                   │          │          ├─ 持久力
                   │          │          ├─ パワー
         ┌─ 身体的要素 ┤          └─ 機能 ─┤─ 平衡性
         │         │                    ├─ 柔軟性
         │         │                    ├─ 協応性
         │         │                    └─ 筋力
         │         │          ┌─ 構造 ─── 器官・組織の構造
体力 ─┤         └─ 防衛体力 ┤          ┌─ 温度調節
         │                    └─ 機能 ─┤─ 免疫
         │                              └─ 身体的ストレスに
         │                                対する抵抗力
         │                    ┌─ 意志
         │         ┌─ 行動体力 ┤─ 判断
         └─ 精神的要素 ┤          └─ 意欲
                   └─ 防衛体力 ─── 精神的ストレスに対する抵抗力
```

資料）猪飼道夫『身体運動の生理学』杏林書院，1978

図3-1 体力の構成要素

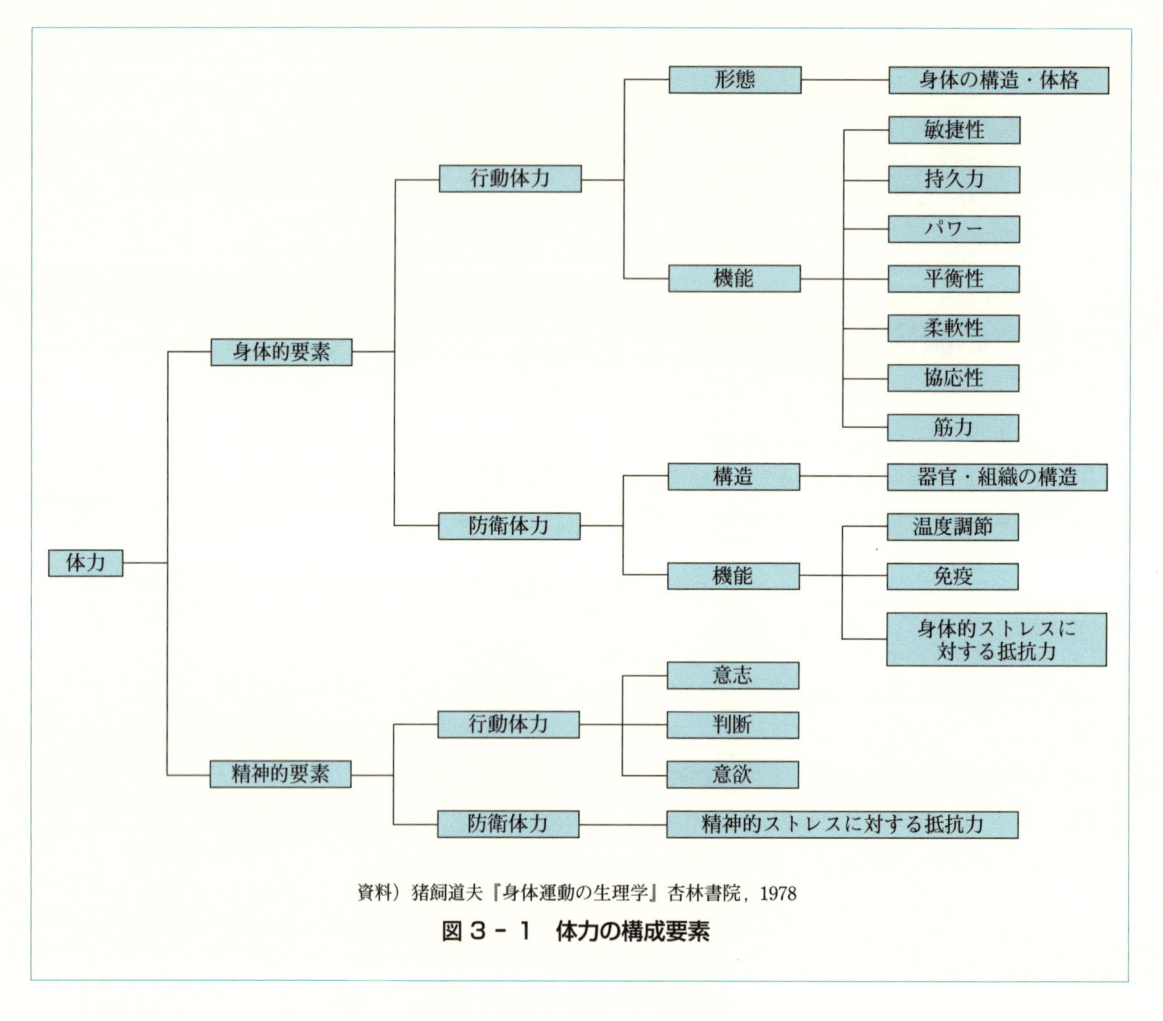

　より快適に生きていくために，「体力をつける」とよくいわれるが，その体力とは，人間が環境に適応して健康を保ち続ける能力，すなわち，健康をおびやかすさまざまな病原体や自然界の猛威から身を守る抵抗力としての体力＝「防衛体力」と，環境に対して積極的に行動を起こす運動や労働を効果的に行うための能動的な体力＝「行動体力」とに分けて考えられている。

　防衛体力と行動体力は，単に体力として健康と結びつくものではなく，性質の異なった資質であり，その発達・形成のメカニズムも異なっている。

　運動を行うことによって行動体力を高めることが，健康の維持・増進にある程度役立っていることは事実であるが，体操やウォーキング，マラソン等で体力づくりをしているから健康で病気にかからないわけではない。すなわち，体力の構成要素すべての

面から，それぞれの要素にあった対応をしていかなければ広義の体力増進，健康維持は達成できないと考えられる。

(1) 防衛体力

外界から身体に与えられる刺激（気圧・温度・湿度などの自然気候的刺激，細菌・寄生虫などの生物的刺激，転倒・衝突などの機械的刺激など）に対処し，適応していく能力を防衛体力という。これらの刺激は，さまざまなストレスとして捉えられる。ストレスとは，生体に有害な作用因子が加えられた場合に，これに対応して生体内部に引き起こされる傷害と防衛反応の総体をいう。石川利寛は作用因子によってストレスを次のように分類している[*]。

● 文献（*）
日本体育協会監修『最新スポーツ大事典』大修館書店，1987

A) 物理化学的ストレス：気圧，気温，湿度，化学物質（じんましん，喘息など）
B) 生物的ストレス：細菌，ウイルス，寄生虫など
C) 生理的ストレス：空腹，口渇，不眠，疲労など
D) 精神的ストレス：不快，苦悩，恐怖，悲哀など

暑さ・寒さに弱く，夏や冬になると仕事の能率が落ちてしまう，細菌やウイルスが身体に侵入するとすぐ発熱する，ちょっとした衝撃で皮膚が切れてしまうなどという人は，防衛体力が劣るとされている。

防衛体力は，発育・発達と深い関連がある。とくに子どもは，身体を構成する組織や器官が成長の途上にあるため，環境から有害な刺激を受けると健康が損なわれやすい。子どもの防衛体力，自己管理には限度があるので，暑さや寒さなどの物理的な環境，細菌やウイルスなどの生物的な環境に対する抵抗力を高めるために，保育者の保護が必要であり，年齢や個人差に応じて考えなければならない。

基本的には，生活習慣が大切であり，睡眠，運動，食事，清潔，着衣などの基本的生活習慣の指導・アドバイス・援助が，健康づくり，体力づくりに結びついてくる。

(2) 行動体力

身体のもつエネルギーを用いて外界に働きかける，各種の行動をなすための基礎となる力を行動体力という（表3-1, 2）。

表3-1 基礎身体的行動力としての体力

行動の発現力	筋力が主体
行動の持久力	・心臓，肺臓，毛細血管の機能を主体とする全身の持久力 ・筋肉の持久性を主体とする局所の持久力 ・神経の中枢系を主体とする不動の持久力
行動の調整力	神経・感覚系を主体とする神筋協動力

表3-2 基礎身体的行動力としての体力と行動機能の関係

	発 現 力	持 久 力	調 整 力
直接的関係	筋 力	持久力	平衡性 協応性 柔軟性
間接的関係	敏捷性 平衡性 協応性 柔軟性		筋 力 敏捷性

　行動体力はおもに，①行動の発現力，②行動の持久力，③行動の調整力，の3つに分けることができる（表3-1）。
　①発現力と②持久力は，エネルギー系の体力であり，筋力，スピード，持久力，瞬発力といった要素が含まれる。
　一方，③調整力は，制御系の体力である。これは，神経・感覚系を主体とする神筋協働力であり，神経系が筋系に作動して，筋の収縮をその都度調節し，運動を目的にかなうものとするのである。調整力は，協応性・平衡性・敏捷性といった要素が含まれる。
　なお，行動体力の年齢差は，形態に類する身長や体重の差と同様に，発育・発達との関係を切り離すことはできない。スキャモン（Scamon, R. E.）の発育発達曲線（Chapter 1；図1-1）で各型（「リンパ型」「神経型」「一般型」「生殖型」）の曲線が異なることは，発育・発達の速度がかなり異なっていることを意味している。このことは身体行動能力にも関連し，行動機能においても幼児と大人では意味するところが異なる。大人においては，行動機能を筋力，持久力，平衡性，柔軟性などに細分化して扱うが，幼児は機能が未発達であり，分類することなく調整力としてみることが大切である。

2. 幼児の身体的体力

　幼児の身体的体力については，その構造や要素が分析され，それらを通して，体力づくりの方法が具体化されつつある。そこでは，それぞれの子どもの発育・発達に応じた運動遊びが基本となる。とくに幼児期の体力と発育・発達は，密接な関係があり，個人差が大きいことを認識しておかなければならない。一般的に乳幼児期は，運動能力の発達・知的能力の発達と体力は切り離して考えることはできない。

1 運動能力と体力

　身体的な発育・発達は，図3-1で示した体力と同様に，計測できる形態面と，運動能力などの機能面とに分けられる。身体的な発育の基礎ができて運動機能は急速に発達する。運動機能の発達とともに次第に運動技能を獲得し運動能力が高まる。
　基本的な運動技能の獲得は，2歳頃までに，這う，立つ，歩く，走る，転がるなどの移動運動の技能が獲得されてから，「操作する」運動の技能が獲得される。
　運動を行うために必要な能力を運動能力と呼んでいるが，その能力を発揮する基本となるのが身体的体力である。つまり，運動能力とは，身体活動をどの程度強く，早く，正確に，器用にできるかということをあらわす言葉であって，体力を広い意味で捉えると，運動能力は行動体力の一部であり，運動に対する適応能力であるといえる。
　この運動能力は，大人の場合は，筋力，持久力，瞬発力，敏捷性，持久性などに分化しているが，乳幼児は未分化のため，分類するよりも調整力として捉えることが大切である。

2 知的能力とのかかわり

　乳幼児期において，知的能力の発達と運動能力の発達は，切り離しては考えることができない。一方では，運動をすることが知的能力を発達させることにつながっており，一方では，知的能力が発達することで，運動能力も発達している。
　運動することで多くの経験を積み，その経験を通して脳に刺激を与え，知的能力の発達を促す。たとえば物をとりに行くという行動からも，「歩く」より「走る」ほうが早いという時間的な差を

捉えることができるようになり，このような経験が時間を理解していく基礎となる。また，ボールを投げる遊びでも，ボールの飛距離を認識することから，系列的思考の発生が促進される。さらに，力いっぱい投げると飛距離は長くなり，力を抜くと短くなるということから，加える力と飛距離の関係を自然に学びとる。

このように，幼児は生活経験・遊びのなかで無意識に行われる行動・運動から基本動作を獲得し，ひいてはそれが知的能力の発達を促しているのである。つまり，体育，運動遊びに，このような活動を付加することで，体育と知能に充実した関係をもたせることが可能となるのである。

3 幼児期の体力づくり

体力づくりというと，主に大人を対象とし，各種スポーツの技能を高めるために，筋力，持久力，敏捷性，平衡性など自己の体力の特徴に応じて行われるというイメージがある。大人の場合は，体力要因そのものがそれぞれ独立した能力として分化しているので，1つの体力要素を高める運動をしても，他の体力要素が高まるわけではない。

一方，幼児期は青年期に比べて体力要素が未分化であるといわれている。体力要素がそれぞれ独立しておらず，1つの運動が体力の向上に関して，総合的に作用しているのである。つまり，1つの運動が同時に複数の体力要素も高めるということである。

たとえば，タッチ鬼（鬼ごっこの代表的な遊び）は，瞬発力や持久力を要する遊び（運動）であるが，瞬発力や持久力ばかりでなく，体力全般を総合的に高める働きをもつ。このことは，幼児期において，体力要素別に体力づくりの運動を行う意味があまりないということを示しているといえよう。

幼児期から児童期にかけて基本的運動をうまく行うためには，神経系の発達が不可欠となる。スキャモンの発育発達曲線（Chapter 1；図1-1）に示されているように，神経系統は幼児期までに急速に発達する。つまり先に述べた「調整力」を高めるのに効果が高い時期といえるが，平衡性，敏捷性，器用さなどの調整力だけを高めればよいのではなく，遊び回るのに対応できる持久力や筋力なども必要である。

この時期は，調整力を重視した遊びを多くとり入れることも大切であるが，同時に「動きづくり」にも焦点をおきたい時期であ

り，そのため，人間が日常生活やスポーツを行ううえで基本となる「基本的運動」のバリエーションを経験させる場づくり，動きを拡大させる援助が欠かせない。

　このように調整力を中心に，子どもが経験する運動のレパートリーの幅を広め，偏った遊び（運動）にならないように，指導，援助，誘導していくことが，幼児期の体力づくりに貢献するのである。

3. 幼児の精神的体力

　精神的体力は比較的軽視されがちであるが，身体的体力ばかりでなく，精神的要素の行動体力，防衛体力もたいへん重要で，とくに発育・発達とのかかわりを切り離して考えることはできない。意志・判断・意欲など，たくましい精神力を育てるには，発育・発達に合った子どもへの対応が重要になる。とくに子どもを相手に遊ぶ保護者，保育者は総合した体力（広義の体力）を意識しなければならない。

1 生活環境とのかかわり

　保護者は子どもに「健康で元気な子」，「自主的で自立心のある子」など，広義での体力が養われることを求めるが，それらは生活環境とのかかわりが大きい。

　しかし，その体力が養われるはず生活環境が，今，変化しつつある。子どもの「生活そのもの」ともいえる「遊び」の場所，時間帯，仲間が変わり，核家族化，少子化からくる過保護，過干渉も加わって，子どもたちは「遊ばなくなった」というより「遊べなくなった」のである。遊べなくなった子どもは，自立・判断・意欲などを高める機会を失ったということもできるだろう。

　子どもは子ども社会のなかで，遊びを通して身体的，知的，精神的な発達をみせ，社会性を身につけていく。しかし，前述のとおり，生活環境が変化しつつあるなかで，子どもどうしが群れて遊ぶことは困難である。

　そこで，幼稚園・保育所での生活（活動）が非常に重要になってくるのである。なかでも，社会性，仲間意識，自立心を育み，思いやり，判断力，忍耐力，正確さ，活動への意欲などを芽生えさせるのに適した運動遊びでは，一貫性のあるプログラムづくりを検討していく必要がある。

2 個人差との関連

　体力の個人差は，性差，年齢差（同年齢でも乳幼児は1～2カ月でかなりの差がある）に加え活動経験が大きく影響している。とくに精神的要素は，生活環境，性格によって大きな差になると考えられる。

(1) 家庭環境による個人差

　過保護に育てられ,「あれも危ない」,「これも危ない」と行動を制限されてきた子どもは, 他児よりも冒険心, 挑戦心, 判断力, 意欲が劣り, 活動に踏み込むことができない。

　そういった子どもには, 少しずつそれらの恐怖を乗り越えられる段階を用意してあげる必要があるだろう。自分の能力に合った活動を行わせ, 少しずつ変化をつけて,「できる」という自信をつけてやる。自信がつけば次の段階に自発的に挑戦する意欲がわく。興味をもって楽しんで行えば, 難しい, 怖い, できないという精神的負担も軽減され, 恐怖を乗り越えていけるようになる。

　反対に何も危険を感じないで, 何でもやろうとする子どもには何が危ないか, どうすれば安全かを理解させる必要がある。

(2) 体験度数による個人差

　子どもは, 大人の行動, 兄・姉の行動を見て同じような行動を起こそうとする。たとえば兄が台にのぼれば何とかしてのぼろうとするし, 跳び下りれば, まねをして跳び下りようとする。危険なことは, もちろん止めなければならないが, 最初は無理でも, 保育者が適切に援助, 補助してやることで, 子どもの体験度数は上がり, 徐々にできるようなるのである。とくに固定遊具, 鉄棒, 縄跳び, ボールつきなどは2〜3歳でも経験の差が顕著にあらわれるので, その機会を大切にしたい。

　保育者は, 子どもの1つの活動について, その結果だけで判断せず, 発達・挑戦の途上にあることを理解しておく必要がある。そして, 子どもの活動が精神的側面とのかかわりも深く,「できるようになりたい」「上手になりたい」と思って子どもなりに努力しているものであるということも理解しておく。

4．体力・運動能力と体育遊び

　幼児の体力・運動能力を知ることは，適切な身体活動からどのような体育遊びに発展させていくかを考えるうえで，たいへん重要な意味をもつ。前述した個人差を考慮しながら，体力の構成要素を理解して，活動の方法や進め方を工夫しなければならない。
　そのため，この時期に体力・運動能力を測定することは，子どもの発達状態を客観的に探り，子どもの体力・運動能力を促進するうえで不可欠である。
　測定内容は，発育・発達に応じてどのような要素を重点に置くか，到達目標をどのように設定するかによって変わってくるが，とくに幼児期の体力・運動能力測定で重視しなければならない要素は，平衡性，敏捷性，協応性，などの運動をまとめる力「調整力」である。
　体育科学センターの調整力専門委員会が考案した，幼児および小学生を対象にした『調整力テスト』は次のような種目になっている。

①とび越しくぐり ………… 巧緻性
②反復横とび ……………… 敏捷性
③ジグザグ走 ……………… 敏捷性
④棒反応時間 ……………… 反応時間

　測定の結果・評価は，幼児期の発達に個人差が大きいことや，測定が技術的に難しいこともあるため，こだわり過ぎないようにしなければならない。あくまで1つの参考資料として用い，子どもの発達に遅れがみられる要素を多く含む体育遊びを工夫するのに役立てる。その際は，総合的な体力・運動能力を高めるプログラムとなるように検討しなければならない。
　表3-3は，体力・運動能力の要素と体育遊びの関連について代表例をあげたものである。これは一部であり，多くの遊びが考えられるが，このような動きから，それぞれに工夫を凝らして幼児に適切な活動を提供し，指導・援助を行わなければならない。

表 3-4 体力・運動能力の要素と体育遊びの例

	運動要素	運動の例	体育遊びの例
運動を持続する力（筋力・持久力）	筋力 筋持久力	よじ登る	登り棒・ジャングルジム
		ぶら下がる	鉄棒・うんてい
		支える	鉄棒・マット・手押し車
		押す・引く	鉄棒・相撲・綱引き
	瞬発力	跳ぶ	縄跳び・ケンパー
		投げる・蹴る	ボール遊び・的当て
		つく	ボール遊び
運動をまとめる力（調整力）	平衡性	押す・引く	鉄棒・相撲・綱引き
		支える	鉄棒・マット・手押し車
		跳ぶ	縄跳び・ケンパー
		投げる・蹴る	ボール遊び・的当て
		走る	タッチ鬼・リレー
		歩く（渡る）	平均台・はしご・縄
		身をかわす	ボール遊び・鬼ごっこ
	敏しょう性	走る	タッチ鬼・リレー
		身をかわす	ボール遊び・鬼ごっこ
		這う・くぐる	平均台・輪くぐり・マット
	協応性	支える	鉄棒・マット・手押し車
		跳ぶ	縄跳び・ケンパー
		投げる・蹴る	ボール遊び・的当て
		つく	ボール遊び
		転がる・まわる	鉄棒・マット
		這う・くぐる	平均台・輪くぐり
関節の可動性	柔軟性	身をかわす	ボール遊び・鬼ごっこ
		歩く（渡る）	平均台・はしご・縄
		転がる・まわる	鉄棒・マット
		這う・くぐる	平均台・輪くぐり

【参考文献】

・米谷光弘編『健康　理論編』保育出版社，2006

・猪飼道夫『身体運動の生理学』杏林書院，1978

・猪飼道夫『運動生理学入門』杏林書院，1969

・近藤充夫『幼児の運動あそび』相川書房，1984

・松井公男・渡邊哲実・橋本 博『ピアジェ幼児教育シリーズ体育あそび』明治図書出版，1978

・井上勝子『すこやかな子どもの心を育む運動遊び』建帛社，2005

・石川利寛『スポーツとからだ』岩波書店，1970

幼児の身体活動と発育・発達

心身の発育・発達の特徴や個人差・個体差について理解し，適切な援助ができるようになろう。また，発育・発達と生活と遊びの関連について学ぼう。

Chapter 4

1. 身体の発育・発達

乳幼児の発育状態は，長さに関する長育（身長・座高など），重さ量ばりに関する量育（体重・皮下脂肪など），大きさや周囲径に関する周育（胸囲・頭囲）や幅に関する幅育（肩幅・頭長など）などを測ることによって把握することができる。乳幼児では身長，体重，胸囲，頭囲の計測がよくなされる。これらの計測項目のなかで，もっとも多く使われているものは，身長と体重であろう。

乳幼児期の発育の特徴をみると，乳幼児から幼児期前半（0～3歳）にかけては，初期体重減少（出生後数日間の体重減少）を除けば，胎児期についで急激（第一発育急進期）であり，人間として生きていくために必要な構造や機能の基本的な部分が形成される時期である。幼児期後半は，比較的安定した成長期にあたり，第一発育急進期において急速に発育した身体機能の調節や，機能アップ，また思春期発育（第二発育急進期）のスパートの準備期ということができる。思春期（12～16歳）では顕著な発育（第二発育急進期）がみられ，子どもの身体が大人の身体へと急速に変化を遂げる時期である*。

このことは，スキャモン（Scamon, R. E.）の発育発達曲線（Chapter 1；図1-1）の一般型の経過にもその特徴がよくあらわれている。スキャモンの発育発達曲線で各型の曲線が異なるパターンを示すことは，発育・発達速度が一定でないことを示している。また人の身体を外からみるだけでも，年齢によって身体のバランスに違いが認められ，大人を単純に縮小したのが子どもでないことは明らかである。このような違いが生じる理由は，発育は「頭部から腰部・下肢へ」進化する方向と，肩・腕・肘・手首・指など「中心部から周辺部へ」進化する方向の，二方向に進む傾向があるからである。このことは機能の発達においても同様である**。

幼児の形態・骨・筋・内臓諸器官の発育・発達を促すためには，

● 文献（*）
村岡眞澄，竹本洋著『保育内容「健康」を学ぶ』福村出版, p.18～20, 2001

● 文献（**）
鰺坂二夫監修『健康』保育出版社, p.18, 1995

適度な運動遊びが不可欠である。そして全体的なものから部分的なものへと発達し，発達の順序は一定しており，変わらない。しかしその速さについては，環境や学習（刺激）の違いにより，個人差がある。

1 形態の発育

(1) 身長

　身長の発育は，骨の長軸方向への発育によるもので，身体のあらゆる組織・諸器官の発達と深く関係しており，とくに運動能力については，身長の大きさによって影響される要素が多い。

　一般に身長の増加については，満1歳で出生児の1.5倍，満5歳で約2倍になるといわれている。4～6歳ではほぼ直線的な発育の様子がみられ，男女とも年間約6cmずつ伸びる。男女差についてみると，4歳では女子が平均1.6cm小さいが，その差は次第に小さくなり，6.5歳では男女差がまったくみられなくなる*（図4-1）。

●文献（*）
宇土正彦監修『幼児の健康と運動遊び』保育出版社，p.18～27，1999

(2) 体重

　体重は骨格，筋肉，脂肪，内臓などの組織や血液，水分など，身体のあらゆる部分に関係する総合的な指標であり，子どもの発育状態をよくあらわしている。体重の発育も，身長と似た発育パターンを示し，幼児期では体重増加の割合は少ない。4～5歳で男女差がわずかにみられるが，5.5～6.5歳では1年間の発育量に男女差はみられない（図4-2）。

(3) 座高

　座高は身長から下肢長を除いた頭部と体幹部の発育をあらわすもので，人間の生命維持機構にかかわる中枢部である頭部や人体エネルギーの原動力である内臓諸器官を含む体幹部の発育をあらわす指標として重要である。

　3.5～6.5歳では，年間男子は2.3～2.8cmずつ，女子は2.5～3.4cmの割合で増加している。身長比（座高の身長に対する割合）は，男子では4.0歳で57.9％，女子では3.5歳で58.0％ともっとも大きい数値を示すが，年齢が高まるとともに割合は小さくなり，6.5歳では男女とも55.8％になると報告されている。また胴部は上肢・下肢と比較するとその発育過程が異なり，後天的な影響を受けることが少なく，下肢長などの相対的関係に性差がみられる他，栄養，

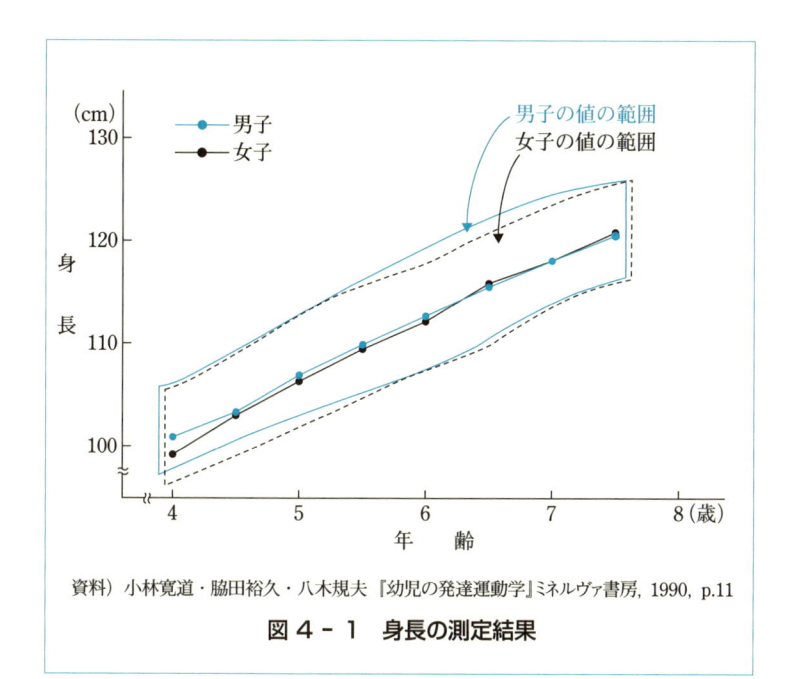

資料）小林寛道・脇田裕久・八木規夫『幼児の発達運動学』ミネルヴァ書房, 1990, p.11

図4-1　身長の測定結果

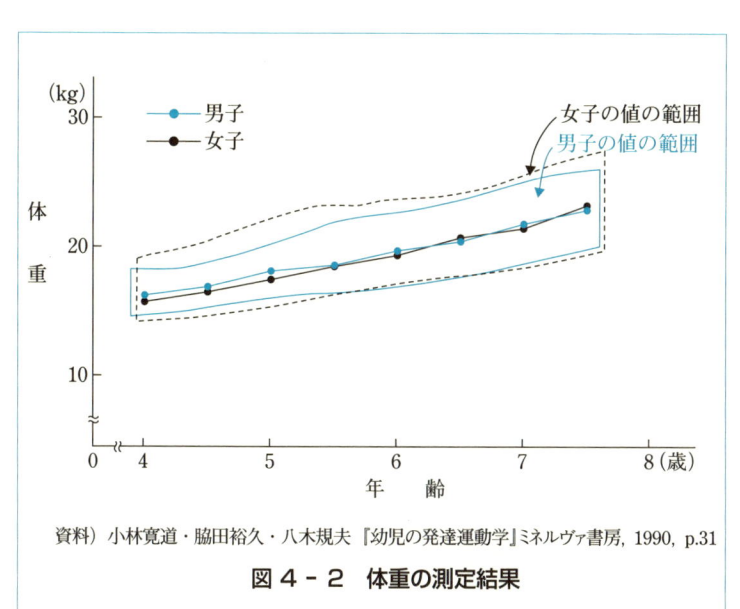

資料）小林寛道・脇田裕久・八木規夫『幼児の発達運動学』ミネルヴァ書房, 1990, p.31

図4-2　体重の測定結果

図4-3 座高の測定結果

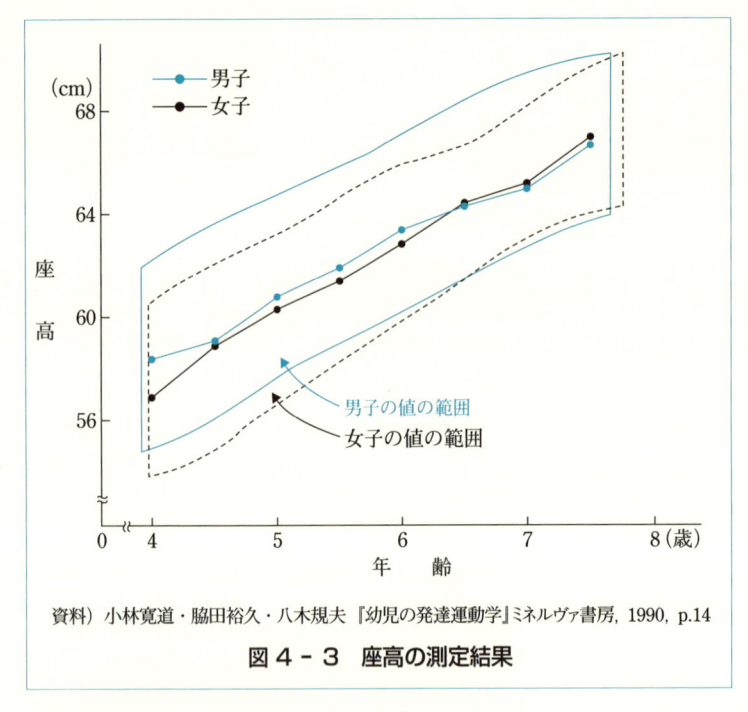

資料）小林寛道・脇田裕久・八木規夫『幼児の発達運動学』ミネルヴァ書房，1990，p.14

体型との関係からも重要である（図4-3）。

(4) 上肢・下肢の長さ

上肢長は，肩（腕の付け根の上端）から中指の先端までの長さである。3.5～6.5歳では年間に男子の場合平均2.8cm，女子では2.9cmの割合で増加している。上肢長の身長に対する割合は，年齢に伴う変化はほとんどなく，男子では平均42.6％，女子では平均42.3％と一定の割合が保たれている。上肢長は運動や労働の効果など後天的な環境に影響される。

下肢長は，立位姿勢をとったときの下腿部，大腿部を含めた脚全体の長さで，3.5～6.5歳では男女とも1年間に3.6～4.2cm増加する。下肢長は身体各部の長育成長のなかでもっとも環境影響を受けるため，長育の環境的影響の判定尺度として重要である。また下肢の長短によって運動能力，とくに跳躍力に大きく関係する（図4-4，図4-5）。

(5) 頭囲

頭囲は頭部の発育を示す指標として重要である。頭囲は後頭部のもっとも突き出た部分から額にかけての周径囲を巻尺で計測する。年齢に伴う頭囲の発育はわずかであるが増加がみられる。男

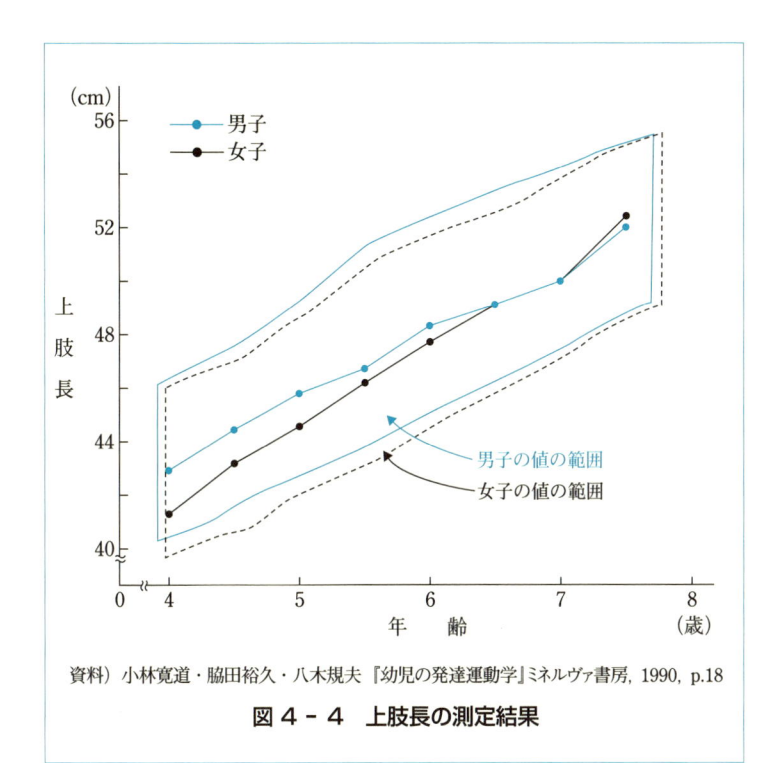

資料）小林寛道・脇田裕久・八木規夫『幼児の発達運動学』ミネルヴァ書房, 1990, p.18
図4-4 上肢長の測定結果

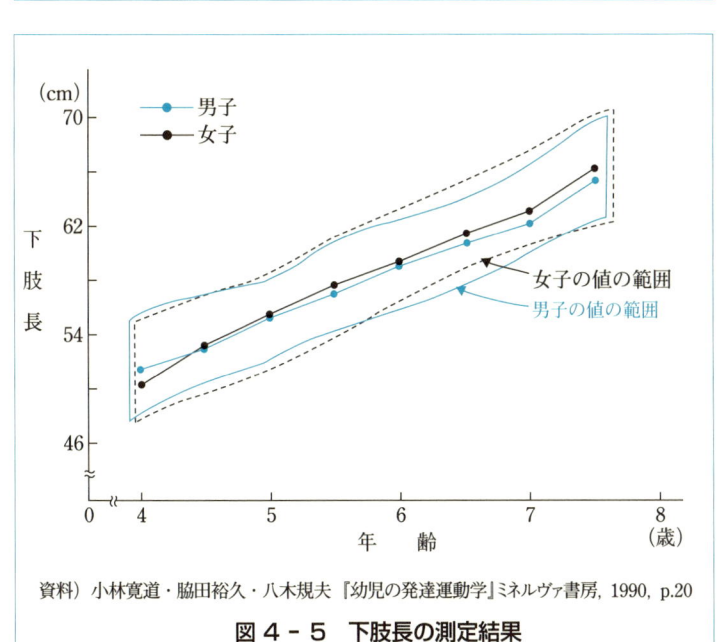

資料）小林寛道・脇田裕久・八木規夫『幼児の発達運動学』ミネルヴァ書房, 1990, p.20
図4-5 下肢長の測定結果

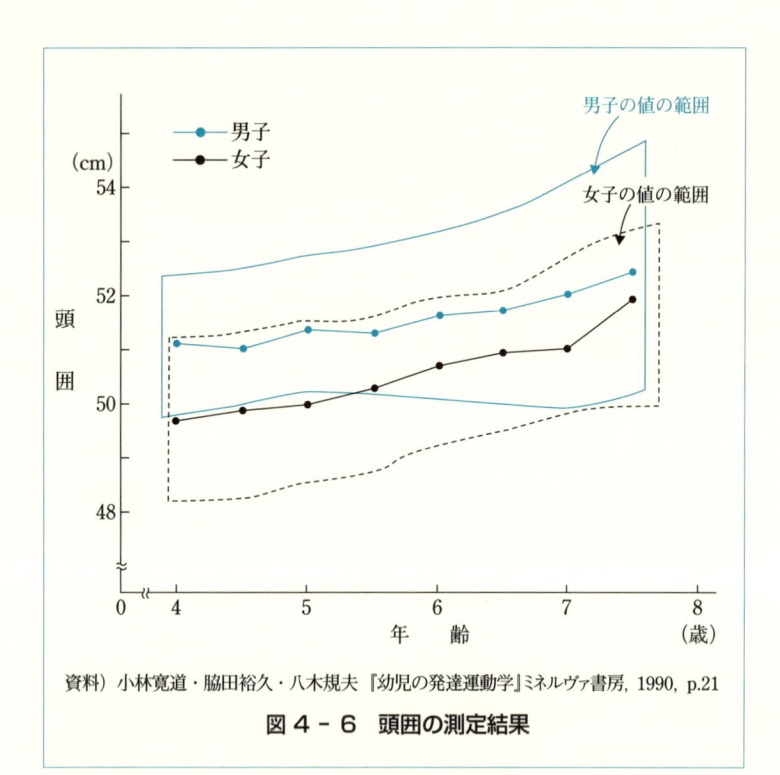

資料）小林寛道・脇田裕久・八木規夫『幼児の発達運動学』ミネルヴァ書房, 1990, p.21
図4-6　頭囲の測定結果

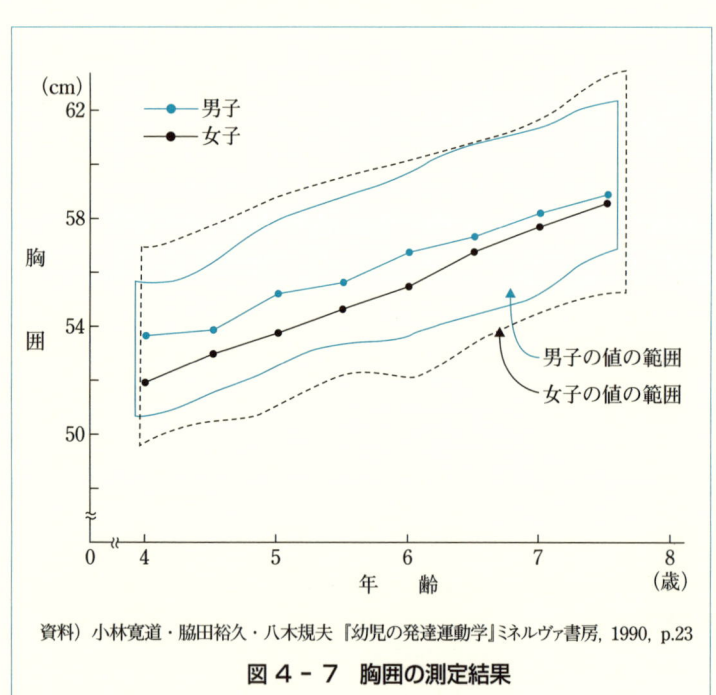

資料）小林寛道・脇田裕久・八木規夫『幼児の発達運動学』ミネルヴァ書房, 1990, p.23
図4-7　胸囲の測定結果

子の頭囲は女子と比較して平均1.3cm大きい（図4－6）。

(6) 胸囲

　胸囲は，心臓や肺などの重要な諸臓器の発育をある程度反映していると考えられ，呼吸・循環機能の重要な間接的計測項目となっている。男子の胸囲は，各年齢で女子より平均1.2cm大きい。この男女差の値は頭囲の場合と類似している。誕生時には胸囲よりも頭囲が大きいけれども，生後6カ月頃にはほぼ同じ大きさになり，それ以後では胸囲の方が大きくなる。胸囲の数値には，胸郭の大きさの他に筋肉や皮下脂肪の厚さなどが含まれる（図4－7）。

2 機能の発達

(1) 筋力の発達

　筋肉は骨に付着して人間の身体を構成する。骨につく骨格筋（横紋筋）の他に，内臓を構成する平滑筋，心臓を構成する心筋がある。筋肉は神経の機能によって支配されており，運動（筋肉の収縮）は興奮が神経から筋肉へ伝達されることによって起こる。姿勢を保ったり，声を出したり，内臓の筋肉などは呼吸・消化・排泄など臓器の運動を行う。また栄養の貯蔵や体熱の生産なども行う。筋肉の働きはきわめて多様で重要である。成人の筋肉は体重の40％程度であるが，幼児では20％程度である。また，成人の筋肉は下肢に多く集まるが，幼児では体幹に多い。そして幼児の筋肉は柔軟で弾力はあるが抵抗力が少なく，障害を起こしやすいので，強い運動や重い負荷を加えることは避け，まんべんなく用いるようにする必要がある。

　筋肉の弾性を保つような伸展運動を，運動の種目を変えて活動させるような工夫が大切である*。

(2) 神経系の発達

　脊椎動物では，中枢としての脳と脊椎が分化発達している。とくに人間では脳が著しく発達し，ほとんどすべての神経系の働きは脳に集中している。脳は大脳と小脳に大別される。小脳は脳全体の重さの約11％であり，主として姿勢と運動の調整をつかさどる。

　神経系の発育は他の器官や組織に比べると早く，人間の運動は生後・神経系の発達につれて発達してくることから，運動の発達と神経系の発達とは密接な関係がある。なかでも特筆すべきは，

●文献（*）
高杉自子，森上史朗監修『演習保育講座6　保育内容，健康』光生館，p.32〜35，1996

脳の発育の早さである。出生児の脳の重量は成人の25％しかないが、6ヵ月で50％に達し、2年半で75％、5年で90％、10年で95％に達する。体重が10年でようやく50％に達するのに比べると、いかに神経系、とくに脳の発達が早いかがわかる。脳幹、脊椎によって「生きている」ために必要な運動、呼吸循環など生命維持に必要な脳の部位やたくましく「生きていく」ための間脳や大脳辺縁系の働き、さらに「よりよく生きていくため」の大脳皮質の働きと人間が生きていくための脳の働きはきわめて重要である。幼児期には神経系の発達が盛んなので、この時期に神経系の働きを高めるような動作を行うことがよいといわれる。姿勢制御にかかわる運動、身体のバランスを必要とする動作に多く取り組ませることが望まれる。また規則的な睡眠や暑さ・寒さの体験、興奮や抑制の刺激を経験することも重要である[*]。

● 文献（*）
岸井勇雄他監修『保育内容　健康』同文書院 p.56, 2006

(3) 呼吸機能の発達

　呼吸機能と循環機能とは、生体に必要なエネルギーを生み出すための酸素運搬系として、きわめて密接に関連している。心拍数と同様に呼吸数も生まれたときは多い。新生児では呼吸数は毎分40～45回、乳児では毎分30～40回、1年の終わりでは毎分25～35回、幼児では毎分20～30回と年齢が上がるにつれて減少する[**]。乳幼児の呼吸数が成人に比べて多いのは、肺の大きさが成人に比べて小さいことにもよるが、幼児は新陳代謝が旺盛であるため多量の酸素を必要とし、また酸化によって発生した炭酸ガスの排除も多くしなければならないからである。

● 文献（**）
高杉自子・森上史朗監修『演習保育講座6　保育内容　健康』光生館, p.33～35, 1996

　呼吸は一般に自動的にくり返されるが、必要に応じて意識して速く、遅く、浅く、深く行うこともできる（大脳の働き）。また感情の変化や体温上昇によっても変化する（間脳の働き）。皮膚や筋・関節からの反射によっても変化する。たとえば冷水を浴びると急に呼吸が止まったり、運動に伴う変化がそうである。とくに幼児は姿勢の変化や運動のリズムパターン等の理解度によっても変化を受けやすい[***]。

● 文献（***）
泉志津枝・阪田圭江・中島和子『子どもの体育』泰流社, p.18～19, 1978

(4) 循環機能の発達

　循環機能をつかさどるのは心臓である。心臓の発達は、全身持久力の発達の土台となっている。肺の換気作用によって、赤血球のヘモグロビンと結合した酸素は心臓に流れ込み、左右2つの心

室の流入弁と流出弁によって血液を受け入れ，駆使している。心臓が血液を循環させるのは，心筋の収縮と弛緩によるポンプ作用であり，人間では安静のときにも毎分4リットルにもなる。脈拍数は心拍数に等しく，新生児では毎分130くらいである。そして年齢とともに減少し，3歳前後で120，5歳で100前後である。幼児の心臓収縮力は，心筋の未発達のために弱く，血管構造も十分な力を備えているとはいえず，血液の拍出量も少ない。脈拍はきわめて生理的な動揺を受けやすく，姿勢の変化や泣いた後，運動した後では1分間に20～40も増したり，体温が1度上昇すると15～20増すのが普通で，入浴することで180くらいまでは簡単に増加する。このことは，自律神経の不安定や心臓調節作用の未熟から起こる生理的な姿であるといわれている。4～5歳頃になると血管網の発達がよくなり，筋収縮によるポンプ作用が有効に働けるようになると，運動することにより筋収縮による力が血管に有効に作用し，未熟な心臓や血管の力不足を補い，大人と同じ程度の運動を行っても脈拍の増え方が大人よりも少ないような現象を呈するのである。幼児の場合でも，運動によって起こる熱発生や疲労性物質，体温上昇など脈拍を増加させる要因がそろっているにもかかわらず，このような状態になることは，このポンプの作用が循環機能の原動力に加勢していると考えられるのである。したがって幼児の運動を制限し，室内で安静な生活を強制することは，このような筋肉の加勢が得られず，旺盛な血液需要のすべての負担が未熟な心臓と血管壁のみに集中され，生理的に望ましくない結果となるのである。

3 運動機能の発達

(1) 運動の発達段階

運動機能とは，筋機能，神経機能，感覚機能，心肺機能が一体となってその力を発揮するものといわれる。乳幼児は成長に伴い，さまざまな運動ができるようになる。ギャラフィーは，人間の誕生から運動発達の段階を反射的運動の段階，初歩的運動の段階，基本的運動の段階，スポーツに関する段階と4つの段階に分類している*（図4-8）。

新生児の運動は反射的な運動の段階であり，大脳の発達が未熟なため，大部分の行動が反射運動である。反射運動は，生命維持に必要な運動で，生来もち合わせている脊髄レベルの反射で生後

●文献（＊）
永島惇正編著『生涯学習生活とスポーツ指導』
北樹出版, p.33, 2000

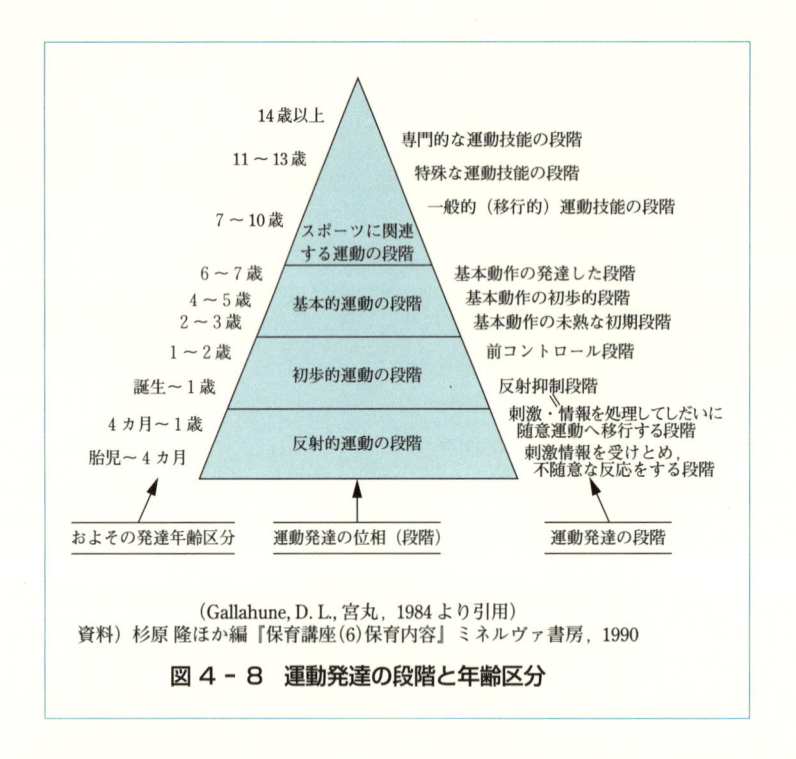

```
                    14歳以上      専門的な運動技能の段階
               11〜13歳          特殊な運動技能の段階
           7〜10歳    スポーツに関連   一般的（移行的）運動技能の段階
                    する運動の段階
          6〜7歳              基本動作の発達した段階
         4〜5歳   基本的運動の段階    基本動作の初歩的段階
         2〜3歳              基本動作の未熟な初期段階
        1〜2歳               前コントロール段階
       誕生〜1歳   初歩的運動の段階
                             反射抑制段階
      4カ月〜1歳                刺激・情報を処理してしだいに
                             随意運動へ移行する段階
      胎児〜4カ月   反射的運動の段階   刺激情報を受けとめ
                             不随意な反応をする段階

    およその発達年齢区分  運動発達の位相（段階）  運動発達の段階
```

（Gallahune, D. L., 宮丸, 1984 より引用）
資料）杉原 隆ほか編『保育講座(6)保育内容』ミネルヴァ書房, 1990

図4-8 運動発達の段階と年齢区分

数カ月前後で消失していく。この反射運動は，主に次のようなものがある。

①**吸いつき反射**
　口に触れるものなら何にでも吸いつく
②**把握反射**
　掌に触れるものを何でもギュッと握る
③**バビンスキー反射**
　足の裏をつつくと，足の指をギュッと足底側に屈曲する
④**歩行反射**
　足が床につくと左右交互に足踏みをする
⑤**探索反射**
　頬を突つくと，その方に唇が追う（口角反射）
⑥**モロー反射**
　頭を支えた手を離すと，抱きつくような腕伸ばしをする（抱きつき反射）

このような反射運動は，すべてが生命維持に必要不可欠なものとは言えないが，とくに新生児とかかわり合う吸いつき反射では，

毎日の学習体験（吸えばお乳が出てくるという快体験）や大脳の神経組織の急速な成長により，単純な反射行動からより複雑な統合的な構造をもった感覚運動的な随意的運動へと変わっていく。

つまり，大脳による意志的コントロールのできない新生児段階では，機械的な神経反射が子どもの生命，あるいは生活を維持していくが，中枢神経系が成熟し子どもの行動全体をコントロールできるようになるにしたがい反射行動は消失し，中枢神経系による随意的なものへと変わりゆく（眼瞼反射，腱反射，防衛反射など残り続けるものもある）*。

乳児は反射運動が消失していくなかで，新たな動きや動作ができるようになる。これらの運動は随意運動であり，くり返し学習することにより，獲得されるものである。外から見ることは不可能であるが，運動中枢の存在する大脳新皮質の脳細胞も日々著しい発達を遂げているのである。

乳児期まではギャラフィーの運動発達の段階と年齢区分によれば「初歩的運動の段階」と呼ばれており，この時期は反射運動が次第に消失し，随意運動がみられるようになる。

乳児期は，人間のもっとも基本的な運動である直立歩行と把握運動が習得される時期で，移動運動や操作運動が中心となる。各動作の獲得時期については，出生や生活環境が個々に異なり，発育・発達にも個人差があるが，生まれて1年間あまりの間に獲得される動きと発達の順序は下記のようになる。

●文献（*）
柴岡三千夫『幼児体育指導教範』幼少年体育振興協会, p.18, 1982

各種動作の発達順序（Shirley, M.M., 1931）

1カ月：腹ばいで顎をあげる
2カ月：腹ばいで肩をあげる
3カ月：物をつかもうとする
4カ月：支えると座る
5カ月：膝の上に座り物をつかむ
6カ月：椅子に座り動くものをつかむ
7カ月：1人で座る
8カ月：支えると立つ
9カ月：つかまり立ちができる
10カ月：ハイハイをする
11カ月：支えられて歩く
12カ月：家具につかまって立つ
13カ月：階段をはい上がる
14カ月：1人で立つ
15カ月：1人で歩く

乳児期までの運動は，人間のもっとも基本的な運動である直立歩行と把握運動が習得される時期で，移動運動や操作運動が中心となる。

たとえば，移動運動は，寝返り→ハイハイ→つかまり立ち→伝い歩き→直立歩行と発達する。直立歩行に必要な時期があり，直立に必要な筋肉が発達するのである。また，この時期に展開される運動遊びは，ただ単に身体の発育を促すだけでなく，運動技能を高めたり，知的・情緒的発達や社会性の発達にも深くかかわるので，周囲の人（人的環境）の積極的な働きかけが重要である。

　幼児期前期における運動は，ギャラフィーの運動の発達段階からみれば，前段階の初歩的運動段階の最後と基本的運動の未熟な初期段階にあたり，安定性，移動性，操作性のさまざまな運動形態がこの時期に出現する。この時期の特徴は，歩行が可能になり動き回ることや，言葉を獲得することである。運動能力が増大し，言葉の獲得により幼児の遊びは無限に展開し，感情や社会性も発達する。

　幼児期後期は，基本的運動の初歩的段階から発達した段階にあたる。またエリクソンが指摘するように，幼児期後期は「遊びの時代」であり，鬼ごっこで走ったり，ジャングルジムをくぐったり，砂場で砂を掘ったり，すべり台をすべったり，自転車に乗ったりと，園庭で繰り広げられている園児の遊びのなかには，数えきれないほどの動作が展開されている。この幼児期にはさまざまな運動が急激に，そして多彩に発達する。幼児期の後半から学齢期の最初にかけては，感覚運動能力（位置感覚，視覚調整感覚，聴覚調整感覚）が完成するといわれる。この時期に獲得する基本の動作や多種多様の運動の体験は，すぐれた神経回路をつくることになり，これから先のスポーツやダンスの技術，危険回避の行動など日常の動作の基礎となるものである。体育科学センター・体育カリキュラム作成委員会では，幼児における多種多様な動作体験の重要性に注目し，基本的な動作（基本の動作）として84種を選定している。これらの基本的な動作は，自分の身体を操作する移動系，平衡系の運動と自分の身体以外のものを操作する操作系の運動に分類されている*（表4-1）。これらの動作は，幼児の日常遊びのなかで自然に行うはずの動作であるが，現在の子どもを取り巻く環境（遊びの減少，習い事の増加，運動不足など）を考えると，幼児の日常遊びのなかで偏りなく使われているか観察するとともに，保育者が意図的に働きかけ，積極的に遊びの展開を行うことが重要である。

●文献（*）
村岡眞澄・竹本洋著『保育内容「健康」を学ぶ』福村出版，p.31～33, 2001

表4-1 基本の動作一覧表

カテゴリー	動作の内容	個々の動作		
Stability (安定性)	姿勢変化 平衡動作	たつ・たちあがる かがむ・しゃがむ ねる・ねころぶ まわる ころがる	さかだちする おきる・おきあがる つみかさなる・くむ のる のりまわす	わたる あるきわたる ぶらさがる うく
Locomotion (移動性)	上下動作	のぼる あがる・とびのく とびつく	とびあがる はいのぼる・よじのぼる おりる	とびおりる すべりおりる とびこす
	水平動作	はう およぐ あるく ふむ	すべる はしる・かける かけっこする スキップ・ホップする 2ステップ・ワルツする	ギャロップする おう・おいかける とぶ
	回転動作	かわす かくれる くぐる・くぐりぬける	もぐる にげる・にげまわる とまる	はいる・はいりこむ
Manipulation (操作性)	荷重動作	かつぐ ささえる はこぶ・はこびいれる もつ・もちあげる もちかえる あげる	うごかす こぐ おこす・ひっぱりおこす おす・おしだす おさえる・おさえつける	つきおとす なげおとす おぶう・おぶさる
	脱荷重動作	おろす・かかえておろす うかべる	おりる もたれる	もたれかかる
	捕捉動作	つかむ・つかまえる とめる あてる・なげあてる ぶつける いれる・なげいれる	うける うけとめる わたす ふる・ふりまわす	まわす つむ・つみあげる ころがす ほる
	攻撃的動作	たたく つく うつ・うちあげる うちとばす わる なげる・なげあげる	くずす ける・けりとばす たおす・おしたおす しばる・しばりつける あたる・ぶつかる	ひく・ひっぱる ふりおとす すもうをとる

資料)体育科学センター・体育カリキュラム作成小委員会

(2) 運動能力の発達と変化

運動の発達は,身体の移動のような全身的な運動の発達(粗大運動の発達)と手や腕の動きのような微細運動の発達の2つに大別でき,中心部から末端の方へと進んでいく。これらはすでに乳児期において発達が始まっているが,単純なものから複雑なものへと目的に応じた運動ができるようになる。

幼児期から児童期にかけての運動能力の発達の大きな特徴は,身体のいろいろな部位の動きを巧みにコントロールし,自分の意図するように身体を動かすことができるようになることである。このいろいろな動きを組み合わせていく能力が運動の調整力であり,この発達が動きの獲得と関係しており,この時期にもっとも

伸びるのである。その発達は急激であり，大人とほとんど同じ水準にまで達する。この時期は中枢神経の発達に支えられて，運動を巧みにコントロールする能力が発達し，また運動することにより神経系の発達を促進させているという相互作用をもつ時期であり，基礎的運動パターン習得と運動調整能力の発達の顕著な時期である。そのため，偏った運動経験ではなく，多種多様な運動を経験することが必要になるのである。このような多種多様の運動の経験は，強制的指導によるものでなく，自由な活動のなかで獲得されることが望ましく，いろいろな運動経験の可能性を含む運動遊びがふさわしく，くり返し運動することで滑らかな動きを獲得することができるのである*。

　運動の発達は，行われた運動の大きさ，速さ，強さなどの量的な面と，運動の滑らかさ，タイミング，動作のパターンなどの質的な面から捉えることができる。

　幼児の基本的な運動能力の発達をみるのに，幼児の運動能力テストが行われている。25m走（走る能力），立ち幅跳び（遠くへ跳ぶ力），ソフトボール投げ（上手に遠くへ投げる力）などが測定されている。これらの測定結果をみると，どの種目でも加齢による発達が明らかである。また，走，跳，投などの種目では男女差がみられる。この幼児の運動能力の発達にみられる性差は，日常の遊ぶ経験の差によるとされる**。図4-9は，2～6歳児の立ち幅跳びのフォームを示したものであるが，運動の量（跳躍距離）の増加だけでなく，同時に進行している運動の質（フォーム）の変容の過程をも知ることができる。質的変化としては，跳躍に先立つ両腕のバックスウィング，跳躍前半での前傾姿勢，空中での腕の振り上げ，さらにそれらの動作のタイミングなどがあげられる。幼児の立ち幅跳び

① 2歳男児（43cm）

② 3歳男児（63cm）

③ 4歳男児（71cm）

④ 5歳男児（110cm）

⑤ 6歳男児（130cm）

資料）宮丸凱史「幼児の基礎的運動技能におけるMotor Patternの発達」『東京女子体育大学紀要』8，1973

幼児の立ち幅跳びでは，加齢にともなって跳躍距離が伸びるばかりでなく，跳躍フォームもより合理的なものへと変化している。

図4-9　2～6歳の幼児の立ち幅跳びフォーム例

では，加齢に伴って跳躍距離が伸びるばかりでなく，跳躍フォームもより合理的なものへと変化している[**]。

幼児たちは，いろいろな運動遊びをくり返し行うことで身のこなしが上手になり，洗練された動きができるように発達していくのである。

● 文献（*）
永島惇正編著『生涯学習生活とスポーツ指導』北樹出版，p.36～38，2000

● 文献（**）
杉原隆・柴崎正行・河邊貴子編『保育内容「健康」』ミネルヴァ書房，p.23～24，2003

2. 心の発達

1 情緒の発達

　情緒とは，さまざまな欲求との関連によって急激に生じる精神的変動である。喜怒哀楽というのが，これにあたる。欲求には生理的なものと社会的なものがあり，基本的には生理的な欲求と深く結びついたものと考えられるが，発達するにつれて社会的欲求との関連で生じる情緒の方が占める割合が大きくなる。

　生まれたばかりの乳児は，不快をあらわすためにただ泣くだけであるが，空腹であるか，痛みであるか，おむつがぬれているのか満たされない欲求の種類により，微妙に泣き方を変化させるようになる。このような乳児の情緒表現に対して母親は，乳児の泣く原因を区別できるようになるのである。自分の足で歩き始め，移動能力が高まると，自発的，能動的に環境にかかわるようになり，自立，独立への欲求が高まってくる。幼児期には子どもの欲求も複雑に分化し，生理的な欲求よりも社会的な欲求が大半を占めるようになる。

　欲求が満たされないと身体全体で怒りを表現する。反対に欲求が満たされると，喜びや得意などの情緒を示す。社会的な欲求は

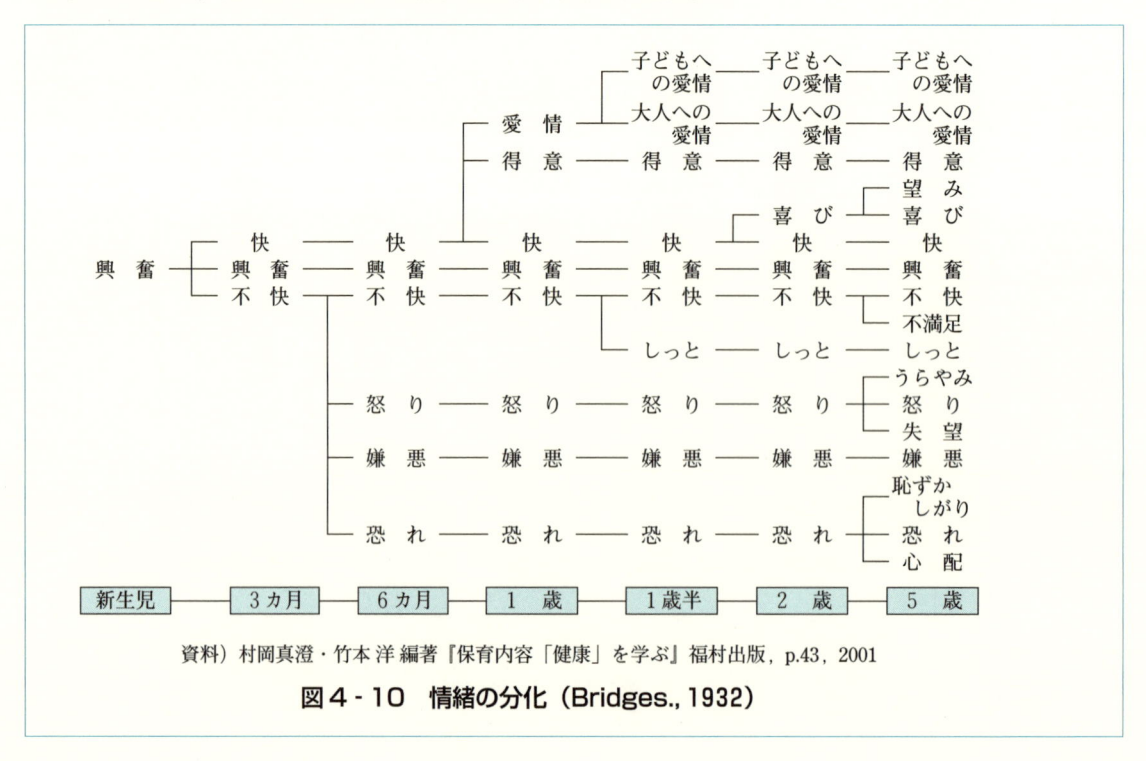

新生児	3カ月	6カ月	1歳	1歳半	2歳	5歳
					子どもへの愛情	子どもへの愛情	子どもへの愛情
			愛情	大人への愛情	大人への愛情	大人への愛情
			得意	得意	得意	得意
					望み	望み
				喜び	喜び	喜び
	快	快	快	快	快	快
興奮	興奮	興奮	興奮	興奮	興奮	興奮
	不快	不快	不快	不快	不快	不快
						不満足
				しっと	しっと	しっと
	怒り	怒り	怒り	怒り		うらやみ／怒り／失望
	嫌悪	嫌悪	嫌悪	嫌悪		嫌悪
						恥ずかしがり
	恐れ	恐れ	恐れ	恐れ		恐れ／心配

資料）村岡真澄・竹本洋 編著『保育内容「健康」を学ぶ』福村出版, p.43, 2001

図4-10　情緒の分化（Bridges., 1932）

無限に増大していくので，情緒を喚起される機会も年齢とともに拡大していく。

情緒の分化については，ブリッジスが子どもの情緒表現を観察し，出生児の単なる興奮から，さまざまな情緒に分化していく過程を明らかにした（図4-10）。

ブリッジスは未分化な興奮という母体から快と不快という情緒が分化し，その後，快は得意，不快は恐れ，嫌悪，怒りに分化すると示している。さらに愛情という情緒は，大人と子どもへの積極的な反応へと分化し，不快から嫉妬が分化する。情緒の基本的なものは2歳の終わり頃になるとほとんどあらわれ，5歳頃にはほぼ大人と同じ程度にまで分化がみられる。

乳幼児の情緒反応は，感情を抑えず表出し，激しいけれども短時間のうちに変化する。しかし，記憶力の発達に伴い，情緒反応の持続時間は長くなる。また，年長になるにしたがって欲求が自分の力によって満たされ，不満を経験する機会が減少したり，欲求不満を経験してきたことによる欲求不満耐性の強化などが情緒的安定をもたらすことになる。幼児の典型的な怒りの表現の「かんしゃく」は，幼児期終わりの頃には怒りへの直接的な攻撃というかたちをとる。そこでけんかが生じるが，このような腕力ざたの怒りの表現（身体的表現）も次第に減少し，それに代わって言葉を用いるかたち（言語的表現）が増加する。この傾向は男子より女子に顕著に認められる。子どもたちは仲間との集団遊びを通して，次第に情緒反応の仕方を穏やかな望ましい方向へ変化させていくのである。

情緒の望ましい発達を促すためには，情緒のあり方が子どもの心身の発達に重要な影響をもたらすので，強い不安や極端な恐れは避けなければならない。やたらに強い欲求不満は経験させないようにし，十分なコミュニケーションと十分な愛情を注ぐことが重要である*。

●文献（*）
高野清純「子どもの情緒の発達」『月刊 教育と医学』10月号，慶應義塾大学出版会，p.4～10, 1998

2 情緒機能と運動遊びのかかわり

子どもの情緒は，友だちと遊ぶことや運動遊びを通して，より発達を促すことができる。仲間との集団遊びのなかで，よいこと，悪いこと，楽しかったこと，成功や失敗などを体験し，かかわり方や情緒の反応の仕方を学び，身につけていくのである。

幼稚園における例であるが，年少児が，一輪車を自由に乗り回

している年長児を見て,「自分たちも年長になったら乗れるのだ」という思いを強くもっていた。いざ年長に進級したら「乗れるようになりたい」気持ちでくり返し練習し,だんだん乗れる幼児が増えて4カ月ほどでほとんどの幼児が乗れるようになったという。失敗しながら乗れるようになるまで,目標に向かってがんばる忍耐強さ,粘り強さ,友だちに負けたくない競争心,そして乗れるようになった子からの励ましや賞讃の声など諸々の情景が展開されたという。

　また,固定遊具のジャングルジム,チェーンネット,登り棒に怖いけれども上まで登る,うんていで足がつかないけれども全部渡ってみる,鉄棒で前回りや逆上がりをする。そして平均台で片足で立ったり,跳び箱を跳んでみる。これらの運動遊びは冒険心や挑戦心を抱かせ,挑戦し,できたときの強い満足感や幸福感を得ることができ,身体的にも精神的にも安定感をもたらし,さらに取り組みを高める意欲へもつながる。このような体験が自己概念の確立に重要な役割を果たすのである*。また,運動用具の出し入れなどを協力して行うことや,遊びのルールを理解して運動する知的な活動や新しい遊びの発見,それに合ったルールづくりなどの創造的な活動なども体験されている。意志的な面でも自発性や自主性を伸ばすことができ,仲間関係の形成も遊びのなかで発達する。幼児の運動遊びは,運動と同時に精神的な活動でもあり,互いに密接な関係があり,心身の発育・発達に大きな影響があるのである。運動遊びを情緒の発達に生かすためには,1人ひとりに合った目標の設定,ほめ言葉や賞讃,失敗への対処や援助などの配慮が必要である。そして保育者が子どもの情緒表出に共感する姿勢が,子どもの意欲につながることも忘れてはならない**。

●文献（*）
小林芳文『幼児の体力発達』多賀出版, p.11, 1998

●文献（**）
村岡眞澄・竹本洋『保育内容「健康」を学ぶ』福村出版, p.44, 2001

3. 社会性の発達

1 社会性の発達とは

　乳児期における人とのかかわりは，母親を主に身近な成人を中心とした受動的な行動である。年齢とともに人とのかかわりが増し，家族から周辺地域の人々や保育所や幼稚園の友だちと生活の範囲が広がり，社会性が発達していく。幼児の遊びの実態から，子どもたちの社会性の発達について知ることができる。パーティンは幼児の遊びの観察から，それぞれの遊び方の違いを年齢別に知るために，次のように分類した。

①何もしていない行動
　興味あるものを見つめたり，いじったり，またとくに目を引くものがないとブラブラして，よそ目には何もしていないように見える行動。
②ひとり遊び
　ひとりで遊んでいるが，他の子どもがいても気にせず，関係なくひとりで遊ぶという行動。
③傍観的行動
　他の子どもの遊びを見守っていて，ときどき自分の興味ある範囲内で教えたり注意したりはするが，自分は遊びに加わらない行動。
④平行的な遊び
　他人に働きかけたりはしないでひとりで遊ぶが，必ず他人の傍で同じようなおもちゃを使って遊ぶ。ときどき，他人を見ては模倣したりして影響は受けるが，一緒には遊ばない行動。
⑤連合的な遊び
　各自が同じような活動をしながら一緒に遊ぶ行動。
⑥協同的あるいは組織的な遊び
　遊んだり，何かものをつくったりするために協同し，目的に向かったりもする。またリーダーの役割をする者がいて，組織的な遊びをすることもみられる行動。

　社会性の発達がまだ未熟な2歳頃はひとり遊び，傍観，平行遊びが中心で，3〜4歳では急激に減少する。2〜3歳頃になると，何かにつけて「自分でやる」「いや」というように自己主張や拒否・反抗的行動が多くなる。3歳過ぎ頃から積極的に友だちを求

める欲求が強くなり，友だちと一緒に遊ぶようになる。言語や運動能力の発達に伴い，遊びも活発になる。遊びのなかで，互いの自己主張により「けんか」がみられる時期である。子どもたちは「けんか」を通して，自己主張の仕方や相手の立場，責任，協力など，集団のなかで仲良く遊ぶために必要な知識や態度を学ぶのである。4歳頃になると，協同的な遊びが増加し，何人かが集まって行動する子ども社会が形成される。そこではルールが生じ，自分や相手の立場，役割を理解し，遊びのなかでも約束やきまりが守れるようになる。子どもは他の子どもの行動を気にして競争心もみられるようになる。5歳過ぎになると，集団でのゲームもできるようになる。遊びを通して友だち間のルールはさらに明確化，複雑化する。なかにはリーダーシップを発揮して，集団をリードしていく者があらわれて，遊びも上手に行われるようになる。

このように子どもの社会性の発達は，成長とともに家庭や社会のなかで，いろいろな人たちとかかわり，人として将来の社会生活に必要な知識や規則，習慣を少しずつ身につけながら発達していくのである*。子どもがこの幼児期に楽しい遊びが十分にでき，充実した時間が過ごせることは，幼児自身の成長のために不可欠なのである。

●文献（*）
森田昭子・大森雅子・元橋幸子『幼児の運動遊び』遊戯社，p.23～24，1992

2 社会性の発達と運動遊びのかかわり

幼児の遊びは，ひとり遊びから仲間が増えるほど遊びは活発になる傾向がある。そして集団遊びができるようになると，身体を使った遊びも増えてくる。誰とでも仲良く楽しく遊ぶためには，友だちと協調し，互いに意思疎通のための言葉やルールが必要になってくる。幼児たちは自己主張のぶつかり合いでけんかもするが，集団のなかでの生き方を学んでいく。子どもの社会性の発達には家庭環境の影響が強く，親の養育態度や兄弟の数，出生順，家族構成などが大きく影響する。けれども，幼稚園や保育所での集団の場における保育者の影響や，他の幼児どうしのかかわりから，新しい社会性が発達し続けていくのである**。

一般的に，幼児は大人の行動を模倣しようとする傾向をもっている。このことを同一化という。であるから保育者がどのように幼児にかかわるかが，幼児の将来の人格形成に影響すると考えることができる。

社会性を育てる運動遊びとしては，リズム遊びや伝承遊び，鬼

●文献（**）
森田昭子・大森雅子・元橋幸子『幼児の運動遊び』遊戯社，p.25，1992

ごっこなどをペアやグループで遊ぶことが考えられる。また，固定遊具や用具を使用した運動遊びで取り合いになることもあるが，自分と同じことをやりたい仲間がいるときは，順番を守り，安全を確かめ，約束を守って遊ぶことにより，社会性を育てることができる。楽しく遊ぶためには，自我を抑えることを体験することも大切である。その他，ボール遊びや縄跳び遊びのグループ遊びや大型遊具の遊びでは，遊びや遊具の準備，片付けなどを通しても社会性を養うことができる。同時に，これらの施設・設備や用具の使用にあたっては，物を大切に扱う態度を養っておくことも必要である。

　いろいろな集団遊びを十分に体験することは，運動神経を発達させ，器用な身体をつくる他に，共同生活を通して感情体験や欲求の満足体験により，情緒を安定させることになり，仲間と遊ぶ態度を育て，社会生活に必要な生活技術や態度を育てることができるのである。

【参考文献】
- 村岡眞澄・竹本洋『保育内容「健康」を学ぶ』福村出版，2001
- 鰺坂二夫監修『健康』保育出版社，1995
- 小林寛道・脇田裕久・八木規夫『幼児の発達運動学』ミネルヴァ書房，1990
- 宇土正彦監修『幼児の健康と運動遊び』保育出版社，1999
- 高杉自子・森上史朗監修『演習保育講座6　保育内容，健康』光生館，1996
- 岸井勇雄他監修『保育内容　健康』同文書院，2006
- 泉志津枝・阪田圭江・中島和子『子どもの体育』泰流社，1978
- 永島惇正編著『生涯学習生活とスポーツ指導』北樹出版，2000
- 柴岡三千夫著『幼児体育指導教範』幼少年体育振興協会，1982
- 杉原隆・柴崎正行・河邉貴子編『保育内容「健康」』ミネルヴァ書房，2003
- 高野清純「子どもの情緒の発達」『月刊 教育と医学』10月号，慶應義塾大学出版会，1998
- 小林芳文『幼児の体力発達』多賀出版，1998
- 森田昭子・大森雅子・元橋幸子『幼児の運動遊び』遊戯社，1992

第2部 実技編

第2部では，徒手的運動・器具的運動・手具的運動・水プログラム・野外活動・表現運動に分類された幼児の基本的身体動作を，単発指導ではなく，継続性のある指導として理解を深め，指導するにあたっての手順・留意点・ねらいを学習する。

徒手的運動

幼児の心身の調和的な発達を図るために，基礎的な動きづくりである徒手的運動は欠かせない。動きに対する身体支配力を養い，総合的な体力を高めるには，どのような指導が求められるか学ぼう。

Chapter 5

　徒手的運動とは，もっとも初歩的な運動であり，かつ基本的な動きづくりの原点でもある。体力要素（身体的要素・精神的要素）の未分化な幼児期においては調整力の習得，つまり，いろいろな動きに対して，身体をうまくコントロールする身体支配力を高めることが大切である。それと同時に総合的な体力を高めることも考えると，徒手的な運動を与える必要性が高くなる。

　とくに姿勢に関しては，日常生活のなかで自然に行われている動作の基礎であるからこそ，そのねらいを理解して子どもに投げかけ，次の運動へと発展させなければならない。また，体操は「体ほぐしの運動」として，次の活動の踏み台ともとられるが，体操そのものの本質を知り，体操遊びへと発展していけるように工夫していかなければならない。そして，組体操や集団行動では，1人ではできない動きや，助け合って初めてできる動きを気づかせることが重要になる。このことは，運動を通して仲間と豊かにかかわる楽しさを体験し，さらに仲間を認め合うことができるように導くことである。

　徒手的運動には，「より強く」，「より早く」，「より上手に」といった，勝敗や競争とは異なり，子どもの心と身体をリラックスさせ，目標の達成感を感じ取る効果がみられる。しかし，ここに取り上げた姿勢や体操は，最初は新鮮で楽しく取り組むことができても，繰り返し行ううちに，次第に子どもの興味，関心を薄れさせてしまうことも考えられる。子どもには，「楽しい」，「おもしろい」，「もう一度したい」という気持ちをもたせることが大切である。動きが比較的簡単なので，動きのなかに子どもの意欲，興味を高めるような要素（「創造的」，「遊戯的」，「競争的」，「課題的」）を工夫して取り組むことが重要である。さらに，1つの運動を行わせる場合でも，その基本となる動きだけに取り組むのではなく，身体に対する刺激が偏らないように，いろいろな角度から動作に変化をつけて，バランスよく，総合的に多方面から，ねらいとする要素を刺激していくことが，重要なポイントとなる。

1. 体　操

　日常生活で必要な姿勢，動作をさらにより大きく極限まで動かすことで，総合的な体力を高め，さまざまな動きを体験することにより，動きに対する認識を深める。また小学校の「改訂学習指導要領」では，「体つくり運動」（体操を改称）の領域に，「体ほぐしの運動」が新設された。このこともふまえ幼児期に，基本的運動の基本になる動作，「姿勢」と「体操」の体験が重要になる。

　もちろん，他の運動，スポーツの準備運動として，欠かすことのできない運動であるが，体操そのものにより，身体活動の心地よさ，快い感情を抱かせる努力が必要である。

1 姿勢① ── 立位

(1) 気をつけ

【説明および指導上の留意点】
○かかとをつけ，爪先は45度開き，膝を伸ばすようにする。
○胸を開き，肩の力を抜き背筋を伸ばすようにする。
○両腕は体側につけ，指先は伸ばすようにする。
○あごを引き，目線は正面に。

【ねらい】
○「気をつけ」の合図にすばやく反応し，正しい姿勢をとることができる。
○次の活動への準備として，理解する。

(2) 休め

【説明および指導上の留意点】
○足を肩幅に開き，直立の姿勢。
○腕は自然に腰の後ろで組み，力を抜く。
○両足に重心をかけ，リラックス状態を保つ。

【ねらい】
○合図により，体のリラックス状態を保つことができる。
○休めの姿勢で，話を聞いたり，次の活動を待ったりすることができる。

(3) 膝つき

【説明および指導上の留意点】
○足を閉じて，膝を床につき，腰と背筋を伸ばして膝で立つ。
○胸を開き正面を向く。
○股関節が曲がって，尻がかかとにつかないようにする。

【ねらい】
○合図により，すばやく膝つき立ちの姿勢になれる。
○膝つき立ちで安定した姿勢を保つことができる。
○腕を自由に動かしても安定している。

2 姿勢② ── 座位

(1) 膝立て（お兄さん座り）

【説明および指導上の留意点】
○足を閉じて，膝を曲げる。
○両腕で，両足を抱えるようにする。
○顔は正面を向き，背筋を伸ばし，尻をついて座る。

【ねらい】
○すばやく膝立ての姿勢をとることができる。
○バランスよく座れる。
○「お兄さん座り」の模倣として理解する。

(2) 長座（赤ちゃん座り）

【説明および指導上の留意点】
○両足を伸ばして座り，背筋を伸ばす。（閉脚）
○胸を開き，正面を向く。
○背中，腰が曲がらないように注意する。

【ねらい】
○すばやく長座の姿勢になれる。また，他の姿勢へすばやく変えることができる。
○「赤ちゃん座り」の模倣として理解する。
○背中，腰が曲がらないで，腕を動かすことができる。

(3) 正座（お母さん座り）

【説明および指導上の留意点】
○膝を曲げて，尻は両かかとに乗るように座る。
○あごを引き，胸を開く。
○両手は両大腿部に乗せ，背筋を伸ばす。
○長時間にならないように気をつけて姿勢を保つ。

【ねらい】
○すばやく正座の姿勢をとることができる。
○どのようなときに正座をするのかを理解する。（行儀よく座る）
○「お母さん座り」の模倣として理解する。

(4) 安座（お父さん座り）

【説明および指導上の留意点】
○尻を床につき，体の前で足を組み座る。（あぐらをかく）
○両手は両膝に置き，肩の力を抜く。
○背筋を伸ばし，手を床について支えない。

【ねらい】
○すばやく安座の姿勢がとれるようにする。
○「お父さん座り」の模倣として理解する。
○安座から他の姿勢へすばやく変えることができる。

(5) 横座り（お姉さん座り）

【説明および指導上の留意点】
○正座を横に崩した姿勢。
○体が横に崩れやすいので，尻を床にしっかりつける。
○上体でバランスをとり，姿勢を保つ。
○両手は膝に置き，床に手をつかない。

【ねらい】
○すばやく横座りができる。
○上体バランス感覚を高める。
○横座りから，すばやく他の姿勢へ変えることができる。
○「お姉さん座り」の模倣として理解する。

(6) おばあちゃん座り

【説明および指導上の留意点】
○正座を崩し，両足の間に尻をつける。
○床から膝が上がらないようにする。
○両手は両膝に置き，肩の力を抜く。

【ねらい】
○すばやくおばあちゃん座りできる。
○膝関節の可動範囲を広げることができる。
○「おばあちゃん座り」の模倣として理解する。

(7) アヒル座り

【説明および指導上の留意点】
○膝を完全に曲げて，尻を床につかないように座る。
○体勢が不安定なので，上体，両腕でバランスをとる。
○両足に，同じように体重をかける。

【ねらい】
○すばやくアヒル座りできる。
○平衡感覚を高める。
○尻もちをつかないで姿勢を保つことができる。
○アヒルの模倣として理解する。

3 姿勢③ ── 臥位

(1) 伏臥

【説明および指導上の留意点】
○全身を伸ばし，うつ伏せの姿勢になり，両手の上にあごを乗せる。
○腕立て膝つきで，「四つ足」の姿勢をとる。
○腕立ての状態で，手と足先で支え，体をまっすぐに保つ。
○背中が反ったり，曲がったりしないようにする。

【ねらい】
○体を水平に保てる。
○腕立て，四つ足の姿勢を保ち，腕，首，背中等の筋肉を強化する。
○四つ足の動物模倣の理解。

(2) 横臥

【説明および指導上の留意点】
- ○横向きに寝て,全身を伸ばす。
- ○両足は重ね,頭は片方の腕に乗せる。
- ○腕立て横向きの姿勢を保つ。
- ○支えていない腕を,体側,上に動かしても,崩れないようにする。

【ねらい】
- ○平衡感覚を高める。
- ○バランスを保ちながら支える筋力を養う。
- ○左右どちらの支えもできる。

(3) 仰向け

【説明および指導上の留意点】
- ○全身を伸ばし,上向きで寝る。
- ○全身の力を抜き,リラックスする。
- ○両手,両足を真上に上げ,膝,肘が,曲がらないようにする。

【ねらい】
- ○脱力の状態を知る。
- ○ゆがまないで,まっすぐに寝ることができる。
- ○両手,両足を上げる,筋力を高める。
- ○すばやく寝たり,起きたりすることができる。

4 部位① ― 首

(1) 捻転

【説明および指導上の留意点】
- ○肩が揺れないように,両手を腰におき,横向きになるように振る。(「イヤイヤ」の状態)
- ○上体が曲がらないようにする。

【ねらい】
- ○めまいに対する慣れを養う。
- ○頸椎捻挫予防。

(2) 回旋

【説明および指導上の留意点】
- 肩が揺れないように，両手を後ろで組み，首の前曲げからゆっくり回す。
- 極限まで曲げて大きく回す。
- 口を閉じて，目をつぶらないようにする。
- 反対回しも行う。

【ねらい】
- ふらつかないで，首を回すことができる。
- 首の筋力を高める。
- 首を回しても姿勢が保てる。
- 頸椎捻挫の予防。

(3) 屈伸

【説明および指導上の留意点】
- 肩が揺れないように，両手を後ろで組み，前後に曲げる。
- ゆっくり左右に曲げる。
- 伸ばした筋肉が，引っぱられるようになるまで曲げる。
- 首を曲げるとき，上体が曲がらないようにする。

【ねらい】
- 首の筋力を高める。
- 頸椎捻挫の予防。

5 部位② ── 上下肢

(1) 振動

【説明および指導上の留意点】
- 上肢は，前後，前横，前交差横，振りは肩の高さまで振る。
- 肘を曲げないで，下ろすときは脱力，上げるときは遠くへ。
- 下肢は，前後，前横，横振り上げ，前振り，横振りは水平，または振り上げ。
- 膝を曲げないで，下ろすときは足の脱力，上げるときは遠くへ振り上げる。

【ねらい】
- 肩関節，股関節の可動範囲を広く，スムーズにする。
- 腕，足の同時振りで，調整力，協応性を高め，脱力を知る。

(2) 回旋

【説明および指導上の留意点】

○上肢は，前後，内外回旋，肘を曲げないで，最大円を描くように回す。

○肩の真正面，真後ろ，真横，頭の真上を回し，斜め回しにならないようにする。

○下肢は，体の前で内外回旋，横で前後回旋，足が高い位置で回旋できるようにする。

【ねらい】

○肩関節，股関節の可動範囲を広げ，スムーズにする。

○調整力，平衡性，協応力を高める。

○肩関節，股関節の脱臼予防。

(3) 屈伸

【説明および指導上の留意点】

○上肢は，開脚直立から手先が肩に，肩から真上にいくように伸ばし，元に戻す。

○力強く曲げ伸ばしをする。

○下肢は，両手を膝にあて，かかとが上がらないように深く曲げる。両手で膝を後ろに押すように伸ばす。

【ねらい】

○肘，膝の関節の可動範囲を広げ，スムーズにする。

○腕，足の筋力を高める。

○肘関節の脱臼予防。

6 部位③ ── 体幹

(1) 捻転

【説明および指導上の留意点】

○背筋を伸ばし，両足は肩幅に開いて立つ。

○両腕は肘を伸ばし，床に平衡に左右に振る。

○両腕の振りを使い，上体を左右に捻じる。

【ねらい】

○背腹の筋肉の柔軟性を高める。

○体回旋，体前屈の予備運動として理解する。

(2) 回旋

【説明および指導上の留意点】
○開脚直立の姿勢から上体を回旋させる。
○両腕は伸ばして耳の横につけ，肘が曲がらないようにして，両腕で回す。
○手先が最大限の円を描くように回旋させる。

【ねらい】
○背腹の筋力を高める。
○平衡感覚，調整力を養う。
○回し終わったとき，フラつかないで開脚直立の姿勢が保てる。

(3) 屈伸

【説明および指導上の留意点】
○開脚直立の姿勢から，前後に曲げ伸ばし。（前後屈伸）
○開脚直立の姿勢から，左右に曲げ伸ばし。（体側屈伸）
○前後屈は両腕，頭の重みを利用して膝を曲げぬよう前に曲げる。手は腰に，後ろにフラつかぬようにし，首も曲げる。
○側屈は曲がる方の手を腰に，伸びる方の腕は肘を曲げないで耳につけ，真横に曲げる。その際，首も曲げる。

【ねらい】
○筋力，柔軟性，調整力を養う。
○曲げたときバランスを保つ。

7 部位④ ── 全身（動的）

(1) 跳躍

【説明および指導上の留意点】
○直立の姿勢を崩さぬよう，肩の力を抜き，膝，足首の屈伸を使いリズミカルに跳躍する。
○閉脚と側方開脚，閉脚と前後開脚を，腕の振りを加え行う。
○跳躍の着地は，軟らかく，着地点がずれないようにする。
○大跳躍，手足を広げ，「大の字」になるように，大きく高く跳ぶ。

【ねらい】
○ジャンプ力をつける。
○リズム感，平衡性，調整力，協応性を身につける。
○大跳躍で空間姿勢が保てる。

8 部位⑤── 全身（静的）

（1）倒（2点で保つ姿勢）
【説明および指導上の留意点】
○側倒：片足を横に開き，開いた方に，膝を曲げ斜めに倒す。
○背筋を伸ばし，正面を向く。
○腰が曲がらないようにする。
○倒した方の腕は，耳につけるように伸ばす。片方は体側。
○前倒：片足を前に出し，全身を前に倒す。
○背筋を伸ばし，両腕は頭を挟むようにして伸ばす。
○腰が曲がらないようにする。

【ねらい】
○調整力，バランス感覚を養う。
○自分の姿勢を理解する。
○すばやく倒の姿勢になれる。

（2）バランス（1点で保つ姿勢）
【説明および指導上の留意点】
○正面水平：片足を後ろに上げ，上体を前へ水平に倒し，両腕は横に開く。
○腰，膝を曲げない。足先まで伸ばして片足で姿勢を保つ。
○側方：片足を横に上げ，上体を横に倒し，水平で保つ。
○背筋を伸ばし，腰，膝を曲げない。正面を向き下の腕は耳につけ，片方は体側で伸ばす。

【ねらい】
○バランス感覚，調整力，協応性を高める。
○片足で立つ自信をつける。

2. 組体操

　組体操は，自分だけではできない運動のため，他の人の力を借りる，協力し合うなど，仲間と一緒に運動を楽しむ体験を通して，心と体の温もりを感じ取り，思いやりやコミュニケーションの力を育て，社会性の発達を促す。

　組体操は，その形，動きから模倣運動として捉えることができる。模倣運動は象徴的遊びであり，思考力を高め，新しい動き，姿勢の発見，想像力を養うには，欠かせない運動である。しかし，組体操には支える力も必要であり，筋組織が不十分な幼児には必要以上の負荷を与えず，「力のバランス」を要す。

1 組み立て① ── 2人

（1）V字バランス

【説明および指導上の留意点】
○2人向かい合って足先がつくように立ち，互いに両手首を持って，引き合うように後ろへ倒す。
○背筋と肘を伸ばし，腰が曲がらないようにする。
○相手を引っぱりすぎない。

【ねらい】
○相手の力を利用して，うまく斜めの姿勢がとれる。
○平衡性，協応性を高める。
○信頼関係が生まれる。

（2）W字バランス

【説明および指導上の留意点】
○2人向き合って「体育座り」をし，お互いに両手首を持って，足の裏を合わせ，押し合うように膝を斜め上に伸ばす。
○両足同時にできないときは，片足ずつ伸ばす。
○背筋と膝を曲げない。

【ねらい】
○お互いに協力して姿勢を保つことができる。
○協応性，調整力を高める。
○協力すればできることを知る。

2 組み立て② ── 3人

(1) ピラミッド

【説明および指導上の留意点】
○2人が並んで膝つき腕立て伏臥の姿勢，その2人の上に乗り，膝つき腕立て伏臥をする。
○上の1人は，下の2人に平等に乗るようにする。膝を2人の腰に，手は肩の中央に置く。
○3人でポジションを交代する。

【ねらい】
○「支える力」をつける。
○協力性を養い，協応性，筋力，調整力を高める。
○思いやり，気遣いの心をもつ。

(2) 扇

【説明および指導上の留意点】
○3人並んで立ち，お互い手をつなぐ。
○中央の人は閉脚直立，両端の2人は，片足を中央の人の足元に揃え，端の手を床につく。
○合図で，両足を中央に揃える。
○3人とも正面を向き背筋を伸ばし，胸を張る。
○3人でポジションを交代する。

【ねらい】
○支える，引っぱる力をつける。
○協力してできることを知る。
○調整力，協応性を養う。

(3) ロケット

【説明および指導上の留意点】
○3人並んで立ち，中央の人は閉脚直立で頭の上で手のひらを合わせ，肘を伸ばす。
○両側の人は，中央を頭に腕立て伏臥の姿勢。
○背筋を伸ばし，腰が曲がらないようにする。

【ねらい】
○正しい姿勢の組み合わせの楽しさを知る。
○協力性，調整力，支える力を高める。

Chapter 5 ●徒手的運動

3 組運動① ── 2人

(1) 手押し車
【説明および指導上の留意点】
- 1人が腕立て伏臥，もう1人は相手の足を持つ。
- 2人でリズムをとりながら息を合わせて前へ進む。
- 足を持つ人は，落とさないようにしっかり持つ。
- 伏臥の人は，腰が曲がったり腹が落ちて反ったりしない。
- 必ず交代をする。

【ねらい】
- 2人の協力で前に進むことができることを知る。
- 支える力，調整力，バランス感覚を高める。

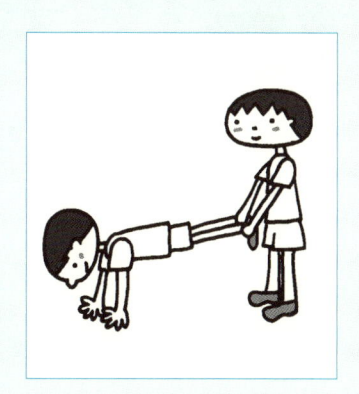

(2) おんぶ
【説明および指導上の留意点】
- 中腰で「おんぶ」する。
- 立ち上がるときに前かがみにならないように注意する。
- おんぶされるほうは，相手の首に腕を巻きつけない。
- おんぶができたら歩く。

【ねらい】
- おんぶに必要な全身の筋力をつける。
- 集中力，協応性を高める。
- 他の人に対する気遣いの心を養う。

4 組運動② ── 3人

(1) おみこし
【説明および指導上の留意点】
- 2人が向き合って中腰，片方の手で自分の手首をつかむ，一方の手で相手の手首をつかむ。（格子つなぎ）
- 1人は，腕と腕の間に足を入れ，格子つなぎにまたぎ座り，手で両側の人の肩を持つ。
- 立ち上がり，軽く上下に揺らして歩く。
- 必ず交代する。

【ねらい】
- 支える力をつける。
- 調整力，協力性，を養う。
- 3人の協力でできることに気づく。

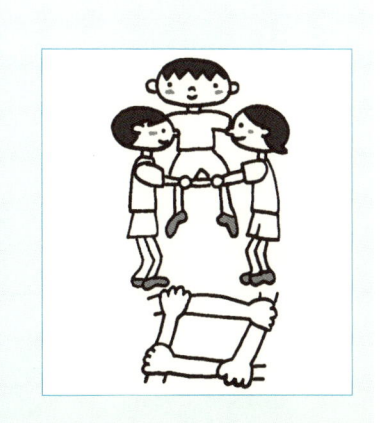

(2) 地蔵倒し

【説明および指導上の留意点】
○横向きになった1人をはさむように向かい合って立つ。
○中の人は，地蔵のようにまっすぐに姿勢を保ち，左右に倒れる。
○左右の人は，倒れてくる人を支え，押し返す。
○倒れる人は，腰を曲げない。
○交代して，前後にも倒れてみる。（怖がらずに，信頼する）

【ねらい】
○支える力をつける。
○勇気，判断力，決断力を養う。
○調整力，協応性を高める。
○信頼関係，責任感を養う。

5 親子体操

(1) キリン

【説明および指導上の留意点】
○親は子どもを肩車にする。
○足を肩幅に開き，無理しない程度左右に揺らす。
○子どもは，落ちないように親の頭を持つ。

【ねらい】
○勇気，判断力，冒険心，信頼する心を養う。
○平衡性，協応力を高める。

(2) ゾウ

【説明および指導上の留意点】
○親は子どもを肩車にする。
○足を前後に開き，前足を曲げて，ゆっくり前かがみになる。
○像の鼻のように，少し左右に振ったり，元に戻したりする。
○子どもは，落ちないように親の頭を持つ。

【ねらい】
○勇気，判断力，冒険心，信頼する心を養う。
○平衡性，協応力を高める。

(3) ドラゴン

【説明および指導上の留意点】
○親は片手で子どもの両手を持つ。一方の手で片足首を持つ。
○少し前かがみになり，左右にゆっくり振る。
○子どもは，持たれてない一方の足を揃える。

【ねらい】
○勇気，信頼する心を養う。
○空中で揺れる楽しさを味わう。
○揺れに対する慣れを養う。

(4) サーフィン

【説明および指導上の留意点】
○親はうつ伏せになり，手足を伸ばして背中を反る。
○子どもは背中に乗り両手を開いてバランスをとる。
○子どもが乗ったら，親は上下左右に揺らす。
○徐々に揺れを大きくする。

【ねらい】
○集中力，平衡感覚，協応性，調整力を養う。
○揺れに対する，バランスとりの楽しさを知る。

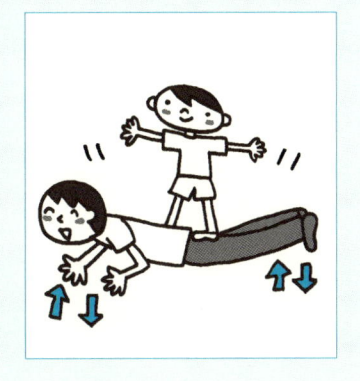

3. 集団行動

　集団行動はなじめない，嫌いという声はよく聞くことがあるが，なぜ大切なのか，保育者自身が理解し，子どもたちが納得して活動するようにしなければならない。すばやく「集まる」，「並ぶ」ことで，次の活動がスムーズに，そして安全にできる。文部科学省の「体育（保健体育）における集団行動の手引き」では，「集団行動の指導は，集団行動の全ての様式を単独に取り出して指導するのではなく，運動の学習との関連において適切に指導することを原則としている」と述べられている。集団行動を行う際は，他の活動への移行手段，集団行動遊びとして捉えることが必要である。

1　整列① ── 横隊

(1) 2列

【説明および指導上の留意点】
○前列の右端の人が基準になる
○前列は，右手を腰にあて肘を張り，肘が右の人と10cm程度あくように間隔をとる。
○後列は，肩幅で水平に前に腕を伸ばし，前の人に手が触れない程度間隔をとる。
○「右へならえ」の合図で間隔をとり，「なおれ」の合図で「気をつけ」の姿勢になる。

【ねらい】
○すばやく横並びができる。
○並ぶときの間隔を知る。
○次の行動に移る，話を聞くときに並ぶことを理解する。

(2) 4列

【説明および指導上の留意点】
○最前列の右端の人が，基準となる。
○最前列は，「2列」の前列と同ようにして，間隔をとる。
○2列目以降は，「2列」の後列と同様にして，間隔をとる。
○合図は「2列」と同様である。

【ねらい】
○並ぶときの前後左右の間隔を身につける。
○集団の行動により，集団の一員であることを自覚する。

2 整列②——縦隊

(1) 2列
【説明および指導上の留意点】
○右側の列の最前の人が基準になる。
○左側の最前列は「2列横隊」と同様の間隔をとる。
○2列目以降は、「4列横隊」と同様の間隔をとる。
○「前へならえ」の合図で、間隔をとり、「なおれ」の合図で「気をつけ」の姿勢になる。
○2列目以降の人は、前の人の後頭部を見てまっすぐ並ぶ。

【ねらい】
○一定の間隔をとり、まっすぐに、すばやく縦の列に並ぶことができる。

(2) 4列
【説明および指導上の留意点】
○最前列の右端の人が、基準となる。
○「2列縦隊」と同様の間隔で並ぶ。
○合図は、「2列縦隊」と同様になる。

【ねらい】
○すばやく縦と横の間隔をとり、まっすぐ並べる。
○密集の中で自分の位置が確認できる。

3 方向転換

(1) 右向け右
【説明および指導上の留意点】
○「気をつけ」の姿勢のまま、右足と左足の足先を軽く浮かし、左かかとに重心を乗せて、右へ45度まわる。
○体側につけた手がブラブラしないように注意する。
○姿勢が前後に崩れないこと。

【ねらい】
○姿勢を崩さないで、右方向へ向きを変えることができる。
○横隊から縦隊、縦隊から横隊の変化を知る。
○平衡感覚、仲間意識を養う。
○次の活動への心構えができる。

(2) 左向け左

【説明および指導上の留意点】
- 「気をつけ」の姿勢のまま，右足と左足の足先を軽く浮かし，左足かかとに重心を乗せて，左へ45度まわる。
- 体側から手が離れないようにして，前後左右に，体が揺れないようにする。

【ねらい】
- 姿勢を崩さないで，左方向へ向きを変えることができる。
- 平衡感覚，仲間意識を養う。
- 合図に合わせてすばやく，方向転換ができる。

(3) まわれ右

【説明および指導上の留意点】
- 「気をつけ」の姿勢から，右足を半歩左斜め後ろに引き，重心を両かかとにかけて右回りに半回転する。
- 半回転後，右足をそろえる。
- 足を後ろに引いたとき，前かがみにならないようにする。
- まわるとき，手が体側から離れないようにする。
- 合図により「1，2，3」のリズムで行う。

【ねらい】
- 姿勢を崩さず，リズムよく方向転換ができる。
- 次活動の準備として理解する。

4 隊列変化

(1) 2列から4列

【説明および指導上の留意点】
- 2列横隊で，「1，2」の繰り返し番号をかける。
- 右向け右の後で，①の人はそのまま，②の人は右斜め前へ1歩，①の人の左側へ並ぶ。
- 気をつけの姿勢は崩さない。

【ねらい】
- 合図により，リズムよく方向転換と並びができる。
- みんなで1つの行動ができることに気づく。
- 仲間意識を高める。

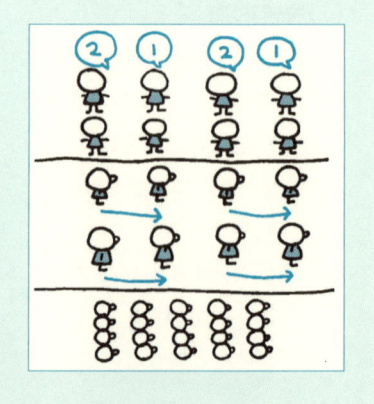

(2) 2列から3列

【説明および指導上の留意点】
- 2列横隊,「1,2,3」の繰り返し番号をかける。
- 右向け右をした後で, ①と③の人はそのまま動かない。前列の②の人は, 右斜め前へ1歩, 後列の②の人は左斜め後ろへ1歩動く。
- 前列②の人は, ①の人の間に, 後列②の人は, ③の人の間にそれぞれ入る。

【ねらい】
- 3列になる動きを理解する。
- 合図により, リズムよく方向転換と並びができる。
- 仲間意識を高める。

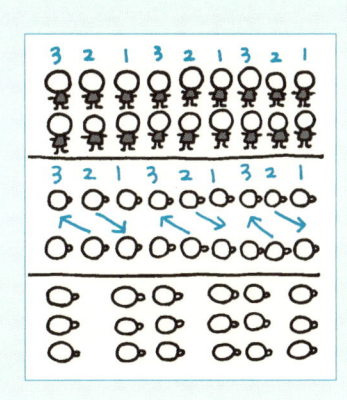

5 行進

(1) 歩く

【説明および指導上の留意点】
- 背筋を伸ばし, あごを引き, 目線は正面を向いて歩く。
- 腕は肩の高さまで振る。
- 足は大腿が水平, 膝が90度曲がるように上げて歩く。
- 元気よく, リズミカルに歩く。

【ねらい】
- 正しい姿勢で元気よく歩ける。
- 肘が曲がらないように腕を振って, リズミカルに歩ける。
- 手拍子, 掛け声, 音楽に合わせて歩くことができる。

(2) かけ足

【説明および指導上の留意点】
- 腕は肘を直角にまげ, 前後に大きく振る。
- 足が後ろに流れないように, 蹴り上げて走る。
- 元気よくリズミカルに走る。
- 足がそろうように, 左足から出す。
- 前かがみにならないようにする。

【ねらい】
- 元気よく並んで走ることができる。
- 手拍子, 掛け声, 音楽に合わせて走ることができる。

器具的運動

さまざまな動物等の模倣を取り入れることは，何をねらいとしているのだろうか。器具の特性に合った動きを踏まえつつ，モチベーションを高め，楽しみながら多くの運動を体験させる方法を学ぼう。

Chapter 6

　幼稚園や保育所にはさまざまな身体活動に効果的な体育遊具がある。固定遊具・移動遊具・大型遊具・小型遊具・室外遊具・室内遊具などいくつかの分類がある。本書では器具と手具に分類し，器具的運動の器具として，マット・ロールマット・跳び箱・鉄棒・平均台・ブランコ・すべり台・ジャングルジム・うんてい・登り棒の10種類を取り上げた。それぞれの器具の特性を生かし，幼児の基本的動作（歩く・走る・跳ぶ・転がる・まわる・押す・引く・ぶら下がる）などを重視し，発育・発達*に適した運動を体験させることにより，安全な日常生活の身体的活動を習得させる。

　もともと器具は自然のなかのさまざまなものからヒントを得て考案されたもので，幼児にとっては非常に興味深く欲求を満足させることができる遊具である。しかし，危険性が手具などより高く，安全に展開されなければならない。どんなにすぐれた指導内容であってもけがなどの事故が起きれば何の意味ももたなくなってしまうのである。そのため，日頃から安全に対する配慮を十分に注意しておかなければならない。とくに器具の点検は，もっとも重要なことである。

　器具は幼児1人ひとりに1つずつないので，運動を体験させるだけではなく，他の幼児が運動している際は，自分の順番が来るまで待つことや観察する態度を身につけさせることも大切である。

　器具運動は，特定の運動に決めつけることなく工夫することで数多くの運動が展開できる。たとえば，マット運動は前転，跳び箱は腕立て開脚跳び越し下り，鉄棒は逆上がり，というように運動を決めつけてしまうことがあるので，注意して数多くの運動を展開し，幼児に体験させるように計画しなければならない。

　なお，「できる」「できない」がはっきりしてしまうので，「できる」「できない」に意識せず，「できない」ことで運動に対して意欲を失い，器具的運動が嫌いにならないように十分注意して，数多くの運動に積極的に取り組む態度を養い，数多くの運動を体験させ，教育的ねらいを達成することが大切である。

●発育・発達（*）
発育とは，生活体の形態形成の過程をいう。一方，発達とは，生活体がその生命活動において，環境に適応していく過程をいう。

1. マット

　マット運動は，幼児の発育・発達に合った運動が容易に体験できる器具運動の1つである。柔らかく運動の衝撃を減少させるため安全に運動ができ，変形可能なため幅広い運動を展開できる。跳び箱，鉄棒，平均台などの補助器具としても使われる。

　基本動作は転回運動であるが，本書では床運動とし，身体動作を7つに分類した。筋持久力，巧緻性，バランス，柔軟性などの身体面，忍耐力などの精神面での成長が期待できる。また，順番を守る，協力してマットを運ぶなどの行為を通して社会性を養い，発育・発達に適した教育的ねらいを達成させることができる。

1 歩く・走る① ─ 立位

(1) よい子

【説明および指導上の留意点】
- 背筋を伸ばし，足の裏全面で立つ。
- 膝を交互に腰の高さまで上げる。
- 両腕は体側に伸ばし，交互に前後振する。足の動きと同じ方の腕を振らないようにする。
- あごを引き，視線は正面に。
- バランスを崩さないようリズミカルに足を出して進む。

【ねらい】
- よい姿勢を保ちながら腕を大きく振り膝を高く上げ，元気よく歩くことができる。

(2) キリン

【説明および指導上の留意点】
- かかとを上げ，爪先立ちで背伸びをする。
- 両腕は，背伸びをするように上げる。
- あごを引き，正面を向く。
- バランスを崩さないようリズミカルに足を出して進む。

【ねらい】
- 背伸びの姿勢を保ちながら，キリンのポーズで歩くことができる。

(3) ツル

【説明および指導上の留意点】
○爪先立ちで膝を軽く曲げる。
○両腕は横に上げ，羽のような動きをする。
○足の動きと腕の動きは同じにする。
○交互に片爪先立ちしながら，ゆっくり進む。
○バランスを崩さないようにする。

【ねらい】
○片爪先立ちの姿勢を交互に保ちながら，水の中で波が立たないように歩くツルのポーズで歩くことができる。

(4) ゴリラ

【説明および指導上の留意点】
○前かがみになり，膝を横に開き足の外側で立つ。
○両腕は力を抜き下に下ろし，前交差横振りをする。
○バランスを崩さないようにリズミカルに足を出して進む。

【ねらい】
○膝を横に開き足の外側立ちを保ちながら，強そうなゴリラのポーズで歩くことができる。

(5) ペンギン

【説明および指導上の留意点】
○足を肩幅に開き両膝をつけて，足の内側で立つ。
○両腕は手のひらを下に向け，手首を曲げる。
○バランスを崩さないようにリズミカルに足を出して進む。

【ねらい】
○足を肩幅に開き，両膝を離さないよう保ちながら，かわいいペンギンのポーズで歩くことができる。

(6) ロボット

【説明および指導上の留意点】
○膝を伸ばし全身を緊張させ，かかと立ちをする。
○両腕を緊張させ，指先を伸ばし，交互に前後振する。
○バランスを崩さないようリズミカルに足を出して進む。

【ねらい】
○全身を緊張させ，膝を伸ばしかかと立ちを保ちながら，鋼鉄ロボットのポーズで歩くことができる。

2 歩く・走る② ── 腕立て（膝つき）

(1) イヌ

【説明および指導上の留意点】
○肩幅で両肘を伸ばし，手のひらを大きく開きマット上につける。
○両膝をマット上につける。（膝下はマット上についている）
○顔を上げ正面を向いて，背筋を伸ばす。
○バランスを崩さないようリズミカルに手足を出して進む。

【ねらい】
○両手両膝をついて，背筋を伸ばし顔を上げ，イヌのポーズで歩くことができる。

(2) ネコ

【説明および指導上の留意点】
○肩幅で両肘を軽く曲げ，手のひらを大きく開きマットの上につける。
○両膝をマット上につける。（膝下はマット上についている）
○頭を下げへそを見て，背中を上に突き出すように丸める。
○バランスを崩さないようにゆっくり手足を出して進む。

【ねらい】
○両手両膝をマットについて，頭を下げ背中を丸め，ネコのポーズで歩くことができる。

(3) ライオン

【説明および指導上の留意点】
- 肩幅で両肘を伸ばし，手のひらを大きく開きマット上につける。
- 両膝をマット上につける。(膝下はマット上についている)
- 顔を上げ正面を向いて，背筋を伸ばす。
- バランスを崩さないよう，大きくゆっくりと手足を出して進む。

【ねらい】
- 両手両膝をマット上について，背筋を伸ばし顔を上げ，ライオンのポーズで手足を出して進む。

3 歩く・走る③ ── 腕立て（足つき）

(1) クモ

【説明および指導上の留意点】
- 肩幅で両肘を伸ばし，手のひらを大きく開きマット上につける。
- 両膝をマットにつかないように開き，爪先をつける。
- 尻は腕立ての肩より高くする。
- バランスを崩さないよう，大きくゆっくり手足を出し進む。

【ねらい】
- 膝をマットにつかないよう尻を高く上げ，両手両爪先をついて，クモのポーズで手足を出して進む。

(2) 尺とり虫

【説明および指導上の留意点】
- 肩幅で両肘を伸ばし，手のひらを大きく開きマット上に。
- 両膝をマットにつかないように伸ばし爪先をつける。
- 尻は上体反らしをしながら下げ，一気に尻を上げ両腕に両足を近づける。
- 両足を引き寄せた後，手は交互に前へ送り，はじめの姿勢をとる。(腕立て伏臥)
- バランスを崩さないよう両腕で支え，ゆっくり前へ進む。

【ねらい】
- 膝を曲げず，上体反らしから一気に尻を上げことができる。

4 歩く・走る④ ── 腕立て

(1) 手押し車（膝持ち）

【説明および指導上の留意点】

○2人組になり，1人が両足の間に入り，膝を抱え，腰の高さ程度に持ち上げる。

○1人は肩幅で両肘を伸ばし，手のひらを大きく開き，マット上につける。

○膝を抱えている方は，相手に負担がかからないように軽く押しながら進む。

○腕立てをしている方は，つぶれないように進む。

○2人で協力してバランスを崩さないようにし，前後に進む。

○足を下ろすときは，ゆっくり下ろす。（相手を押しながら前転する方法もある）

【ねらい】

○両腕で体重を支えながら前後に進むことができる。

○相手の動きに負担がかからないように軽く押しながら，相手の両膝を抱えて，前後に進むことができる。

(2) 手押し車（足持ち）

【説明および指導上の留意点】

○2人組になり，1人が両足の間に入り，足首を抱え，腰の高さ程度に持ち上げる。

○以下，手押し車（膝持ち）と同様の手順で進める。

【ねらい】

○両腕で体重を支えながら前後に進むことができる。

○相手の動きに負担がかからないように軽く押しながら，相手の両足首を抱えて，前後に進むことができる。

（3）手押し車（肩掛け）

【説明および指導上の留意点】
- 2人組になり，1人が両足の間に入り，足首を持ち上げ肩に掛ける。
- 1人は，肩幅で両肘を伸ばし，手のひらを大きく開き，マット上につける。
- 足を持ち上げた方は，相手の膝あたりに手をそえ，相手に負担がかからないように軽く押しながら進む。
- 腕立てをしている方は，つぶれないように進む。
- 2人で協力してバランスを崩さないようにし，前後に進む。
- 足を下ろすときは，ゆっくり下ろす。（相手を押しながら前転する方法もある）

【ねらい】
- 両腕で体重を支えながら前後に進むことができる。
- 相手の動きに負担がかからないように軽く押しながら，相手の足を持ち上げ，前後に進むことができる。

5 跳ぶ① ── 立位

（1）ウサギ

【説明および指導上の留意点】
- 背筋を伸ばし，肩幅で両肘を伸ばしながら体の延長上に上げる。
- 両足は膝，爪先をつける。
- バランスを崩さないように姿勢を保ち，リズミカルに軽く膝の屈伸を使い，跳びながら進む。

【ねらい】
- 背伸びの姿勢を保ち，リズミカルにウサギのポーズで前に跳びながら進むことができる。

(2) ペンギン

【説明および指導上の留意点】
○背筋を伸ばし，両腕は手のひらを開き手首を曲げる。
○両膝，爪先をつける。
○バランスを崩さないように姿勢を保ち，リズミカルに軽く膝の屈伸を使い，跳びながら進む。

【ねらい】
○ペンギンのポーズでジグザグに跳びながら前に進むことができる。

6 跳ぶ② ── 全屈膝

(1) ガマガエル

【説明および指導上の留意点】
○膝を大きく開き全屈膝する。
○足の間から両肘を伸ばし，手のひらを大きく開いてマットにつける。
○手足を同時につき，バランスを崩さないようリズミカルに全屈膝のまま跳びながら前に進む。

【ねらい】
○膝を開き全屈膝で足の間に肘を伸ばした手をつけ，ガマガエルのポーズで跳びながら前に進むことができる。

(2) トノサマガエル

【説明および指導上の留意点】
○膝を大きく開き全屈膝する。
○足の間から両肘を伸ばし，手のひらを大きく開いてマットにつける。
○膝を伸ばしながら跳び，先に両手をつき，後から両足がつく。バランスを崩さないようにリズミカル跳びながら前に進む。

【ねらい】
○膝を開き全屈膝で足の間に肘を伸ばした手をつけ，トノサマガエルのポーズで跳びながら前へ進むことができる。

7 跳ぶ③ ── 腕立て

（1） バッタ

【説明および指導上の留意点】
○両足は前屈膝する。
○両手は足の外側に手のひらを大きく開きマットにつける。
○膝を伸ばしながら腰を上げる。
○肘を伸ばし両腕で体重を支持。
○肩が前に出ないようにする。
○上げた足は膝を曲げ、足裏で足打ちをする。
○バランスを崩さないよう両腕で支え、上がった足を足打ちしながら跳び、前に進む。

【ねらい】
○体重を両腕で支え足打ちをし、バッタのポーズで跳びながら前へ進むことができる。

（2） 手押し車跳び

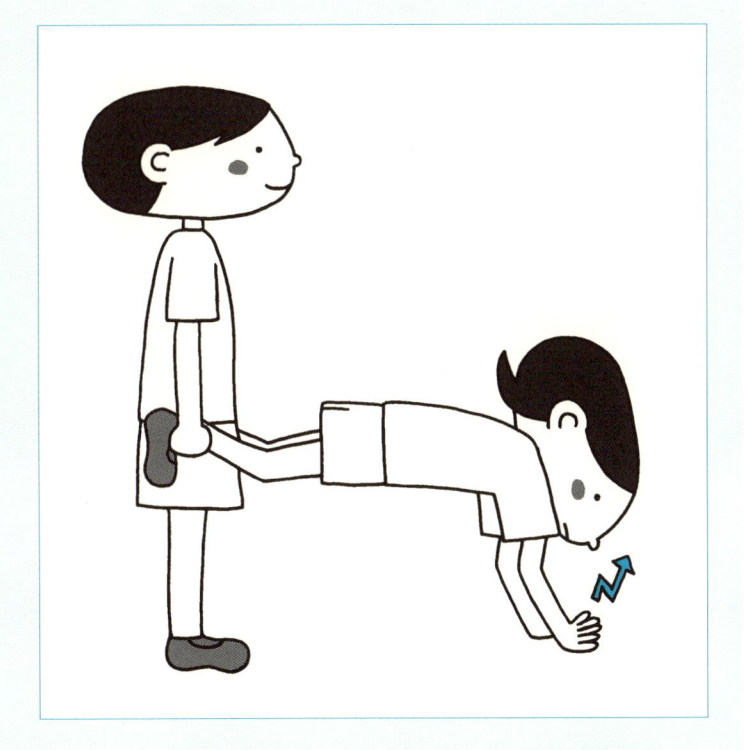

【説明および指導上の留意点】
○2人組になり、1人が両足の間に入り、足首を抱え、腰の高さ程度に持ち上げる。
○1人は、肩幅で両肘を伸ばし、手のひらを大きく開き、マット上につける。
○足首を抱えている方は、相手に負担がかからないように軽く押しながら進む。
○腕立てをしている方は、つぶれないように跳び進む。
○2人で協力してバランスを崩さないようにし、リズミカルに跳び進む。
○足を下ろすときは、ゆっくり下ろす。（相手を押しながら前転する方法もある）

【ねらい】
○両腕で体重を支えながら、リズミカルに跳び進むことができる。
○相手の動きに負担がかからないように軽く押しながら、相手の足首を持ち上げて進むことができる。

8 転がる① ── 前方

(1) でんぐり返し（180度）
【説明および指導上の留意点】
- ○両手のひらを大きく開き，肩幅でマットにつける。
- ○両腕の間に頭を入れ，背中を丸める。（自分のへそを見るように言う）
- ○ゆっくり尻を上げ，同時にゆっくり肘を曲げ，後頭部をマットにつける。
- ○バランスよく前に転がる。

【ねらい】
- ○両腕で体重を支え，転がるタイミングを身につけ，でんぐり返しができる。

(2) 前転（360度）
【説明および指導上の留意点】
- ○両手のひらを大きく開き，肩幅でマットにつける。
- ○両腕の間に頭を入れ，背中を丸める。（自分のへそを見るように言う）
- ○ゆっくり尻を上げ，同時にゆっくり肘を曲げ，後頭部をマットにつける。
- ○バランスよく前に転がる。
- ○膝を曲げ起き上がる。

【ねらい】
- ○両腕で体重を支え，転がるタイミングを身につけ，膝を曲げ抱えながら起き上がるタイミングを身につける。

9 転がる② ── 側方

(1) イモムシ
【説明および指導上の留意点】
- ○転がる方向に垂直に寝る。（横臥，伏臥）
- ○両腕は肩幅で頭の上に上げる。
- ○全身の力を抜いて手足はマットにつきながらまっすぐに横に転がる。

【ねらい】
- ○全身の力を抜いて，進行方向に横転ができる。

(2) サツマイモ

【説明および指導上の留意点】
○転がる方向に垂直に寝る。
　（横臥，伏臥）
○両腕は肩幅で頭の上に上げる。
○全身に力を入れ，手足がマットにつかないように，まっすぐ横に転がる。

【ねらい】
○全身に力を入れて，手足がつかないよう進行方向に，正確に横転ができる。

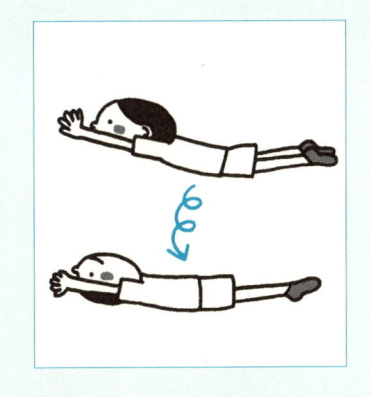

10 転がる③ ── 後方

(1) ゆりかご

【説明および指導上の留意点】
○自分のへそを見るようにして背中を丸める。
○両膝を曲げ，両手で抱える。
○前後にゆっくり振る。

【ねらい】
○十分に背中を丸め，膝を曲げ抱えながら連続でゆりかごができる。

(2) 後転

【説明および指導上の留意点】
○自分のへそを見るようにして背中を丸め尻をついて座る。
○両足は膝を曲げ，体に引きつける。
○両手は肘を曲げ，手のひらを開き，耳の側に構える。
○バランスを崩さないように両手で支え，まっすぐ後ろに転がる。

【ねらい】
○背中を十分に丸めながら両手で支え，正確に後転ができる。

11 這う

（1）赤ちゃん

【説明および指導上の留意点】
○肘立て伏臥の姿勢をとる。
○頭を上げ，正面を向いて前方に這う。

【ねらい】
○赤ちゃんのように肘を曲げ腕の力で前に這うことができる。

（2）アザラシ

【説明および指導上の留意点】
○腕立て伏臥の姿勢をとる。
○頭を上げ，正面を向いて前方に這う。

【ねらい】
○アザラシのように腕を伸ばし腕の力で前に這うことができる。

（3）クロール

【説明および指導上の留意点】
○腕は交互に進行方向に伸ばして出す。
○両足は膝を伸ばしてバタ足をする。
○手と足をリズミカルに動かしながらマットを這う。

【ねらい】
○マットをプールとし，クロールで泳ぐように進むことができる。

Chapter 6 ●器具的運動

12 押す・引く

(1) 向かい合ってバランス立ち

【説明および指導上の留意点】
○爪先を合わせ，膝立ての姿勢で座る。
○互いに手首を握って，肘を伸ばす。
○バランスが崩れないように，ゆっくり引き合いながら立つ。

【ねらい】
○2人で協力しながら引き合うことで，バランス立ちができる。

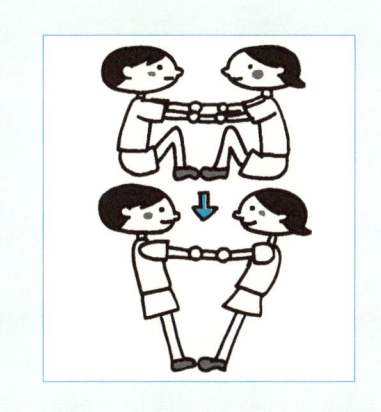

(2) 背中合わせ立ち

【説明および指導上の留意点】
○背中を合わせ，膝立ての姿勢で座る。
○互いの肘どうしを組む。
○バランスが崩れないように，ゆっくり押し合いながら立つ。

【ねらい】
○2人で協力しながら押し合うことで，背中合わせ立ちができる。

(3) バランス崩し

【説明および指導上の留意点】
○互いに向かい合い，肘を軽く曲げ手のひらを合わせる。
○足は肩幅に開き，体を安定させる。
○押したり引いたりすることにより，相手のバランスを崩すようにする。

【ねらい】
○相手の動きを見ながら，自分がバランスを崩されないよう相手のバランスを崩すことができる。

2. ロールマット

　ロールマットは変形可能であるため，その特性を生かしてロール状にし，跳び箱運動の導入とするなど，たいへん有効に活用できる器具である。柔らかい特性から安心して数多くの運動を体験させることもできる。

　また，筋力，巧緻性，バランス，柔軟性などの身体面，決断力の育成，恐怖心の克服といった精神面での成長を促す。順番を守る，協力してマットを運ぶといったことから社会性を養い，発育・発達に適した教育的ねらいを達成させていくうえで，たいへん効果的である。

1 跳び乗り・下り

（1）膝乗り・ジャンプ下り

【説明および指導上の留意点】
○ロールマットの上に膝乗りで正座をする。（お母さん座り）
○両腕を大きく前後に振り，跳び下り，立って着地する。

【ねらい】
○正座の姿勢からジャンプして立った姿勢ができる。

（2）膝乗り・前転下り

【説明および指導上の留意点】
○ロールマットの上に膝乗りで正座をする。（お母さん座り）
○正座の姿勢から手のひらを大きく開き肘を伸ばし，ロールマットの下に手をつく。
○自分のへそを見ながら背中を丸め，肘をゆっくり曲げ後頭部がマットについたら前転をする。

【ねらい】
○高いところから低いところに前転ができる。

(3) 尻乗り

【説明および指導上の留意点】
- ロールマットの上に高く跳びながら，尻で着地し座る。
- ロールマットを越えないよう，跳び上がる方向を注意する。
- 踏切の幅を広めにとる。

【ねらい】
- ロールマットの上に，正確に尻で着地することができる。

(4) 足乗り・ジャンプ下り

【説明および指導上の留意点】
- ロールマットの上に両足乗りで立つ。
- 両腕を大きく前に振り，高く跳び上がる。(45度方向に跳ぶ)
- 空間でバランスを崩さないように着地をする。
- 着地の際，両腕は横にし，両膝を軽く曲げる。

【ねらい】
- 高いところから低いところに安全に跳び下りることができる。

2 踏み越し下り

(1) 片足

【説明および指導上の留意点】
- 助走をつけロールマットの上を片足踏切で跳び上がる。
- 空間でバランスを崩さないようにする。
- 着地の際，両腕は横にし，両膝を軽く曲げる。

【ねらい】
- 高く跳び上がり，安全に着地ができる。

(2) 両足

【説明および指導上の留意点】
○助走をつけ，ロールマットの上を両足踏切で跳び上がる。
○空間でバランスを崩さないようにする。
○着地の際，両腕は横にし，両膝を軽く曲げる。

【ねらい】
○高く跳び上がり，安全に着地ができる。

3 跳び越し下り

(1) 片足

【説明および指導上の留意点】
○助走をつけ，片足踏切をする。
○ロールマットに足がかからないように高く跳び越える。
○片足着地で膝が抜けないようにする。

【ねらい】
○片足着地の際，膝が抜けないようにロールマットを跳び越えることができる

(2) 両足

【説明および指導上の留意点】
○助走をつけ両足踏切をする。
○ロールマットに足がかからないように高く跳び越える。
○両足着地で膝が抜けないようにする。
○着地の際，両腕は横にし，膝を軽く曲げる。

【ねらい】
○両足着地の際，バランスが崩れないようにロールマットを跳び越えることができる。

4 転がる

(1) 倒立前転

【説明および指導上の留意点】
○ロールマットの手前に肩幅で手のひらを大きく開き，肘を伸ばしつける。
○頭を上げ，肩が前に出ないようにする。
○腰を上げるように片足を振り上げ倒立する。
○背中がロールマットについたら丸めて前転をする。

【ねらい】
○バランスを崩さないように腕立て倒立ができる。
○倒立の姿勢からロールマット上を前転できる。

(2) ロールマット上前転（雷落とし）

【説明および指導上の留意点】
○ロールマット上に足乗りする。（縦ロールマット，横ロールマット）
○ロールマット上を前転する。

【ねらい】
○ロールマットから横に落ちないようバランスをとって前転ができる。（縦ロールマット）
○ロールマット上で前転ができ，尻から落ちないよう足で着地ができる。（横ロールマット）

3. 跳び箱

　跳び箱運動の基本動作は，跳躍運動である。一連の動作は助走，踏切，腕支持，空間動作，着地の5つのカテゴリに分けられるが，本書では助走・踏切，腕支持，空間動作・着地，の3つに分けた。高さを調整できるため，低い跳び箱から高い跳び箱へと運動を発展させ，数多くの運動を体験することができる。瞬発力，筋持久力，敏捷性，バランスなどの身体面，集中力，決断力，恐怖心の克服といった精神面での成長も期待できる。また，順番を守ったり，跳び箱を協力して運んだりすることで社会性を養い，発育・発達に適した教育的ねらいを達成することができる。

1 助走・踏切

(1) フープを使って
【説明および指導上の留意点】
○フープを使ってケンケンパーをする。
○ケンケンパーを行うとき，膝が前に抜けないようにする。
○フープに触れず，バランスを崩さないようにリズミカルにする。
○スピードを落とさないようにする。
【ねらい】
○ケンケンパーのスピードを落とすことなく，片足から両足踏切ができる。

(2) 跳び箱段を使って
【説明および指導上の留意点】
○跳び箱段を使ってケンケンパーをする。
○ケンケンパーを行うとき，膝が前に抜けないようにする。
○跳び箱段に触れず，バランスを崩さないようにリズミカルにする。
○スピードを落とさないようにする。
【ねらい】
○ケンケンパーのスピードを落とすことなく，片足から両足踏切ができる。

(3) ロイター板を使って

【説明および指導上の留意点】
○スピードを落とさないように走る。
○ロイター板で両足をそろえる。
○踏切を行うとき膝が前に抜けないようにする。

【ねらい】
○走る（助走）スピードを落とすことなく，両足をそろえた踏切ができる。

2 空間動作・着地 ── 低い跳び箱

(1) 垂直跳び

【説明および指導上の留意点】
○跳び箱の上に足をそろえ立つ。
○両腕を肘が曲がらないように前から上に振り上げる。
○腕の振りを生かし，45度の方向に跳躍する。
○空間でバランスを崩さないように背伸びの姿勢をとる。
○両腕は横にし，膝を軽く曲げ安全に着地する。
○着地後，2～3歩進み，終わりのポーズをとる。

【ねらい】
○空間で背伸びの姿勢をとり，バランスを崩さないよう安全に着地することができる。

(2) 開脚跳び

【説明および指導上の留意点】
○跳び箱の上に足をそろえ立つ。
○両腕を肘が曲がらないように前から上に振り上げる。
○腕の振りを生かし，45度の方向に跳躍する。
○空間でバランスを崩さないように開脚の姿勢をとる。
○両腕は横にし，膝を軽く曲げ安全に着地する。
○着地後，2～3歩進み，終わりのポーズをとる。

【ねらい】
○空間で開脚の姿勢をとり，バランスを崩さないよう安全に着地することができる。

(3) タックル跳び

【説明および指導上の留意点】
○跳び箱の上に足をそろえ立つ。
○両腕を肘が曲がらないように前から上に振り上げる。
○腕の振りを生かし，45度の方向に跳躍する。
○空間でバランスを崩さないように膝を抱える姿勢をとる。
○両腕は横にし，膝を軽く曲げ安全に着地する。
○着地後，2～3歩進み，終わりのポーズをとる。

【ねらい】
○空間で膝を抱える姿勢をとり，バランスを崩さないよう安全に着地できる。

(4) 手打ち

【説明および指導上の留意点】
○跳び箱の上に足をそろえ立つ。
○両腕を肘が曲がらないように前から上に振り上げる。
○腕の振りを生かし，45度の方向に跳躍する。
○空間でバランスを崩さないように手打ち(1～3回)をする。
○両腕は横にし，膝を軽く曲げ安全に着地する。
○着地後，2～3歩進み，終わりのポーズをとる。

【ねらい】
○空間で手打ちをし，バランスを崩さないよう安全に着地することができる。

(5) 足打ち

【説明および指導上の留意点】
○跳び箱上に足を肩幅開き立つ。
○両腕を肘が曲がらないように前から上に振り上げる。
○腕の振りを生かし45度の方向に跳躍する。
○空間でバランスを崩さないように膝を曲げ，足の裏打ち。
○両腕は横にし，膝を軽く曲げ安全に着地する。
○着地後，2～3歩進み，終わりのポーズをとる。

【ねらい】
○空間で足の裏打ちをし，バランスを崩さないよう安全に着地することができる。

(6) ひねり跳び

【説明および指導上の留意点】
○跳び箱の上に足をそろえ立つ。
○両腕を肘が曲がらないように前から上に振り上げる。
○腕の振りを生かし45度の方向に跳躍する。
○空間でバランスを崩さないようにひねる。（2分の1，1回）
○両腕は横にし，膝を軽く曲げ安全に着地する。
○着地後，2～3歩進み，終わりのポーズをとる。

【ねらい】
○空間で体をひねり，バランスを崩さないよう安全に着地することができる。

3 腕支持① ── 高い跳び箱（一台）

(1) 腰上げ

【説明および指導上の留意点】
○助走をつけ，両足踏切で跳躍。
○両腕は手のひらを大きく開き，肘を伸ばして跳び箱の上につき，肩が前に出ないようにする。
○足を上げようとしないで，腰を肩の高さより上に上げる。
○頭を上げて，手のひらの間を見る。

【ねらい】
○両腕がつぶれることなく体重を支え，肩の高さより上に腰を上げることができる。

(2) 膝乗り

【説明および指導上の留意点】
○助走をつけ，両足踏切で跳躍。
○両腕は手のひらを大きく開き，肘を伸ばして跳び箱の上につき，肩が前に出ないようにする。
○足を上げようとしないで，腰を肩の高さより上に上げる。
○頭を上げて，手のひらの間を見る。
○跳び箱の上に正座をする。

【ねらい】
○両腕がつぶれることなく体重を支え，肩の高さより上に腰を上げ，跳び箱の上に正座で乗ることができる。

(3) 足乗り

【説明および指導上の留意点】
○助走をつけ，両足踏切で跳躍。
○両腕は手のひらを大きく開き，肘を伸ばし跳び箱の上につき，肩が前に出ないようにする。
○足を上げようとしないで，腰を肩の高さより上に上げる。
○頭を上げて，手のひらの間を見る。
○跳び箱の上に膝を曲げ足乗りする。

【ねらい】
○両腕がつぶれることなく体重を支え，肩の高さより上に腰を上げ，跳び箱の上に膝を曲げ足乗りすることができる。

(4) 尻乗り

【説明および指導上の留意点】
○助走をつけ，両足踏切で跳躍。
○両腕は手のひらを大きく開き，肘を伸ばして跳び箱の上につき，肩が前に出ないようにする。
○足を上げようとしないで，腰を肩の高さより上に上げる。
○頭を上げ，手のひらの間を見るようにする。
○跳び箱の上に尻乗りをする。

【ねらい】
○両腕がつぶれることなく体重を支え，肩の高さより上に腰を上げ，跳び箱の上に尻乗りができる。

4 腕支持② ── 高い跳び箱（二台）

(1) 腕支持歩き

【説明および指導上の留意点】
○2台の高い跳び箱の間に手のひらを大きく開き，肘を伸ばした両腕で体重を支える。
○体重を左右交互に移動させながら腕立て歩きをする。
○足を床，跳び箱に触れないようにする。

【ねらい】
○両腕がつぶれないようバランスを保ち，腕立て歩きできる。

(2) 腕支持振り跳び

【説明および指導上の留意点】
- 2台の高い跳び箱の間に，手のひらを大きく開き，肘を伸ばした両腕で体重を支える。
- バランスを崩さぬようにする。
- 肘を曲げたり，肩が前に出たりしてつぶれないようにする。
- 膝を伸ばして両足をそろえ，前後に振る。
- 前後に跳び下りるとき安全に着地する。

【ねらい】
- 大きく両足を前後に振り，その勢いで前後に跳び下り安全に着地することができる。

(3) 腕支持振り膝乗り

【説明および指導上の留意点】
- 2台の高い跳び箱の間に，手のひらを大きく開き，肘を伸ばした両腕で体重を支える。
- バランスを崩さぬようにする。
- 肘を曲げたり，肩が前に出たりしてつぶれないようにする。
- 膝を伸ばして両足をそろえ，前後に振る。
- 後ろに振るときは腰を高く。
- 左右一方に体重を移動させ，跳び箱の上に正座する。

【ねらい】
- 大きく両足を前後に振り，その勢いで跳び箱の上に正座することができる。

(4) 腕支持振り足乗り

【説明および指導上の留意点】
- 2台の高い跳び箱の間に手のひらを大きく開き，肘を伸ばした両腕で体重を支える。
- バランスを崩さぬようにする。
- 肘を曲げたり，肩が前に出たりしてつぶれないようにする。
- 膝を伸ばして両足をそろえ，前後に振る。
- 後ろに振るときは腰を高く。
- 左右一方に体重を移動させ，跳び箱の上に足乗りする。

【ねらい】
- 大きく両足を前後に振り，その勢いで跳び箱の上に足乗りすることができる。

(5) 腕支持振り尻乗り

【説明および指導上の留意点】
- 2台の高い跳び箱の間に、手のひらを大きく開き肘を伸ばした両腕で体重を支える。
- バランスを崩さぬようにする。
- 肘を曲げたり、肩が前に出たりしてつぶれないようにする。
- 膝を伸ばして両足をそろえ、前後に振る。
- 前に振るときは腰を高く。
- 左右一方に体重を移動させ、跳び箱の上に尻乗りする。

【ねらい】
- 大きく両足を前後に振り、その勢いで跳び箱の上に尻乗りすることができる。

5 跳び越し下り

(1) 腕立て横跳び越し下り

【説明および指導上の留意点】
- 助走のスピードが落ちないように両足踏切する。
- 高い跳び箱（横）の上の右端（左端）に手のひらを大きく開き、肘を伸ばした両腕で体重を支える。
- 腰を高く上げるように跳躍。
- 肘を曲げたり、肩が前に出たりしてつぶれないようにする。
- ア）横向きで跳び箱の上に正座する。
  イ）横向きで跳び箱の上に足乗りする。
  ウ）横向きで跳び箱を跳び越しする。
- 両手は跳び箱から離さないように、踏切の反対側に着地する。

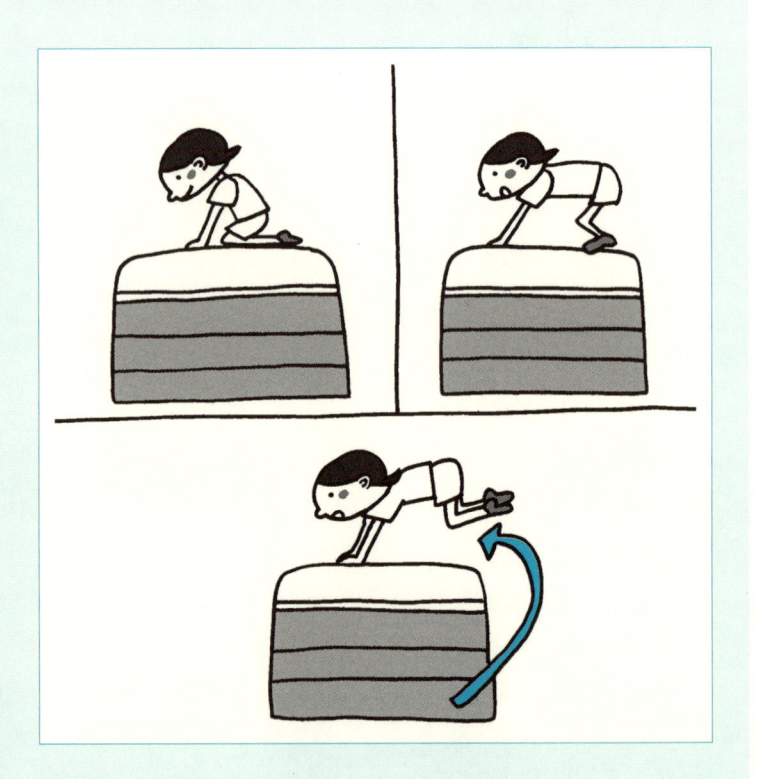

【ねらい】
- アイウの段階を体験し、安全に腕立て横跳び越し下りができる。

(2) 腕立て開脚跳び越し下り

【説明および指導上の留意点】

○助走のスピードが落ちないように両足踏切する。

○高い跳び箱（縦）の上に手のひらを大きく開き，肘を伸ばした両腕で体重を支える。

○肘を曲げたり，肩が前に出たりしてつぶれないようにする。

○ア）跳び箱の上の手前に両手をつき腰を高く上げる。

　イ）跳び箱の上の真中に両手をつき尻乗りをする。

　ウ）跳び箱の上の先端に両手をつき跳び越しする。

○両足でバランスを崩さないよう安全に着地する。

【ねらい】

○アイウの段階を体験し，安全に腕立て開脚跳び越し下りができる。

(3) 台上前転

【説明および指導上の留意点】

○助走のスピードが落ちないように両足踏切する。

○縦の高い跳び箱の上に手のひらを大きく開き，肘を伸ばした両腕で体重を支える。

○肘を曲げたり，肩が前に出たりしてつぶれないようにする。

○跳び箱の上の手前に両手をつき腰を高く上げる。

○両腕の間に頭を入れ背中を丸めて前転する。

○跳び箱の下に安全に着地する。

【ねらい】

○跳び箱から横に落ちないよう安全に台上前転ができる。

4. 鉄　棒

　鉄棒は，それ自体を軸とし空間で身体の位置が変化することにより，逆さまの感覚などを体験することができる器具である。運動の基本動作は懸垂運動となるが，本書では，ぶら下がる，振る，上がる，下りる，支持，まわる，の6つのカテゴリに分けた。

　なお，鉄棒では，筋力，筋持久力，巧緻性，バランス，柔軟性といった身体的要素や，決断力，注意力，忍耐力といった精神的要素を育むことができる。また，順番を守る，移動式鉄棒は協力して運ぶといったことを通して，社会性を養い，発育・発達に適した教育的ねらいを達成することが可能である。

1 握り方

(1) 順手

【説明および指導上の留意点】
○手の甲を上に，親指を下にして，手のひら全体で握るようにする。

【ねらい】
○順手で運動ができる。

(2) 逆手

【説明および指導上の留意点】
○手の甲を下に，親指を上にして，手のひら全体で握るようにする。

【ねらい】
○逆手で運動ができる。

(3) 片逆手

【説明および指導上の留意点】
○左右の手は順手，逆手を組み合わせて握る。

【ねらい】
○片逆手で運動ができる。

2 ぶら下がる・振る① ── 手

(1) 伸腕

【説明および指導上の留意点】
○鉄棒の真下に体を移動する。
○肩幅で鉄棒を握って，肘を伸ばす。
○足が地面につかないように高い鉄棒を利用し，膝を曲げるなどしてぶら下がる。
○ぶら下がり静止した後に，足を前後に振り，体全体が前後に振れるようにする。

【ねらい】
○鉄棒に肘を伸ばしてぶら下がり，前後に体を振ることができる。

(2) 屈腕

【説明および指導上の留意点】
○鉄棒の真下に体を移動する。
○肩幅で鉄棒を握って，肘を曲げ，顔が鉄棒より上に上がった状態を維持する。
○足が床や地面につかないよう高い鉄棒を利用し，膝を曲げるなどしてぶら下がる。
○ぶら下がり静止した後に，足を前後に振り，体全体が前後に振れるようにする。

【ねらい】
○鉄棒に肘を曲げ，顔が鉄棒より上に上がった状態を維持しながらぶら下がり，前後に体を振ることができる。

3 ぶら下がる・振る② — 肘裏

(1) 前向き

【説明および指導上の留意点】
○鉄棒に体が触れるまで近づき向かい合って，肘裏を鉄棒にかける。
○足が床や地面につかないよう高い鉄棒を利用し，膝を曲げるなどしてぶら下がる。
○ぶら下がり静止した後に，足を前後に振り，体全体が前後に振れるようにする。

【ねらい】
○鉄棒に向かい合って，肘裏かけでぶら下がり，前後に体を振ることができる。

(2) 後ろ向き

【説明および指導上の留意点】
○鉄棒に体が触れるまで近づき後ろ向きになって，肘裏を鉄棒にかける。
○足が床や地面につかないよう高い鉄棒を利用し，膝を曲げるなどしてぶら下がる。
○ぶら下がり静止した後に，足を前後に振り，体全体が前後に振れるようにする。

【ねらい】
○鉄棒に後ろ向きになって，肘裏かけでぶら下がり，前後に体を振ることができる。

4 ぶら下がる・振る③ — 脇

(1) 前向き

【説明および指導上の留意点】
○鉄棒に体が触れるまで近づき向かい合って，脇を鉄棒にかける。
○足が床や地面につかないよう高い鉄棒を利用し，膝を曲げるなどしてぶら下がる。
○ぶら下がり静止した後に，足を前後に振り，体全体が前後に振れるようにする。

【ねらい】
○鉄棒に向かい合って，脇かけでぶら下がり，前後に体を振ることができる。

5 ぶら下がる・振る④ ── 腹部

(1) ふとん干し
【説明および指導上の留意点】
○鉄棒に跳び上がり肘を伸ばし，腰の線に鉄棒を合わせ，上半身を前に倒し，体を二つ折りにする。
○鉄棒から手を離し全身の力を抜いて，ぶら下がる。
○ぶら下がり静止した後に，両膝を抱え，足を前後に振り，体全体が前後に振れるようにする。

【ねらい】
○鉄棒に体を二つに折りして腹部でぶら下がり，前後に体を振ることができる。

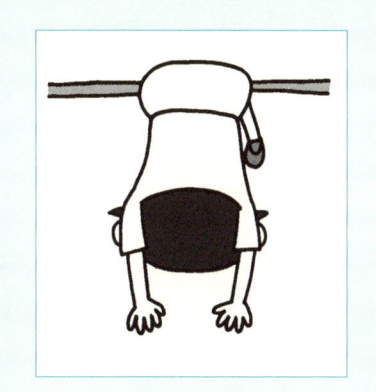

6 ぶら下がる・振る⑤ ── 膝裏

(1) コウモリ
【説明および指導上の留意点】
○鉄棒の真下に体を移動する。
○肩幅で鉄棒を握り，両足の膝裏を鉄棒にかける。
○両手を鉄棒から離し，膝裏でぶら下がる。
○視線は下に向けて頭を上げる。
○両肘を伸ばし，手のひらを大きく開く。
○ぶら下がり静止した後に，上半身を前後に振り，体全体が前後に振れるようにする。

【ねらい】
○鉄棒に体が逆さまになるように膝裏でぶら下がり，前後に体を振ることができる。

7 ぶら下がる・振る⑥ ── 手足

(1) ブタの丸焼き（両手足）
【説明および指導上の留意点】
○鉄棒の真下に体を移動する。
○鉄棒の左右に両手は肘を伸ばし片逆手で握り，両足を鉄棒にかける。
○ぶら下がり静止した後に，体全体を左右に振れるようにする。

【ねらい】
○鉄棒に両手両足でぶら下がり，体を左右に振ることができる。

(2) ナマケモノ（片手足）
【説明および指導上の留意点】
○鉄棒の真下に体を移動する。
○鉄棒の左右に両手は肘を伸ばし片逆手で握り，両足を鉄棒にかける。
○片手片足を離し，ぶら下がるようにする。
○ぶら下がり静止した後に，体全体を左右に振れるようにする。

【ねらい】
○鉄棒に片手片足でぶら下がり，体を左右に振ることができる。

8 上がる・下りる

(1) 跳び上がり・跳び下り
【説明および指導上の留意点】
○鉄棒に向かい合って，肩幅で肘を伸ばし鉄棒を握る。
○膝を軽く曲げ，体を鉄棒に引きつけながら跳び上がる。
○鉄棒に跳び上がった際，肘を伸ばし腰の線で静止する。
○足を前後に振り，足の振りが後ろに来た際に腰を高く上げ，鉄棒から下りる。両手が鉄棒から離れることのないように。

【ねらい】
○肩幅で肘を伸ばし，鉄棒に跳び上がれる。
○両手を鉄棒から離さないよう，腰を高く上げて下りられる。

(2) 足掛け上がり
【説明および指導上の留意点】
○鉄棒に向かい合って，肩幅で肘を伸ばし鉄棒を握る。
○足を片足膝裏にかけ，反対の足を大きく振る。
○両手で鉄棒を引きつけ，肘を伸ばしながら上がる。
○体が上がる際，手首を返す。
○体が上がる際，バランスをとるため，鉄棒にかけていた膝裏が大腿部裏になるように。

【ねらい】
○鉄棒に膝裏をかけ，反対足で大きく振って鉄棒に上がることができる。
○鉄棒に上がって静止できる。

(3) 逆上がり

【説明および指導上の留意点】
- 鉄棒に向かい合って，肩幅で肘を伸ばし鉄棒を握る。
- 鉄棒を引きつけ，片足を大きく一歩踏み出し，反対の足を大きく上に振り上げる。
- 引きつけた体を鉄棒から離さないようにして，振り上げた足の膝を鉄棒にまきつける。
- 両足が鉄棒に上がり，腰の線の腹部が鉄棒にかかったら，背筋を伸ばし起き上がる。

【ねらい】
- 鉄棒を引きつけ，足の踏み出し〜起き上がりまでをタイミングよくリズミカルに行える。

(4) コウモリ下り

【説明および指導上の留意点】
- 鉄棒の真下に体を移動する。
- 肩幅で鉄棒を握り，両足の膝裏を鉄棒にかける。
- 両手を鉄棒から離し，膝裏でぶら下がる。
- 視線は下に向けて，頭を上げる。
- 両肘を伸ばし，手のひらを大きく開く。
- ぶら下がり静止した後に，上半身を前後に振り，体全体が前後に振れるようにする。
- 1）背中，2）お腹，3）背中，のタイミングで体を軽く振り，3）の際，膝を伸ばして鉄棒にかかっている膝を離す。
- 両手が下についたとき肩が前に出てつぶれないようにする。
- 両手で体を支えながら足を安全に下ろすようにする。

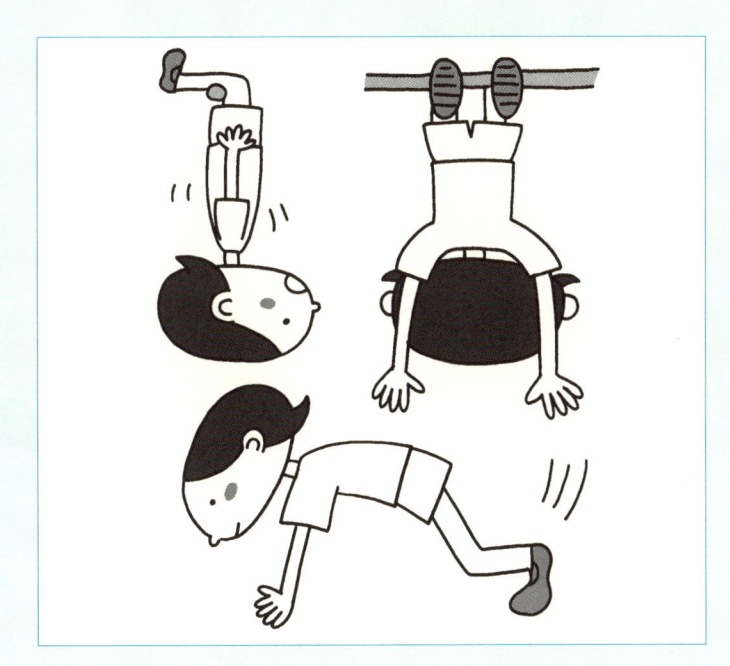

【ねらい】
- 鉄棒に体が逆さまになるように膝裏でぶら下がり，前後に体を振ることができる。
- 安全に両腕で体を支えてから足を下ろすことができる。

(5) 腕立て踏み越し下り

【説明および指導上の留意点】

○鉄棒に向かい合って，肩幅で肘を伸ばし鉄棒を握る。

○膝を軽く曲げ，体を鉄棒に引きつけながら跳び上がる。

○鉄棒に跳び上がった際，肘を伸ばし腰の線で静止する。

○片足を鉄棒の上に膝を立て足裏で乗り，腰を上げながら踏み越して反対側に下りる。その際，足を乗せた反対の手は鉄棒から離さないようにする。

【ねらい】

○バランスを崩ぬよう安全に腕立て踏み越し下りができる。

(6) 腕立て跳び越し下り

【説明および指導上の留意点】

○鉄棒に向かい合って，肩幅で肘を伸ばし鉄棒を握る。

○膝を軽く曲げ，体を鉄棒に引きつけながら跳び上がる。

○鉄棒に跳び上がった際，肘を伸ばし腰の線で静止する。

○両足を前後に大きく振る。

○後ろに振るときは，腰を高く上げる。

○腰を高く上げたとき，肩が前に出てつぶれないようにする。

○両足をそろえて体の横から跳び越し，反対側に安全に下りる。その際，跳び越しの反対側の手は鉄棒から離さないようにする。

【ねらい】

○バランスを崩ぬよう安全に腕立て跳び越し下りができる。

9 支持

(1) ツバメ

【説明および指導上の留意点】
○鉄棒に向かい合って，肩幅で肘を伸ばし鉄棒を握る。
○膝を軽く曲げ，体を鉄棒に引きつけながら跳び上がる。
○鉄棒に跳び上がった際，肘を伸ばし腰の線で静止する。
○肘が曲がらないよう鉄棒の上で上体反らしをする。
○バランスが崩れないように体を前に倒し両足を上げる。

【ねらい】
○鉄棒の上で上体反らしをしながら静止できる。

10 まわる

(1) 前まわり

【説明および指導上の留意点】
○鉄棒に向かい合って，肩幅で肘を伸ばし鉄棒を握る。
○膝を軽く曲げ，体を鉄棒に引きつけながら跳び上がる。
○鉄棒に跳び上がった際，肘を伸ばし腰の線で静止する。
○視線を前に背筋を伸ばす。
○膝を曲げ鉄棒を抱えるよう上げる。
○大きな円を描くように前にまわる。
○鉄棒の真下の線より跳び上がった方にゆっくり下りるようにする。

【ねらい】
○前にまわって，跳び上がりの位置に安全に下りることができる。

(2) 足抜きまわり
【説明および指導上の留意点】
○鉄棒に向かい合って，肩幅で肘を伸ばし鉄棒を握る。
○鉄棒の真下に体を移動する。
○両腕の間に両足を入れ，反対側に下りる。

【ねらい】
○両腕の間を足抜きでまわることができる。

(3) 尻抜きまわり
【説明および指導上の留意点】
○鉄棒に背中向きになり，肩幅で肘を伸ばし鉄棒を握る。
○鉄棒の真下に体を移動する。
○両腕の間に尻を入れ，反対側に下りる。

【ねらい】
○両腕の間を尻抜きでまわることができる。

(4) 地球まわり
【説明および指導上の留意点】
○鉄棒に向かい合って，肩幅で肘を伸ばし，腕を交差し鉄棒を握る。
○鉄棒の真下に体を移動する。
○両腕の外側の鉄棒に膝裏をかける。
○かけている膝を伸ばし，足を鉄棒から離してぶら下がる。
○足が鉄棒に触れることなく，まわるようにする。
○まわった後，両膝を鉄棒にかける。

【ねらい】
○体が逆さまになり，ぶら下がりながらまわれる。

5. 平均台

　平均台運動の基本動作は，バランス運動である。幅の狭い高いところを安全に運動ができることは，幼児にとって，スリルを味わいながら楽しめる運動である。本書では平均台を用いての運動を，歩く・走る，跳ぶ，這う，ぶら下がる，押す・引く，渡る，くぐる・跳ぶのカテゴリーに分けた。

　筋力，筋持久力，バランスといった身体的要素や決断力，注意力，恐怖心の克服といった精神的要素を育むことができ，順番を守る，協力して運ぶといった社会性を養い，発育・発達に適した教育的ねらいを達成することが可能となる。

1 歩く・走る① ── 送り

(1) 前方
【説明および指導上の留意点】
○平均台の上に左右の足を前後にし，立位の姿勢をとる。
○両腕は肘を伸ばし，肩の高さで横に上げ，バランスをとる。
○視線は正面に向け，背筋を伸ばす。
○前足を前方にすり足で送り，後ろ足は前足に引きつけ，繰り返すことで前方に進む。

【ねらい】
○平均台の上から落ちることなく，バランスをとりながら送り足で前方に進むことができる。

(2) 後方
【説明および指導上の留意点】
○平均台の上に左右の足を前後にし，立位の後ろ向き姿勢をとる。
○両腕は肘を伸ばし，肩の高さで横に上げ，バランスをとる。
○視線は進行方向と反対に向け，背筋を伸ばす。
○後ろ足を進行方向にすり足で送り，前足は後ろ足に引きつけて，繰り返すことで後方に進む。

【ねらい】
○平均台の上から落ちることなく，バランスをとりながら送り足で後方に進める。

(3) 側方（カニ）

【説明および指導上の留意点】
○平均台の上に横向きで、肩幅より大きめに足を開き、膝を外側に曲げ立つ。
○両肘を曲げ、肩の高さで横に上げ、カニのポーズをとる。
○視線は正面に向ける。
○進行方向の足を横にすり足で送り、反対の足は送った足に引きつけ、繰り返すことで側方に進む。

【ねらい】
○平均台の上から落ちることなく、バランスをとりながらカニ歩きができる。

2 歩く・走る② ── 交互足

(1) 前方

【説明および指導上の留意点】
○平均台の上に左右の足を前後にし、立位の姿勢をとる。
○両肘を伸ばし、肩の高さで横に上げ、バランスをとる。
○視線は正面に向け、背筋を伸ばす。
○前足を前方にすり足で送り、後ろ足はすり足で前足の前に送り、繰り返すことで前方に進む。

【ねらい】
○平均台の上から落ちることなく、バランスをとりながら交互足で前方に進むことができる。

(2) 後方

【説明および指導上の留意点】
○平均台の上に左右の足を前後にし、立位の後ろ向き姿勢をとる。
○両肘を伸ばし、肩の高さで横に上げ、バランスをとる。
○視線は進行方向と反対に向け、背筋を伸ばす。
○後ろ足を進行方向にすり足で送り、前足は後ろ足の後ろにすり足で送り、繰り返すことで後方に進む。

【ねらい】
○平均台の上から落ちることなく、バランスをとりながら交互足で後方に進める。

(3) 側方

【説明および指導上の留意点】
- 平均台の上に肩幅で足を開き，立位の横向き姿勢をとる。
- 両手が肘を伸ばし，肩の高さで横に上げ，バランスをとる。
- 視線は正面に向ける。
- 進行方向の足を横にすり足で送り，反対の足は送った足に交差させ，送った足は進行方向に開く。体を少々捻転しながら繰り返すことで側方に進む。

【ねらい】
- 平均台の上から落ちることなく，バランスをとりながら交互足で側方に進める。

3 跳ぶ

(1) 左右足換え跳び

【説明および指導上の留意点】
- 平均台の上に左右の足前後にし，立位の姿勢をとる。
- 両腕は肘を伸ばし，肩の高さで横に上げ，バランスをとる。
- 視線は正面に向け，背筋を伸ばす。
- 膝を軽く曲げて，垂直に跳躍する。
- 空間で左右前後の足を換え，着地する。

【ねらい】
- 平均台の上から落ちることなく，バランスをとりながら跳躍して足を換えることができる。

(2) 開脚跳び

【説明および指導上の留意点】
- 平均台の上に左右の足を前後にし，立位の姿勢をとる。
- 両腕は肘を伸ばし，肩の高さで横に上げ，バランスをとる。
- 視線は正面に向け，背筋を伸ばす。
- 膝を軽く曲げ，開脚跳びする。
- 空間で左右前後の足を換え，着地する。

【ねらい】
- 平均台の上から落ちることなく，バランスをとりながら開脚跳びをして足を換えることができる。

(3) 幅跳び（川跳び）

【説明および指導上の留意点】

○平均台の上に左右の足前後にし，立位の姿勢をとる。
○両腕は肘を伸ばし，肩の高さで横に上げ，バランスをとる。
○正面を向き，背筋を伸ばす。
○助走をつけ幅跳びをする。
○片足踏切で，空間で両足は前後開脚の姿勢をとり，片足着地をする。

【ねらい】

○平均台の上から落ちることなく，バランスをとりながら幅跳びができる。

(4) 高跳び（山跳び）

【説明および指導上の留意点】

○平均台の上に左右の足前後にし，立位の姿勢をとる。
○両腕は肘を伸ばし，肩の高さで横に上げ，バランスをとる。
○視線は正面に向け，背筋を伸ばす。
○助走をつけ，高跳びをする。
○両足踏切で，空間で両足は膝を曲げた姿勢をとり，両足着地する。

【ねらい】

○平均台の上から落ちることなく，バランスをとりながら高跳びができる。

(5) ケンケン跳び

【説明および指導上の留意点】

○平均台の上に立位の姿勢で片足立ちする。
○両腕は肘を軽く曲げ，横に上げ，バランスをとる。
○膝を軽く曲げ，連続で跳躍しながら前に進む。

【ねらい】

○平均台の上から落ちることなく，バランスをとりながらケンケン跳びができる。

4 這う

(1) モノレール
【説明および指導上の留意点】
○平均台の上に進行方向を頭にして，伏臥の姿勢で両手両足は平均台の側面を抑える。
○視線は正面に向ける。
○両肘を伸ばし，平均台を抑えながら体を引き寄せる。その際，両足は平均台を抑えながら膝を伸ばし前に進む。

【ねらい】
○バランスをとって，落ちることなく伏臥の姿勢で這える。
○両腕を伸ばすとき両膝は曲げ，両腕を曲げるとき両膝を伸ばす動きを，タイミングよくリズミカルにできる。

5 ぶら下がる

(1) ケーブルカー
【説明および指導上の留意点】
○平均台の下に進行方向を頭にして，両手両足で平均台にぶら下がる。
○下に体が触れぬように進む。
○両手両足は片手片足を交互にバランスを崩さないようタイミングよく進ませる。

【ねらい】
○平均台から落ちることなく，バランスをとり，両手両足でぶら下がりながら進むことができる。
○左手が進めば右足が進む動きを，交互にタイミングよくできる。

6 押す・引く

(1) バランス崩し
【説明および指導上の留意点】
○平均台の上に立位の姿勢で2人向き合う。
○両手のひらを大きく開き，相手の体に触れないよう手のひらだけで，押したり，引いたりする。
○押したり，引いたりして，バランスが崩れても平均台の上から落ちないように努力する。

【ねらい】
○相手に押されたり，引かれたり，自分で押したり，引いたりして，バランスが崩れても平均台の上から落ちないようにすることができる。

7 渡る

(1) 2台並べて
【説明および指導上の留意点】
○2台の平均台の片方に立つ。
○他方の平均台にまたいだり，跳び移ったりして渡る。
○勢いがつきすぎて平均台から落ちないようにする。

【ねらい】
○他方の平均台に落ちることなく渡ることができる。

8 くぐる・跳ぶ

(1) くぐって跳んで
【説明および指導上の留意点】
○平均台の上に両手をつき，腕立て横跳び越しする。
○着地したら伏臥の姿勢をとる。
○平均台に頭をぶつけないように横転し，平均台の下をくぐる。
○くぐった後すぐに立つ。繰り返して行う。

【ねらい】
○平均台をリズミカルに跳び越したり，くぐったりできる。

6. ブランコ

　ブランコは手足や体の協応性をコントロールすることにより，自分自身で大きくにも小さくにも揺らし方を調節できる，1人で楽しめる固定遊具である。

　振り子のような一定の揺れにより，スピード感が得られると同時に高いところからの視野を体験することによりスリルが味わえ，リズム感や平衡性を養うことにも有効である。しかし「ヒヤリ・ハット」の多い遊具だけに，保育者は用具の点検はもちろん，遊ぶ順番や振る回数，さらには待機している園児の位置など，細かい約束ごとを決める必要がある。

1 振る

(1) 座位

【説明および指導上の留意点】
- 初めは，保育者が後ろから，やさしく声を掛け揺らす。
- 足を上手に使えない場合は，「イチ」＝膝を伸ばす「ニィ」＝曲げる，などのリズムをとる言葉を掛ける。
- 大きく振れるようになったら，周囲の安全を確保して靴飛ばし競争をする。
- 落下につながるので，必要以上揺らさぬように注意する。

【ねらい】
- 座って体を前後に揺らすと同時に，脚の曲げ伸ばしのタイミングをとることができる。

(2) 立位

【説明および指導上の留意点】
- つり鎖は胸の高さ程度が，握るにも揺らすにも適している。
- こぎ出しは，地面を軽く蹴って推進力をつける。
- つり座にしゃがんで揺らすなど，恐怖心の小さいものから。
- 弧を大きくする場合は，前方に移動する際に，軽い膝の曲げ伸ばしを行う。
- 協力して2人乗り（①1人は立って1人は座る，②2人とも立って）に挑戦する。

【ねらい】
- 膝の屈伸がタイミングよく利用でき，大きな弧を描ける。

（3）伏臥

【説明および指導上の留意点】
○つり座に伏臥で乗る。手でつり鎖を保持しにくくなるので，最初は小さな揺れで楽しむ。
○バランスを上手に保てる位置を保育者が援助する。
○頭の位置が下がると転落するので，視線は前方を保つ。
○伏臥で揺らし，少しでも遠い位置の地面に印をつけてみる。
○前方の地面に靴などを置き，ブランコの揺れを利用し拾う。

【ねらい】
○つり座の上でバランスをとり，アンバランスな体を支持することができる。

2 跳び下り

（1）座位

【説明および指導上の留意点】
○最初は静止の状態か，小さく揺らした状態で行う。
○個々の能力に応じた揺れで，チャレンジする。競争心による無理な挑戦には，注意する。
○ブランコが前方に振れたときに，大きく足を振り出し（伸展させ）ながら，跳び下りるタイミングをつかむ。
○できるようになったら，着地点に目印をつけ目標とする。

【ねらい】
○ブランコの揺れ→足の伸展→跳び下り，の一連のタイミングをはかり，協応性を養う。

（2）立位

【説明および指導上の留意点】
○最初は静止の状態か，小さく揺らした状態で行う。
○前方に揺れたときに，膝が伸びた状態で跳び下りる。
○跳び下りる際に，頭部が先行したり，脚部が先行したりすると着地が不安定となるので，頭から足までがまっすぐ伸びた姿勢をとる。
○できるようになったら，着地点に目印をつけ目標とする。

【ねらい】
○跳び下りのタイミングと，足の伸展・つり鎖を放すタイミングをはかることができる。

7. すべり台

　すべり台は，高い位置まで体を移動させなければならず，手や足の筋力を養う効果がある。また高低差によって大きなスピード感覚を体験できるぶん，自分自身でスピードをコントロールする能力が必要となる。そのため自己の判断認知能力も養える。

　帽子の首紐がすべり台に引っかかり，それにより首が絞まってしまう事故などが考えられるので，保育者は子どもが遊具を利用する場合，服装や持ち物の点検をするなどの注意が必要となる。またすべる順番や，踊り場に多くの子どもが集まらない，押し合わないなど細かいルールを決めて利用しなければならない。

1 すべる

(1) 長座

【説明および指導上の留意点】
○初めは，滑り終える部分で上体が後傾し頭をぶつけたりするので，保育者はすべり台下部で補助をする。
○スピードの調節は，縁を利用し，手や足を使って止まる。
○すべる途中で保育者が合図を送り，「すべる」「止まる」を交互に行う。
○縁が金属の場合，皮膚との摩擦により，けがにつながることがあるので注意する。

【ねらい】
○すべるスピードと，姿勢のバランスの調和がとれる。

(2) 正座

【説明および指導上の留意点】
○踊り場で正座の姿勢をつくり，手ですべり台の縁を持ち，滑走面まで進む。
○手でスピード調節を行う。
○正座から膝を開いた姿勢で，膝でブレーキをかけてすべる。
○2人連なった状態で正座してすべる。
○足で着地ができないので，滑走面の最後の平らな部分で止まる。

【ねらい】
○スピードと上体のバランス関係を保ちながら，すべり下りることができる。

(3) 伏臥

【説明および指導上の留意点】
○最初，保育者は子どもの様子を観察し，すべるスピードの調節補助をする。
○両手を伸ばし，うつ伏せの姿勢で足の方からすべり下りる。
○安全確保のために，すべり台下の着地部分にマットを敷く。
○両手を伸ばし，うつ伏せの姿勢で頭の方からすべり下りる。
○片手だけを伸ばして，ガッツポーズの姿勢など，色々なポーズですべり下りる。

【ねらい】
○頭の方からすべり下り，逆さ感覚（空間認知能力）を養う。

2 登る

(1) 膝つき

【説明および指導上の留意点】
○滑走面の最後の平らな部分で，膝立ちの姿勢ですべり台の縁を伝って登る。
○手を使わずに膝だけで登る。
○逆登りで遊ぶときには，一方通行の約束を厳守させて，上からすべってこないように約束する。
○保育者は，上体が後方に傾かないよう注意を払い，場面に応じて補助をする。

【ねらい】
○重力に逆らってバランスよく体を移動することにより，平衡性や筋力が向上する。

(2) 足つき

【説明および指導上の留意点】
○最初はすべり台の縁を持って，四つん這いでゆっくり登る。
○すべり台の縁の部分を利用しながら，足だけで登っていく。
○踊り場から滑走面にロープを垂らし，ロープを握って登る。
○滑走面にテープなどの目印をつけて，手を使わずにどこまで登れるか競争する。
○下から手を使わずに助走をつけ，一気にかけ登る。

【ねらい】
○立って登る不安定な姿勢を維持できる＝バランス（平衡性）を養う。

8. ジャングルジム

　ジャングルジムは高い位置へ垂直に移動するなど，腕と足の支持強化が期待できる。また，登ったり下りたりする際には，手と足の位置関係を考えながら移動するため，空間認知能力や協応性が養われる固定遊具である。さらに高い位置では不安感や恐怖心と戦い，体のバランスをとりながら慎重に移動しなければならず，平衡感覚と同時にスリル感をおおいに味わうことができる。

　なお，この遊具ではおおぜいで遊ぶことが多いので，友だちと仲良く遊ぶことや，押したり引いたりしないなどのルールを守ることで，社会性も身につけることができる。

1 登り・下り

(1) 真上
【説明および指導上の留意点】
○登り・下りする高さは，少しずつ上げる。
○登ることに夢中で，下りる際に恐怖心を募らせる子もいるので，保育者は注意を促す。
○高い位置で，押したり引いたりしないようルールを決める。
○登るときには手の方を先行させ，下りるときには足の方を先行させて移動する。
○下に，タイヤなどクッションになるものを置く。

【ねらい】
○どの位置に，手と足を移動させればよいか，判断ができる。

(2) 横移動
【説明および指導上の留意点】
○最初は足を先行させて，横に移動する。
○手と足を同時に使い移動する。
○最初は1段目のみを利用し，徐々に高い位置で行う。
○ジャングルジムに向かって移動するばかりでなく，ジャングルジムを背にして移動する。
○外側や内側など，いろいろな場所で移動する。
○斜めやジグザグに移動する。

【ねらい】
○手と足の移動をタイミングよく上手に利用することができる＝協応性を養う。

(3) おにごっこ

【説明および指導上の留意点】
○おにを1人決め、おに以外はジムに登り待機する。
○おにはジムに触れず、地上で合図を待ち、スタートの合図で登り、移動し追いかける。
○おにだけは地上に下りてもよいなど、有利な立場で行う。
○おにに捕まったら、交代。
○おにを2人に増やして遊ぶ。
○保育者はジャングルジムで押したり、引いたりしないなど細かいルールづくりをする。

【ねらい】
○おにと自分との位置関係が理解でき、すばやく移動できる。

2 ぶら下がる

(1) 手足

【説明および指導上の留意点】
○いろいろな高さや位置（外側・内側）でぶら下がる。
○両手でぶら下がれたら、次は片手でぶら下がる。
○ジムを握り、体を反らす。
○左手・左足（右手・右足）で大の字にぶら下がる。
○ジャングルジムに背を向けてぶら下がり、腹筋を使って足を持ち上げる。

【ねらい】
○手を使って、自分の体をバランスよく支持できる。

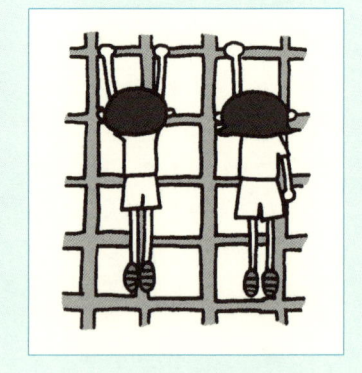

(2) 腹

【説明および指導上の留意点】
○鉄棒で「ふとん干し」を行うように腹でぶら下がる。
○前まわりにチャレンジする。
○近くの棒を利用し、足をかけながら逆上がりにもチャレンジしてみる。
○保育者は、子どもが頭をぶつけないように注意を払う。
○複数の棒を利用して、飛行機のように、地面と平行に腹ばいになる。

【ねらい】
○いろいろな遊びが発想でき、行動することにより、冒険心が生まれる。

(3) 膝裏

【説明および指導上の留意点】
○鉄棒で「コウモリ」を行うように，両膝をかけぶら下がる。
○「コウモリ」の状態で下方の棒を手でにぎり，足をジャングルジムから離して，地上に着地する。
○いろいろな高さに挑戦する。
○「コウモリ」の状態を保ち，2人組みでジャンケン遊びをする。

【ねらい】
○逆さまの空間を認知することができ，その感覚を楽しむことができる。

3 歩く

(1) 体位の変化

【説明および指導上の留意点】
○四つ這いの姿勢で歩く。手を先行させて，手の位置が確保できたら足の移動を行う。
○手は使わずに，立位の姿勢で歩いてみる。足裏の土踏まずの位置でしっかりと支持する。
○立位の状態で直進，次は横に歩く。

【ねらい】
○足元が不安定な位置で，自分の体を安定させ移動ができる＝バランス感覚（平衡性）を養う。

4 くぐる

(1) 高さと体位の変化

【説明および指導上の留意点】
○地面を迷路歩きのように，1段目の下をくぐって移動する。
○2段目以上を利用して，棒の間を慎重にくぐり，移動する。
○腹ばいになってジャングルジムをくぐりぬけて行く。
○仰向けになってくぐりぬける。
○保育者は，ジムの中に紙テープなどを，縦横無尽に張りめぐらせて，子どもはそのテープを伝って移動していく。

【ねらい】
○ジャングルジムの細い棒上を巧みに移動できる＝平衡性・巧緻性を養う。

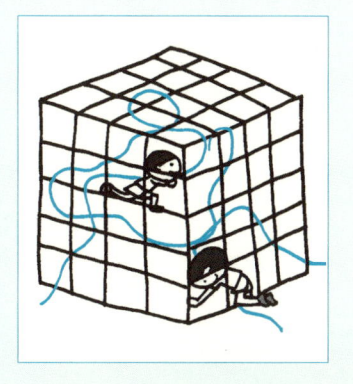

9. うんてい

　うんていは腕だけで全身を支持移動することが多く，腕の筋力や握力を養うことに有効である。移動する際には，体を大きく振って前進するといった，鉄棒運動で必要とされる反動利用を体得できる。さらに連続して移動する場合は，体の反動から移動へのリズムが一定であれば移動はより容易となることから，リズム感を養うこともできる。

　しかし，遊具と体の接触部分が少ないため，雨等によりぬれてすべりやすい環境で使用すると危険であるため，雨あがりの晴れた環境であっても，保育者は注意深く点検を行う必要がある。

1 ぶら下がる

(1) 手

【説明および指導上の留意点】
- まずは保育者が子どもの腰のあたりを支え，ぶら下がる。
- しっかりと両手で棒を握り，ぶら下がる。
- 片手でぶら下がってみる。
- 誰が長い時間ぶら下がっていられるか，数人でぶら下がり競争をする。
- 2人で向かい合ってぶら下がり，足相撲で相手を落とす。

【ねらい】
- 自分の体を，しっかりと腕だけで支持することができる。

(2) 足

【説明および指導上の留意点】
- 両手で棒を握り，両膝裏を棒に掛け，さかさにぶら下がる。
- 鉄棒で「コウモリ」を行うように，うんていに両膝を掛け手は離し，ぶら下がる。
- 2人で「コウモリ」でうんていにぶら下がり，ジャンケンをする。
- 逆さまになる場合は，遊具の下にマットを敷くなど，注意を払う。

【ねらい】
- 逆さまの空間を認知することができ，その感覚を楽しむことができる。

2 振る

(1) 手
【説明および指導上の留意点】
○軽く膝を曲げて体を揺らす。
○しっかりと棒を握りぶら下がり，前後・左右に振って遊ぶ。
○両手で棒を握ったまま，体を左右にねじってみる。
○タイミングをとることが難しい場合は，保育者が腰のあたりを保持し補助する。
○片手でぶら下がり，前後に振って遊ぶ。
○両手で棒を握って振り前方に揺れたとき手を離し着地する。

【ねらい】
○まっすぐな姿勢では，揺らしにくいことを理解できる。

3 渡る

(1) 送り手
【説明および指導上の留意点】
○棒に両手でぶら下がり，1つ先の棒に右手→左手・左手→右手のように，1本の棒に両手が掛かるように渡る。
○最初は猿手握りでよいので，手指を軽く曲げ，棒に手を引っ掛けるような感覚で渡る。
○振り動作はあまり必要とせず，移動の際は肩と腕が一緒に出ると，移動しやすい。

【ねらい】
○「イチ」「ニィ」の一定したリズムで移動することができる。

(2) 交互手
【説明および指導上の留意点】
○右→左→右と，交互に手を掛け渡る。
○両膝が開かぬよう下半身を前後に振り，腰が前にきたとき，腕を前方に送り移動する。
○猿手握りではなく，順手握りの方が安定する。
○棒を1本抜かしで，移動する。
○2グループに分かれ，両端からスタート。出会ったところでジャンケンし，負けたら下り次の子どもがスタートする。

【ねらい】
○下半身の振りと，手の送りがタイミングよく行わる。

10．登り棒

　子どもは木登りが大好きである。しかし現代の社会環境ではそのチャンスにはめぐり合いにくい。登り棒はその欲求（高い所への登たい）を満たしてくれる人工的な遊具である。

　登る，ぶら下がるといった遊びでは，腕の筋肉や握力はもちろん脚筋力や腹筋が必要とされ，全身の筋力強化とともに，空間認知能力や手足の協応性も養われる。また，登りきったときの達成感や征服感についても，他の遊具より味わいやすい。

　ただし，多くの子どもが同時に遊ぶことができないため，順番を待つことや待つ位置など細かいルールづくりが必要となる。

1　登る・下りる①―1本登り

(1) 両足からみ

【説明および指導上の留意点】
○棒を手で握り，足は棒に絡ませる。最初は，保育者が腰のあたりを保持し，登ると同時に腰を上方へ移動させる。
○1人では，膝をしめてしっかりと足で棒を固定し，手を上方へスムーズに移動させる。
○手と足の伸び縮みがタイミングよく調和すると，スムーズに登ることができる。
○下りる際には膝をしめてブレーキをかける。

【ねらい】
○しっかりと，登り棒を足で固定した状態をつくれる。

(2) 足裏支え

【説明および指導上の留意点】
○最初は，保育者が棒を握った拳の上に，子どもの体を乗せ，子どもが登ると同時に上に拳をずらし補助をする。
○1人では，足裏を棒の同じ高さに固定し，膝を伸ばすと同時に手を上方へ送る。
○足裏を棒に固定する。
○手と足の伸び縮みが調和すると，スムーズに登れる。
○下りる際には足裏で棒をしめてブレーキをかける。

【ねらい】
○しっかりと，登り棒を足裏で固定した状態をつくれる。

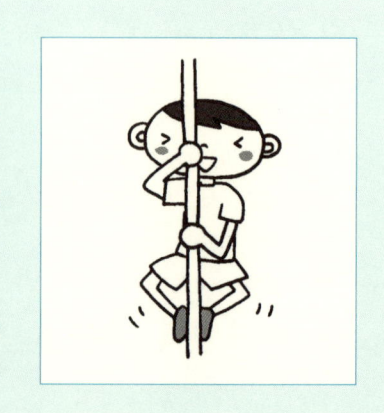

2 登る・下りる②―2本登り

(1) 足裏支え
【説明および指導上の留意点】
○2本の棒を内側から同じ高さで握り，足裏で棒内側を強く抑える。両足→両手→両足→両手の順に上方へ送り登る。
○足を伸ばすタイミングと，手を上方へ送るタイミングを徐々に早くする。
○手と足の伸び縮みが調和すると，スムーズに登れる。
○下りる際は手で棒を強く握ると同時に足裏で棒を抑えてブレーキをかける。

【ねらい】
○手と足の移動タイミングの調和がうまくできる。

3 横渡り

(1) 足からみ
【説明および指導上の留意点】
○棒①に登る→片手を離し，棒②をつかむ→片足を棒②に移動し，次にもう一方の足を運び横に渡る→残った片手を棒②に移動させる。
○手の位置，足の位置がしっかりと保持されたことを確認し，渡る。
○同じ方向ばかりでなく，往復の移動をする。
○平行移動ばかりでなく，高さに変化をもたせる。

【ねらい】
○両手足をどのように使えばよいのかを，瞬時に判断できる。

4 まわる

(1) いろいろな回旋
【説明および指導上の留意点】
○地面を見るように2本の登り棒を握る。足先で地面を軽く蹴り，前まわりを行う。
○空見るように2本の登り棒を握る。足裏全体で地面を蹴り，後ろまわりを行う。
○棒は外向きに抑えるよう握る。
○足が逆立ちになった時点で，体を少し静止してみる。
○重力と90度違った方向に力を加えることはたいへん難しいので，保育者は補助に努める。

【ねらい】
○足筋力を活用し，それを回転運動に変えることができる。

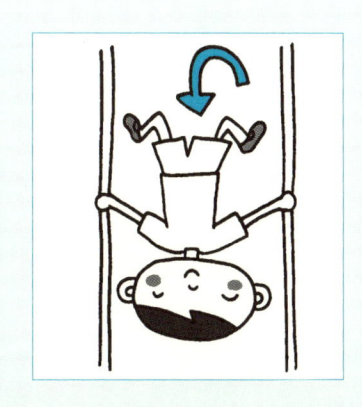

手具的運動

手具的運動は，手を中心に全身を使った運動（遊び）で，個人でも集団でも楽しむことができる。運動能力発達に必要な多くの要素を含み，将来の運動の基礎となる身体活動動作について学ぼう。

Chapter 7

　本章では，家庭や幼稚園，保育所など身近に必ずあり，これまでに遊びに使われるのを見たり，利用してきた遊具を中心に取り上げる。現実に多くの子どもが興味や関心をもって遊んでいるものであるため，保育活動への導入において，どの子どもにも受け入れられやすいというメリットがある。

　これらの遊具を扱った運動（遊び）は手を中心に全身を使うため，子どもの発育・発達状況に合わせ，多くの運動能力を獲得することが期待できる。また，運動に対する動機づけをしやすく，運動に積極的に参加し楽しむ姿勢を育み，子どもがもっている欲求を満たすことができるといった特徴もあげられる。

　また，手具的運動は，複数の友だちと仲良く運動する経験をもたせ，自分と他人の関係を知り，社会性を育むうえでも，たいへん重要かつ効果的な教材とすることができる。

　ここでは，年齢別ではなく，遊具の特徴を生かし，難しくない基本的な遊びをあげている。実践していくなかでは必ず個人差が出るが，子どもの時期は運動音痴はいないので，時間をかけても多様な運動を経験させたい。すぐにできなくても運動量は確保し，身体的，精神的，社会的にも満足し，気分よく「楽しかった」「またやろう」と思わせる指導や支援が大切である。

　なお，本章で紹介する運動は，簡単でわかりやすく，子どもちが達成しやすいようなものにしている。そのため，ここにあげた例ばかりでなく，それらを応用することが望まれる。とくに手具的運動は，遊具を組み合わせて行うことも可能で，子どもたちが自分で運動（遊び）を工夫し，発展させていくことも可能である。豊かな想像性や創造力を育て，友だちと協力し成し遂げることで，達成感や満足感等を，子どもなりに経験することもでき，自分たちの遊びを自分たちで考える力をつけることができるようになる。

　保育者は，楽しい運動（遊び）に発展させるため，安全に気配りをすることはもちろんであるが，子どもたちの様子を注意深く観察しながら，適切な支援や助言をすることが求められる。

1．ボール

　ボールを使った運動（遊び）は，子どもに親しまれ，楽しんで活動できる，心身の発育・発達には欠くことのできないものである。ボールにはいろいろな素材や大きさ，硬さ，重さ，形等がある。そのため，運動に適したボールを選択することが大切である。

　なお，ボールを使った運動では，その特徴から，持つ，転がす，投げる，受ける，つく，打つ，蹴るなど多くの操作を身につけることができる。また，身体調整力やボール感覚など，多くの運動適性因子の発達が期待できる。運動の内容によって，人数の調節ができるのも特徴である。

1 持って扱う① ── 座位

(1) 赤ちゃん（手で扱う）
【説明および指導上の留意点】
○両手で持てる範囲のボール（鈴入り）を使用する。
○あまり弾まず，柔らかいビニール，布等の扱いやすいボールで遊ぶ。
○舐めてもよい素材のボールで繰り返し，自由に遊ばせる。

【ねらい】
○ボールに親しみ，自由に遊びを楽しむことができる。
○ボールを使って多様な操作や動作ができる。

(2) クレーン（足で扱う）
【説明および指導上の留意点】
○両足にボールを挟み，尻を軸にまわり，ボールを上げて移動する。
○倒れないよう，後ろに両手をついてバランスをとる。
○挟んだボールを落とさない。
○クレーンになりきり，音（声）を出しながら移動する。

【ねらい】
○ボールを両足で挟み，持ち上げ移動させることができる。
○体のバランスを維持し，集中して遊ぶことができる。

2 持って扱う② ── 立位

(1) おんぶ
【説明および指導上の留意点】
○ボールの大きさに合わせ，体の後ろで腰と両手のひらで挟み持つ。
○前かがみの姿勢で，落とさないようにバランスを保つ。
○大きなボールのときは，腰に乗せるようにする。

【ねらい】
○ボールを体の後ろで，上手につかまえ，おんぶすることができる。
○全身で，ボールをコントロールすることができる。
○腕，指，腰の使い方を身につけることができる。

(2) だっこ
【説明および指導上の留意点】
○両手のひら，両腕と体の全体を使い，ボールを落とさないように抱きかかえる。
○ボールの大きさ，形，重さ等により手の位置を調節する。
○大きいボールは，顎を使うなど工夫して抱く。

【ねらい】
○腕，両手を上手に使い，だっこすることができる。
○だっこして，体のバランスを保つことができる。
○ボールを持って自由に移動して遊びを楽しむことができる。

3 持って扱う③ ── 臥位

(1) ラッコ
【説明および指導上の留意点】
○仰向けで，胸や腹の上にボールを乗せて両手で操作する。
○大きさ，重さ，形の違うボールを落とさないで移動する。
○頭を上げ，背中と足で床を移動してボールを運ぶ。

【ねらい】
○仰向けで，体にボールに乗せて，両手での操作ができる。
○ラッコの気分を味わい，全身をくねくね動かすことができる。
○頭部を守る姿勢ができる。

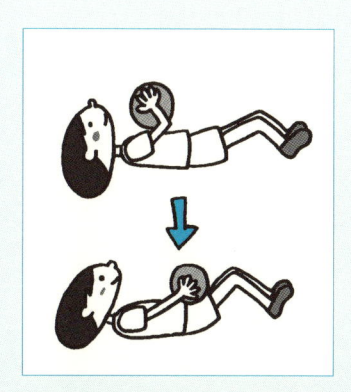

(2) 枕

【説明および指導上の留意点】
- ボールを枕にして寝て，体を安定させる。
- 背中，腰，足等を乗せ，ボールから落ちないようにする。
- 腹ばいでボールの上に乗り，自由に動いたり，移動する。

【ねらい】
- 頭をボールに乗せ，落ちないようにバランスをとることができる。
- 全身を使い，ボールをコントロールすることができる。
- ボールに体を乗せて揺れを楽しむことができる。

4 投げる・受ける① ── 1人

(1) 拍手

【説明および指導上の留意点】
- 自然体で立ち，両手（片手）でボールを持ち，膝，腕など全身を使って頭上に投げる。
- ボールが落ちてくる間に拍手をし，ボールを捕る。
- ボールの動きに合わせて，体を動かし対応する。

【ねらい】
- 片手，両手でボールを上に投げて，拍手をして，ボールを捕ることができる
- 空間の認知と協応動作ができる。

(2) 床に両手つき

【説明および指導上の留意点】
- ボールを上に投げ，落ちる前に床に両手をつき，ボールを捕る。
- ボールだけに気をとられないようにする。
- 膝の屈伸を利用し，素早く立ち上がり，ボールを捕る。

【ねらい】
- 1つの動作の後に，すぐ次の動作を行うことができる。
- ボールを確認しながら，動く位置を決めることができる。
- 敏捷性，巧緻性を身につけることができる。

(3) 1回まわり

【説明および指導上の留意点】
○ボールを上に投げ，その場で1回まわって，落ちてくるボールを捕る。
○ボールの動きや位置を確認しながら，正確に回転する。
○上ばかり見て，転ばないよう気をつける。

【ねらい】
○ボールを投げ，上手に回転して，ボールを落とさずに捕ることができる。
○巧緻性，協応性，調整力を身につけることができる。
○協応動作を養うことができる。

(4) 手から足

【説明および指導上の留意点】
○足を伸ばして座り，両手でボールを軽く投げ（落とし），足のインサイドで挟んで捕る。
○後ろに転ばないように，尻で体のバランスをとる。
○裸足になって，足の裏で捕る。

【ねらい】
○手で投げるボールを，両足で挟んで捕ることができる。
○体のバランスを保ち，ボールの動きに対応することができる。

(5) 足から手

【説明および指導上の留意点】
○座って足首でボールを挟み，両手を後ろについて，体のバランスをとりながら，タイミングよく上に放る。
○足からボールが離れ，上に上がったら，すぐ前に両手を出してボールを捕る。

【ねらい】
○座位で，足で投げるボールを両手で捕ることができる。
○素早い動きとタイミングを身につけることができる。

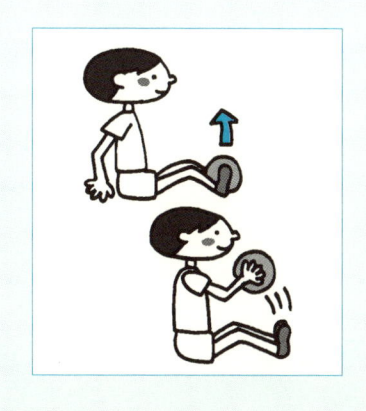

5 投げる・受ける② ── 2人

(1) 片手
【説明および指導上の留意点】
- ボールを持った手を後ろに振り，手と反対側の足を前に踏み出しながら上から投げる。
- 投げる手と逆の手は，投げると同時に反対に引く。
- 膝や足首を曲げ，全身を使って投げる。
- 両手を前に出し，手を引きながら勢いをころしボールを捕る。

【ねらい】
- ボールを片手で上手に投げ，両手で捕ることができる。
- 空間の認知，スピード感等や投げる距離に必要な力の加減を養うことができる。

(2) 両手
【説明および指導上の留意点】
- 両手でボールを持って，片足を前に出し，体重を前に移動させながら投げる。
- 全身を使い，肘関節の曲げ伸ばしと，指を使って投げる。
- 両手を前に出し，手を引きながら勢いをころしてボールを捕る。

【ねらい】
- 目標にボールを両手で投げ，両手で捕ることができる。
- 体のバランスをとり，両腕だけでなく全身で投げることができる。

4～5m

(3) 上から
【説明および指導上の留意点】
- 両手でボールを頭の上に持って，片足を前に出すと同時に，体を前に曲げながら投げる。
- 肩を軸に両手首を利かせてボールを上から投げる。
- 両手を前に出し，手を引きながら勢いをころして捕る。

【ねらい】
- ボールを頭上で両手で持ち，上から投げることができる。
- 投げるボールを，両手で捕ることができる。

(4) 下から

【説明および指導上の留意点】
○ボールを持った手を後ろに振り，手と反対側の足を前に踏み出しながら下から投げる。
○投げる手と逆の手は，投げると同時に反対に引く。
○膝や足のバネを使って投げる。
○両手を前に出し，手を引きながら勢いをころして捕る。

【ねらい】
○ボールを下から投げたり，捕ることができる。
○投げるとき，手と足の使い方が上手にできる。

(5) 両足の間から

【説明および指導上の留意点】
○両足を開き，体を前に曲げ，股の間から後方の相手に投げる。その際，前に倒れないようにする。
○投げる手が，お尻より後方になるようスナップをきかせる。
○手や指先でボールをコントロールする。
○正面を向いて両手で捕る。

【ねらい】
○両足の間から，ボールを両手で後方に投げることができる。
○難しい体勢からでもボールを投げたり，捕ることができる。

(6) 両足

【説明および指導上の留意点】
○両足にボールを挟んで，ジャンプしながらその勢いを使って相手に放る。
○ジャンプした際，体を曲げて両足を前に振り，タイミングよくボールを離す。
○正面を向いて両手で捕る。

【ねらい】
○両足に挟んで，ジャンプしながらボールを前に，投げることができる。
○ジャンプし，体を曲げ，着地することができる。

6 転がす① ── 1人

(1) 座位（お父さん・あぐら）

【説明および指導上の留意点】
○あぐらをかいた姿勢で，左右の手を使って，ボールを体のまわりで転がす。
○あぐらを崩さずに，手で転がせる範囲でボールを転がす。
○手のひらと5本の指でボールをコントロールする。

【ねらい】
○体のまわりを，自由にボールを転がすことができる。
○座った姿勢でボールと体をコントロールすることができる。

(2) 座位（お母さん・正座）

【説明および指導上の留意点】
○正座をした姿勢で，ボールを体のまわりで転がす。
○手のひらと5本の指でボールをコントロールする。
○正座を崩さないでボールを転がす。

【ねらい】
○正座の姿勢で，ボールをコントロールすることができる。
○ボールを転がすときの手，指の感覚を養い，目と手の協応動作ができる。

(3) 座位（お姉さん・両足斜め座り）

【説明および指導上の留意点】
○両足斜め座りで，ボールを手で体のまわりを転がす。
○体の右側は右手，左側は左手を使って転がす。
○足を崩さず，転がす。

【ねらい】
○両足斜め座りの姿勢で，ボールを転がすことができる。
○柔軟性，調整力を養うことができる。

(4) 座位（おばあちゃん・尻を下につけた正座）

【説明および指導上の留意点】
○尻をついた姿勢から，体のまわりでボールを転がす。
○上肢全体を柔らかく使い，ボールをコントロールする。
○左右の手を遠くまで伸ばして転がす。

【ねらい】
○尻をついた安定した姿勢からボールを転がすことができる。
○柔軟性，巧緻性，平衡性を身につけることができる。

(5) 座位（赤ちゃん・長座閉脚）

【説明および指導上の留意点】
○両足の横で，ボールを手で転がす。
○清潔な場所，舐めても安全なボールで遊ぶ。
○自由にボールを扱う。
○持ったり，触れたりしてボールの感触をつかむ。

【ねらい】
○赤ちゃん座りで，ボールを手で転がすことができる。
○目と手の協応動作を養う。
○楽しくボール遊びをすることができる。

(6) 座位（赤ちゃん・長座開脚）

【説明および指導上の留意点】
○長座開脚で，上肢を自由に動かし，ボールを体のまわりで転がす。
○足先のボールは，前屈し手を伸ばし遠くで転がす。
○足の前や下なども転がす。
○足をできるだけ曲げないで，ボールを転がす。

【ねらい】
○長座開脚で，体のまわりを手でボールをまわすことができる。
○柔軟性を高め，がんばる気持ちを育てることができる。

(7) 立位（前屈）

【説明および指導上の留意点】
○片手（両手）でボールを前に転がす。
○足首，膝，腰を曲げ，手のひらを前に向け押す。
○体よりボールと手を前に出して転がす。
○目標地点に正確に転がす。

【ねらい】
○大きさの違うボールでも，手で転がすことができる。
○前屈姿勢でボールを目標まで転がし続けることができる。

(8) 立位（8の字）

【説明および指導上の留意点】
○2m間隔に並べたコーンの間を，8の字にボールを転がす。
○ボールの中心に手を置き，ボールを正確に転がす。
○手元のボールだけを見ず，まわりを見ながら転がす。

【ねらい】
○8の字にボールを転がすことができる。
○低い姿勢で，ボールを転がすことできる。

7 転がす② ── 2人（＋止める）

(1) 立位（手）

【説明および指導上の留意点】
○3～4m離れて立ち，2人でボールを転がし合う。
○2人の距離（間隔）は徐々にあけていく。
○目標（相手）に向け，ボールのスピードを考え，正確に転がす。

○両手や体で，ボールを床に抑えながら捕る。

【ねらい】
○相手にボールを正確に転がし，返されたボールを捕ることができる。
○友だちと仲良く遊び，楽しむことができる。

(2) 立位（足）

【説明および指導上の留意点】
○ボールをよく見て，相手に向かって転がるように蹴る。
○ボールの横に軸足を置き，蹴り足の膝から下を振り，ミートさせる。
○転ばないように，手や腕でバランスをとる。
○来たボールを足で止める。

【ねらい】
○目標に向け，足でボールを蹴り，ボールを足で止めることができる。
○ボールを蹴るタイミングをつかみ，体のバランスがとれる。

(3) 立位（尻）

【説明および指導上の留意点】
○大きな破れないボールを，尻を押しだして相手に転がす。
○尻の位置が，ボールの中心近くにくるように工夫する。
○腰と尻を中心に，全身で転がし，前向きで両手を使いボールを止める。

【ねらい】
○大きなボールを，尻や腰を使い，相手に向けて転がしたり，止めることができる。
○体のバランスをとり，膝の曲げ伸ばしを上手にできる。

(4) 座位（手）

【説明および指導上の留意点】
○相手と離れて，足を開いて座り，足の間から相手に向かってボールを手で転がす。
○相手のいろいろな部分を狙ってボールを転がす。
○座ったまま，来たボールを手で捕る。

【ねらい】
○座って，相手と手でボールを転がし止め合うことができる。
○狙ったところにボールを転がすことができる。

(5) 座位（足）

【説明および指導上の留意点】
- 相手と離れて，足を開いて座り，相手をめがけてボールを足の内側・裏で蹴って転がす。
- 座ったまま，来たボールを足で止める。
- 両手を後ろについて，体のバランスを保つ。

【ねらい】
- 座って足で，ボールを転がしたり，止めることができる。
- 足の巧緻性を高め，ボールを扱う感覚を身につけられる。

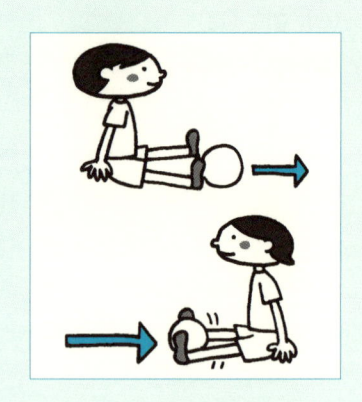

(6) 座位（胸）

【説明および指導上の留意点】
- 脚を伸ばし，相手と足裏をつけ，勾配をつけた姿勢でボールを胸から転がす。
- 外に飛び出さないように足を開き，体の角度をつける。
- 転がってきたボールを，外に飛び出さないように足で調節して片手で捕る。

【ねらい】
- 体の上でボールを転がし，捕ることができる。
- スピード感を体験できる。
- 平衡性，敏捷性，腹筋力などを養うことができる。

8 つく

(1) 立位（片手）

【説明および指導上の留意点】
- 左右の手でボールを下につく。
- 手は左右自由に替えて，移動しながらボールをつく。
- 手首，指を上手に使う。
- 手だけでなく，膝の屈伸を使いリズミカルにつく。

【ねらい】
- 片手で，ボールをつくことができる。
- 手首，関節等を上手に使い，全身でボールをリズミカルにつくことができる。

(2) 立位（両手）

【説明および指導上の留意点】
○ボールを両手で，リズミカルに自由につく。
○その場で移動しながら1回1回，または連続してつく。
○手首だけでなく，膝の屈伸など全身を使ってつく。
○つく両手の位置を工夫する。

【ねらい】
○ボールを両手で，正確につくことができる。
○全身で，リズムよく連続してボールをつくことができる。

(3) 立位（頭）

【説明および指導上の留意点】
○頭でつくのに適当なボールを使用し，額でボールをつく。
○口は閉じて，首を固定し，目を開けボールをよく見て，下を向いてつく。
○ボールを一度バウンドさせて，正確に頭でつく。

【ねらい】
○ボールを頭（額）で，下につくことができる。
○ボールの動きに適応して動くことができる。

(4) 立位（足）

【説明および指導上の留意点】
○左右の足の裏を使って，ボールをつく。
○軸足は軽く曲げ，蹴り足はつま先を伸ばし，体のバランスをとる。
○1回1回，正確に足に当てる。

【ねらい】
○ボールを足で，正確につくことができる。
○体のバランスやボールをコントロールできる。
○ボール感覚を身につける。

(5) 座位（長座閉脚）

【説明および指導上の留意点】
○閉じて伸ばした足の外側で，手でボールをつく。
○ボールをよく見て，手の指を開き上下につく。
○脚を崩さず，体をねじってボールをつく。

【ねらい】
○体の横でボールをつくことができる。
○体をねじり，両手，片手でリズミカルにつくことができる。

(6) 座位（長座開脚）

【説明および指導上の留意点】
○開いた足の間で，片手（両手）でボールをつく。
○指を開き，手首等を柔らかく使ってつく。
○ボールをよく見て，ボールの中央をつく。

【ねらい】
○座った脚の間で，ボールを片手（両手）でつくことができる。
○ボールの弾みに合わせて，テンポよくつくことができる。

(7) 臥位（伏臥）

【説明および指導上の留意点】
○片手を前についた姿勢をとり，一方の手でボールをつく。
○ボールをよく見て，ボールの中央をつく。
○腕が疲れるので，腕を変えてつく。

【ねらい】
○伏臥の姿勢で，リズミカルにボールつきができる。
○がんばる心を育むことができる。

(8) 臥位（仰向け）

【説明および指導上の留意点】
○仰向けの姿勢で首を起こし，体側の近くで片手を使い，ボールを床につく。
○ボールの弾む高さは低く保ちながら，姿勢が崩れないようにボールを床につく。
○ボールが体側の近くから離れないようにボールをつく。
○一定のリズムを保ちながらボールをつく。

【ねらい】
○仰向けの姿勢を崩さないようにボールの弾む高さや位置，リズムをコントロールして，ボールをつくことができる。

9 蹴る

(1) インサイド

【説明および指導上の留意点】
○足の内側を使い，足首を固定してボールを押し出すように蹴る。
○軸足は蹴る方向を向け，膝に余裕をもたせバランスをとる。
○目標に正確に蹴る。

【ねらい】
○インサイドで，ボールを蹴ることができる。
○正確な，安定したボールの蹴り方をすることができる。

(2) アウトサイド

【説明および指導上の留意点】
○足の外側を使い，足首を内側に曲げ，ボールの内側を蹴る。
○軸足は膝を曲げ，蹴り足は膝から下を振り出す。
○ボールに回転がかかるように蹴る。

【ねらい】
○アウトサイドで，ボールを蹴ることができる。
○ボールに回転をつけ，ボールに変化をつけて，蹴ることができる。

(3) インステップ

【説明および指導上の留意点】
○ボールの中心を,蹴り足の甲で蹴る。
○足の甲が地面と垂直になるように,つま先の指に力を入れ固定して蹴る。
○軸足はボールの横に踏み込み,膝に余裕をもたせる。

【ねらい】
○インステップで,ボールを蹴ることができる。
○足の甲で,ボールの中心を蹴る感覚を身につけられる。
○ボールに真っ直ぐ踏み込み,真っ直ぐに蹴ることができる。

(4) ヒール

【説明および指導上の留意点】
○足のかかとで,ボールを後ろに蹴る。
○軸足はボールの横より少し前に置き,膝から下で足を後ろに振る。
○ボールの中心を蹴る。

【ねらい】
○ヒールでボールを後ろに蹴ることができる。
○ヒールでボールの中心を蹴ることができる。

2. 縄

　縄の種類は，長い‐短い，太い‐細い，重い‐軽いに分けられる。縄は，運動（遊び）のねらいや内容によって選ぶことが大切である。本章では，１人〜集団でできる基本的な運動を挙げているが，子どもたちの発達段階や経験によって，変化・発展させていくことが大切である。安全面については，子どもたちとルールを決めて守らせ，けがをしないで楽しく運動できる態度を身につけさせる。また，運動量も多いので，無理をさせないようにする。幼児期は上手にできるだけでなく，縄に親しむことが重要で，友だちと仲良く協力して遊ぶことが大切である。

1 持って扱う

（1）結び目つくり

【説明および指導上の留意点】
○１本の短縄を両手で持って輪をつくり，一方を通して結び目をつくる。
○つかんだ一方の手の指を開きながら，縄を交差させて結ぶ。
○両手の指は連携させて動かす。

【ねらい】
○両手で縄を持って，結び目をつくることができる。

（2）結び目とき

【説明および指導上の留意点】
○結んである縄を持って，結び目を両手の指でとく。
○結び目の隙間を親指と人差し指でつかまえて引く。
○きつく結んであるときは，爪を立てて手結び目をとく。

【ねらい】
○縄の結び目を両手で，とくことができる。
○上手に２本の指で縄をつかみ，離すことができる。

2 かく

（1）文字書き

【説明および指導上の留意点】
- 縄で地面（床）に，簡単な文字を書く。
- 書く文字を決めて，字のつながりを想像する。
- 文字の形を考えるなど工夫する。
- 使う縄の長さを考える。

【ねらい】
- 縄を使って，文字を書くことができる。
- 想像して，考えた文字を書くことができる。

（2）絵描き

【説明および指導上の留意点】
- 縄を使い，地面や床に自由に絵を描く。
- 1本で描ける絵を考え，描く。
- 描くものと大きさにより，縄の長さを考える。
- 友だちと協力して，絵を描く。

【ねらい】
- 縄で，絵を描くことができる。
- 自由な発想を楽しみ，想像力豊かに遊ぶことができる。
- 協力して描くことができる。

3 歩く

（1）直線

【説明および指導上の留意点】
- 真っ直ぐに置いた長い縄の上を落ちないように歩く。
- 足の裏に集中し，足先が外を向く感覚で歩く。
- 膝に余裕をもたせ，手を広げバランスをとって歩く。
- 慣れたら，横歩きや縄を使った遊びに発展させる。

【ねらい】
- 縄の上を歩くことや，縄を使って遊ぶことができる。
- 集中し，体のバランスをとって歩くことができる。
- 落ちないように歩くことができる。

(2) 曲線

【説明および指導上の留意点】
○曲線になっている縄の上を曲線に沿って歩く。
○またいだり，跳んだり，交差歩きなど自由に縄を使って歩く。
○縄の本数を増やして，遊びを発展させる。

【ねらい】
○曲線の縄を使って，自由に歩くことができる。
○縄を使って，いろいろな動作や遊ぶことができる。

4 引く

(1) 綱引き

【説明および指導上の留意点】
○組に分かれて，同じ縄をしっかり持ち引っぱり合いをする。
○条件を同じにして，皆と息を合わせ，協力して引く。
○全身を使い，全力が出せるように工夫する。
○リズムに合わせ引く。

【ねらい】
○綱引きをすることができる。
○全身を使い，協力して短時間に大きな力を出すことができる。
○友だちと力を合わせて，目標に向けて遊ぶことができる。

5 まわす

(1) ヘリコプター

【説明および指導上の留意点】
○1人で，短縄の握りを片手で持って，頭上でプロペラをイメージして，大きくまわす。
○縄をまわしながら，自由に人のいないところに走る。
○他の友だちに当たらないように，広い所で順番にまわす。

【ねらい】
○頭上で縄をまわしながら，自由に移動することができる。
○ヘリコプターをイメージして遊べる。
○安全に気をつけて活動することができる。

(2) 8の字回旋

【説明および指導上の留意点】
○片手に縄のはしを持ち，体の前（頭上）でまわしながら8の字（横）をかく。
○縄をまわしながら手を持ち変えたり，両手でまわす。
○周囲に人がいないことを，確認してからまわす。

【ねらい】
○体の前（頭上）で，縄を回旋させて8の字をかくことができる。
○手首を上手に使い，縄をまわすことができる。

6 跳ぶ① ── 1人

(1) ヘリコプター跳び

【説明および指導上の留意点】
○片手で持った縄を下でまわし，まわすタイミングに合わせて，足が縄に当たらないようにジャンプする。
○体を前屈させ，まわす手と足の位置を考える。

【ねらい】
○ヘリコプター跳びが，1人でできる。
○まわした縄にタイミングを合わせ，リズミカルに跳び越えることができる。

(2) 回旋跳び

【説明および指導上の留意点】
○短縄を使い，1人回旋跳びをする。
○短縄を握る手は肩から胸の高さ，手首は体側の近くで，手首を使ってまわし跳ぶ。
○1回旋2跳躍で，両足跳びをする。

○1回旋1跳躍で，両足跳びをする。

【ねらい】
○1人での回旋跳びができる。
○瞬発力，平衡性，持久力，協応動作を身につけることができる。

7 跳ぶ② ─ 2人

(1) 仲良し跳び

【説明および指導上の留意点】
○短縄1本で，片手をつないで相手と並び，握りを互いに一方の手で持ってまわし跳ぶ。
○声や息を合わせ，縄をまわして跳ぶ。
○1回旋2跳躍で跳ぶ。

【ねらい】
○2人で1本の縄を使い，仲良し跳びができる。
○手をつなぎ，片手で縄をまわし跳ぶ協応動作ができる。
○協力する態度を養う。

(2) お入りなさい

【説明および指導上の留意点】
○1人が回旋跳びをして声を掛け，もう1人が，回旋のなかに入って跳ぶ。
○まわる縄をよく見て，タイミングを合わせて入る。
○下を見ないで，相手の顔を見て跳ぶ。
○縄は大きくまわす。

【ねらい】
○短縄を使い，相手とお入りなさい跳びができる。
○友だちと協力して，声を掛け，縄の動きに合わせて跳ぶことができる。

(3) 交互跳び

【説明および指導上の留意点】
○順番を決めて，交互に両足跳びをする。
○腰の高さに縄を持ち，まわす（振る）縄の内側を跳ぶ。
○まわす相手と離れず，リズムに合わせて跳ぶ。
○1回旋2跳躍で跳ぶ。

【ねらい】
○友だちと協力して，交互跳びができる。
○役割を理解して，リズムに合わせて跳ぶことができる。

8 跳ぶ③ ── 3人以上

(1) 川跳び

【説明および指導上の留意点】
- 2本の縄の幅を，川に見立て跳び越す。
- 川の幅により，片足で踏み切り跳び越す。
- 足首，膝の屈伸を上手に使って跳ぶ。
- 縄を踏まないように跳する。

【ねらい】
- 足首，膝関節，手の振り等を上手に使い，川に落ちないように跳び越すことができる。
- 挑戦する心を育てる。

(2) 山跳び

【説明および指導上の留意点】
- 2人が持つ縄の高さを，助走して跳び越す。
- 正面，斜め跳びと自由な跳び方で跳び越す。
- 自分に合った，助走する位置と，踏み切り足を決める。

【ねらい】
- 縄の高さを，助走を入れて跳び越すことができる。
- 全身で跳び，着地の姿勢をとることができる。
- 挑戦する心を育てる。

(3) 波跳び

【説明および指導上の留意点】
- 横や上下に動く縄を，横から跳び越す。
- 縄が遠くに行ったときに入り，低くなったときに跳び越す。
- 踏み切る位置やタイミングを合わせ跳び越す。
- 連続的に跳び越す。

【ねらい】
- 動く縄に合わせて，跳び越すことができる。
- 予測して跳ぶことができる。
- 跳躍力，瞬発力，動体視力を身につけることができる。

(4) まわし跳び

【説明および指導上の留意点】
○2人がまわす縄を跳ぶ。
○まわる縄が体の前を通り過ぎたら入り,縄がいちばん低い位置のとき跳ぶ。
○縄の動きに合わせ跳び抜ける。

【ねらい】
○まわる縄を跳ぶことができる。
○縄のスピードや入るタイミングに合わせ跳ぶことができる。
○跳躍力,瞬発力,持久力を身つけることができる。

3. フープ

　フープを使った運動では，巧緻性，瞬発力，調整力等を養うことができる。基礎的な運動から，難易度を高めた運動に発展させるとともに，他の遊びや遊具とも組み合わせたい。子どもには，1つひとつのフープ運動を正確に行えるように，フープの握り方，転がし方，手首の使い方等を正しく身につけさせる必要がある。

　なお，フープを投げたり，捕ったりする運動においては，はじめは怖がる子どももいるので，慣れるまでは無理をさせない。また，安全に遊ぶことができるような十分な配慮は当然だが，まず子どもの体や活動に合ったフープを使用することが大切である。

1 持って扱う

(1) ハンドル

【説明および指導上の留意点】
- 自動車のハンドルのように，両手でフープを体の前で持ち，まわした方向に進む。
- 自動車らしく，音を出しながら自由に走って進む。
- スピードを変化させ，友だちとぶつからないようする。

【ねらい】
- 自動車のハンドル操作をすることができる。
- 運転手になりきって，ハンドル操作の模倣ができる。

2 まわす

(1) まわす

【説明および指導上の留意点】
- フープを立てて，手でまわす。
- 片手を添えて，一方の手や手首を利かせまわす。
- 両手でまわす場合は，手の間隔を離す。

【ねらい】
- フープを立ててまわすことができる。
- 手や手首を上手に使って，まわすことができる。

3 投げる・受ける

(1) 投げる・受ける

【説明および指導上の留意点】
○フープを手で斜め上に投げたり，捕ったりする。
○フープを縦や横にして，両手（片手）で投げる。
○人に当たらないように，遠く（目標）に投げさせる。

【ねらい】
○フープを上手に手で投げたり，捕ることができる。
○手でしっかりフープを握ることができる。
○目標に上手に投げることができる。

4 転がす

(1) 転がす

【説明および指導上の留意点】
○フープを前後に，真っ直ぐ転がす。
○どちらかの手を添え，一方の手で押すように転がす。
○転がすときの力加減と，離すタイミングに注意する。
○バックさせる場合は，投げるとき手首を返す。

【ねらい】
○フープを自由に転がすことができる。
○力加減や手から離すタイミングを操作できる。

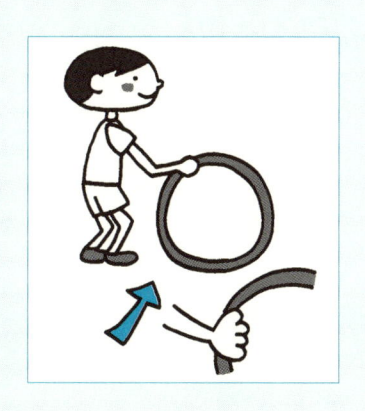

5 くぐる

(1) くぐる

【説明および指導上の留意点】
○人が立てて持つフープを，姿勢を低くしてくぐる。
○フープに触れたり，倒さないようにしてくぐる。
○カエル跳びでくぐる。
○連続してフープをくぐる。

【ねらい】
○立っているフープを，素早くくぐることができる。
○いろいろな姿勢で，フープを，くぐることができる。
○柔軟性を身につける。

6 跳ぶ

（1）ケンケンパ

【説明および指導上の留意点】
○フープを1つ→1つ→2つの順に並べ，片足→片足→両足の順に連続的に跳ぶ。
○跳ぶ長さ，フープを置く間隔は，子どもの状況を考えて決める。
○正確にリズムよく，「ケンケンパ」と声を出しながら跳ぶ。
○ゲームに発展させる。

【ねらい】
○リズムに合わせて，片足跳び，両足跳びができる。
○瞬発力，持久力，調整力を身につけることができる。

（2）まわし跳び

【説明および指導上の留意点】
○肩幅の間隔で，両手（逆手，順手）でフープをにぎり，まわし跳びをする。
○フープを持つ手を大きくまわしながら，まわし跳びをする。
○フープをまわす早さに合わせて，両足で正確に跳ぶ。
○手のひらの中で，上手にフープを滑らせる。

【ねらい】
○フープを使い，まわし跳びをすることができる。
○フープをまわし，回旋跳びができる。

4. 棒

　棒は子どもたちの身近にあるもので，固定されておらず，自由に使える素材である。「持つ」「投げる」「置く」など多様な使い方が考えられ，アイディアしだいでいろいろなことに使えるという特徴をもつ。また，鉄棒の導入段階としても活用できるので，有効に使用したい素材である。
　木やプラスチックなど，既存のものを使用するだけではなく，新聞紙やダンボールを丸めたりしても棒をつくれることを教えてあげよう。
　柔軟性，巧緻性，平衡性を養うのに適した素材である。

1 持って扱う ── 握る

(1) 順手

【説明および指導上の留意点】
○保育者は棒の両はしをしっかりと握り，子どもの手の届く高さで持つ。
○両手を伸ばし，親指と手のひら全体でしっかりと握る。（順手）
○子どもが棒をしっかり握ったら，保育者は棒を少し持ち上げる。
○子どもがすぐに手を離さないように「上手ね」「がんばって」などの声かけをする。

【ねらい】
○棒をしっかり握ることを覚える。（鉄棒の導入段階）

(2) 逆手

【説明および指導上の留意点】
○保育者は棒の両はしをしっかりと握り，子どもの手の届く高さで持つ。
○両手を伸ばし，親指と手のひら全体でしっかりと握る。（逆手）
○子どもが棒をしっかり握ったら，保育者は棒を少し持ち上げる。
○子どもがすぐに手を離さないように「上手ね」「がんばって」などの声かけをする。

【ねらい】
○棒をしっかり握ることを覚える。（鉄棒の導入段階）

(3) 片逆手

【説明および指導上の留意点】
○保育者は棒の両はしをしっかりと握り，子どもの手の届く高さで持つ。
○両手を伸ばし，片手は順手で，もう片手は順手で握る。
○子どもが棒をしっかり握ったら，保育者は棒を少し持ち上げる。
○子どもがすぐに手を離さないように「上手ね」「がんばって」などの声かけをする。

【ねらい】
○棒をしっかり握ることを覚える。（鉄棒の導入段階）

2 足抜き

(1) 片足

【説明および指導上の留意点】
○両手を伸ばし，棒を肩幅の広さで順手に持つ。
○両手を下げて，棒を片足抜いて戻る。
○慣れたらだんだんと両手の幅を広くする。

【ねらい】
○片足立ちになったときにバランスを崩さないように，ボディバランスをコントロールする。

(2) 両足

【説明および指導上の留意点】
○両手を伸ばし，棒を肩幅の広さで順手に持つ。
○両手を下げて，棒を片足ずつ抜く。
○両足抜けたら，手を離さないように背中から頭の上を回し，前へ戻す。
○慣れたらだんだんと両手の幅を狭くする。

【ねらい】
○肩の柔軟性の向上。

3 立てる

(1) トントンパー

【説明および指導上の留意点】
- 棒を縦にして両手で持つ。
- 床に棒を2回「トントン」とついて,「パー」で両手をはなす。
- 棒が倒れないようにすばやく両手で棒を持つ。
- 慣れてきたら,両手を棒からはなしたら拍手をする。何回拍手ができるか挑戦する。

【ねらい】
- 棒を床に立てるには,体のコントロールが大切になる。
- すばやく体をコントロールしてバランスを保つ能力を養う。

4 振る・まわす

(1) 片手

【説明および指導上の留意点】
- 棒の片方のはしを片手で持つ。
- 他の子どもにぶつからないように気をつけながら,体の横や頭の上で棒をまわす。
- 持った棒を筆記用具に見立て,空中に自由に絵を描く。

【ねらい】
- 片手で棒をまわすことによって,体のバランスを保つ能力を養う。
- 空中に絵を描くことで自由な発想を養う。

(2) 両手（野球・ゴルフ）

【説明および指導上の留意点】
- 棒の片方のはしを両手で持つ。
- 両足を肩幅に開き,両手で棒を持ったまま体の横で棒を上から下へ振り下ろしたり（野球）,下から上へ振り上げる（ゴルフ）。

【ねらい】
- 両手で棒を振ることにより,体のバランスを保つ能力を養う。
- 肩の柔軟性の向上と,体をねじる感覚をつかむ。

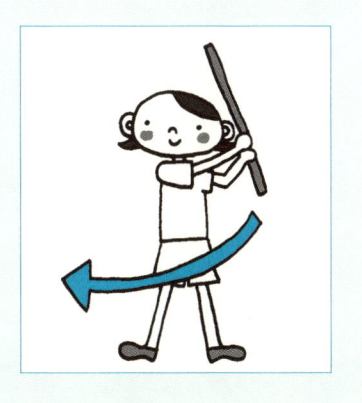

5 転がす

(1) スライダー

【説明および指導上の留意点】
○保育者は床にスタートラインと，1mおきに線を引いておく。
○床の上に棒を置いて，できるだけ棒がまっすぐ遠くまで転がるように転がす。

【ねらい】
○どのようにしたら，棒がまっすぐに転がるかを工夫することにより，自由な発想を引き出す。

6 投げる・受ける

(1) 両手

【説明および指導上の留意点】
○2人で向かい合って立ち，片方の子どもが体の前で棒を両手で持つ。
○棒を持っている子どもは，両手でもう1人の子どもに向かって投げる。
○飛んできた棒を両手で受ける。

【ねらい】
○棒を投げる子どもは，どのようにしたら相手が棒を受けやすいか工夫をさせる。
○空間認知能力の習得。

(2) 片手（やり投げ）

【説明および指導上の留意点】
○棒の真ん中を片手で持ち，できるだけ遠くへ棒を投げる。
○利き手がなれてきたら，反対の手でも投げてみる。
○他の子どもにぶつからないように全員が同じ方向に投げる。

【ねらい】
○操作系運動スキルの習得。
○空間認知能力の習得。

7 押す・引く

(1) バランス崩し

【説明および指導上の留意点】
○2人が向かい合って立ち，それぞれ棒のはしを両手で持つ。
○両足が動かないようにしながら，棒を押したり，引いたりして相手のバランスを崩す。

【ねらい】
○押したり引いたりしてもバランスを崩さないように，体のバランス能力を養う。
○相手との駆け引きを覚える。

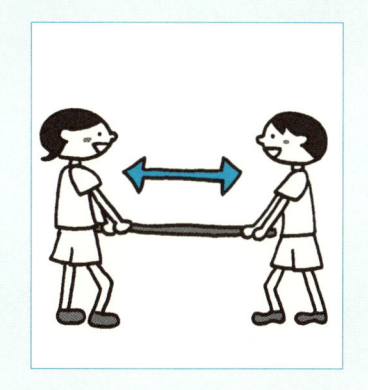

8 跳ぶ① ── 床に置く（静）

(1) ケンケン跳び

【説明および指導上の留意点】
○棒を床の上に置く。
○棒の左右を交互に片足で跳ぶ。
○跳ぶときに，棒を踏まないように注意する。

【ねらい】
○ケンケン跳びを行っても体のバランスを崩さないようなバランス感覚を養う。
○脚筋力の強化。

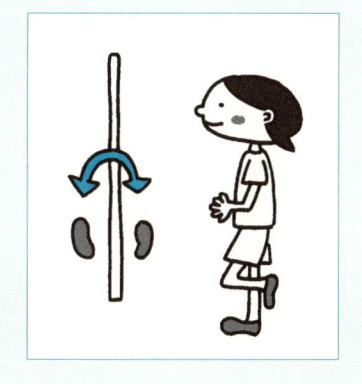

(2) 両足跳び

【説明および指導上の留意点】
○棒を床の上に置く。
○棒の左右を交互に両足で跳ぶ。
○跳ぶときに，棒を踏まないように注意する。

【ねらい】
○体のバランスを崩さないようなバランス感覚を養う。
○脚筋力の強化。

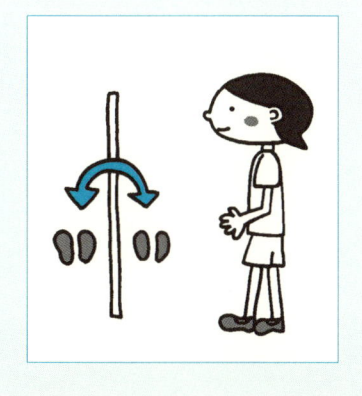

9 跳ぶ② ── 床に置く（動）

（1）ケンケン跳び

【説明および指導上の留意点】
○棒を床の上に置く。
○棒の左右を交互に片足で前へ進みながら跳ぶ。
○跳ぶときに，棒を踏まないように注意する。

【ねらい】
○ケンケン跳びを行っても体のバランスを崩さないようなバランス感覚を養う。
○脚筋力の強化。

（2）両足跳び

【説明および指導上の留意点】
○棒を床の上に置く。
○棒の左右を交互に両足で前へ進みながら跳ぶ。
○跳ぶときに，棒を踏まないように注意する。

【ねらい】
○体のバランスを崩さないようなバランス感覚を養う。
○脚筋力の強化。

10 跳ぶ③ ── 高さを変えて

（1）開閉跳び（2本）

【説明および指導上の留意点】
○床に棒を50cm幅で平行に2本置く。
○保育者は向かい合って2本の棒のそれぞれ両はしを床から少し浮かせて持つ。
○子どもは2本の棒を，足を閉じたり開いたりして跳びこす。
○保育者は子どもの力に応じて高さを変える。

【ねらい】
○脚筋力の強化。
○空間認知能力の習得。

11 乗せる ── 3人

(1) 駕籠屋（かごや）

【説明および指導上の留意点】
○2人は，2本の棒の両はしを肩にかついでしっかりと持つ。
○もう1人が棒にぶら下がる。
○ぶら下がっている子どもを，「えっさ」「ほいさ」と掛け声をかけながら運ぶ。

【ねらい】
○筋力強化。
○リズム感，バランス感覚の習得。

(2) おみこし（2本）

【説明および指導上の留意点】
○2人は，2本の棒の両はしを肩にかついでしっかり持ってしゃがむ。（肩が高いときは，腰の高さで行う＝担架）
○もう1人が2本の棒に座る。
○静かに立ち上がり，「わっしょい」と掛け声をかけながら運ぶ。

【ねらい】
○筋力強化。
○リズム感，バランス感覚の習得。

5. 新　聞

　新聞紙も，子どもたちがいつも目にしたり，手にしたりしている身近な素材である。

　新聞紙は，そのまま使うことはもとより，「まるめる」「穴を開ける」「ちぎる」「折る」など，さまざまな使い方ができ，子供たちの創造性を養うのにも適した素材である。

　また，ガサガサと音がするので，音を楽しんで遊ぶこともできるだろう。

　柔軟性，瞬発力，表現力，巧緻性，空間認知能力を養うのに適した素材である。

１ 開いて①　――　床に置いて

（1）まわりを走る

【説明および指導上の留意点】
○新聞紙を開いて床に置く。
○新聞紙のまわりを走る。
○新聞紙が動かないようにセロテープでとめるとよい。

【ねらい】
○平衡感覚の習得。

（2）跳ぶ

【説明および指導上の留意点】
○新聞紙を開いて床に置く。
○新聞紙を踏まないように跳びこす。
○子どもの力に応じて，新聞紙を縦に置いたり，横に置いたりする。

【ねらい】
○瞬発力の習得。
○脚筋力強化。

(3) 魔法のじゅうたん

【説明および指導上の留意点】
- 新聞紙の長いほうのはしにのり，もう片方のはしを両手で持つ。
- ぴょんぴょんと跳びながら移動する。
- 新聞が切れないように行う。

【ねらい】
- ぴょんぴょんと跳びながらバランスを崩さないような，バランス感覚の習得。
- 瞬発力，脚筋力の強化。

2 開いて② ── 体につけて

(1) 走る

【説明および指導上の留意点】
- 開いた新聞紙を体につけて落とさないように走りまわる。
- 円のまわりを上手に走りながら次の人にタッチをする，リレーを行ってもおもしろい。

【ねらい】
- 走ったときの新聞紙の音を楽しむ。
- 瞬発力の習得。

3 棒にして

(1) ロケット

【説明および指導上の留意点】
- 新聞紙を棒状に丸め，はしをセロテープでとめ，ロケットをつくる。
- ロケットのはしを片手で持ち，できるだけ遠くへ投げる。
- 他の子どもにぶつからないように全員が同じ方向に投げる。
- 新聞紙の真ん中を破り，その穴を通すのもおもしろい。

【ねらい】
- 操作系運動スキルの習得。
- 空間認知能力の習得。

(2) ジャンケン頭打ち
【説明および指導上の留意点】
○新聞紙を棒状に丸め，はしをセロテープでとめる。
○片手に新聞棒を持ち，ジャンケンを行って，勝った人が負けた人の頭をすばやく新聞の棒でたたく。
○負けた人は，新聞の棒で頭をたたかれないように防ぐ。
○顔をたたいたり，たたきあいにならないように注意する。
【ねらい】
○瞬発力の習得。

4 丸めて

(1) 投げる
【説明および指導上の留意点】
○新聞紙をくしゃくしゃに丸めて，セロテープやガムテープでとめる。
○新聞紙のボールを両手で上に投げて，両手でキャッチする。
○新聞紙の真ん中をちぎり，その穴にボールを投げ入れる。
【ねらい】
○操作系運動スキルの習得。
○協応性，空間認知能力の習得。

(2) 受ける
【説明および指導上の留意点】
○新聞紙をくしゃくしゃに丸めて，セロテープやガムテープでとめる。
○座った姿勢で新聞紙のボールを上に投げ，立ち上がって受ける。
○ボールを真上に投げて体を一回転させて受ける。
【ねらい】
○操作系運動スキルの習得。
○協応性，瞬発力，空間認知能力の習得。

(3) 蹴る

【説明および指導上の留意点】
○新聞紙をくしゃくしゃに丸めて，セロテープやガムテープでとめる。
○フープなどの的をめがけて新聞紙を蹴る。
○つま先キック，甲キックなどもとり入れるとよい。

【ねらい】
○サッカーの導入段階。
○操作系運動スキルの習得。
○協応性，巧緻性，空間認知能力の習得。

(4) 打つ

【説明および指導上の留意点】
○新聞紙をくしゃくしゃに丸めて，セロテープやガムテープでとめボールをつくる。
○新聞紙を棒状に丸め，はしをとめ，バットをつくる。
○2人で向かい合い1人がボールを投げ，もう1人がそれを打つ。

【ねらい】
○跳んでくるボールのタイミングにあわせて打つ。（タイミング動作の習得）
○野球の導入段階。
○巧緻性，協応性の習得。

5 切って

(1) パズル（足）

【説明および指導上の留意点】
○開いた新聞紙を床の上に置く。
○新聞紙に乗り，手を使わずに足だけで，新聞紙をちぎる。
○ちぎり終わったら，その新聞紙を元どおりに戻す。
○あまり小さくちぎり過ぎないように注意する。

【ねらい】
○記憶力の向上。
○巧緻性の習得。

(2) 紙吹雪つかみ（手）

【説明および指導上の留意点】
○新聞紙を細かくちぎる。
○保育者はちぎった新聞紙を上からまく。
○落ちてきた新聞紙をできるだけたくさん，床に落ちる前につかむ。
○広告を使えば，カラフルで楽しい。

【ねらい】
○瞬発力，巧緻性，空間認知能力の習得。
○想像性の向上。

6. タオル

　子どもたちにとって身近な道具として，タオルを用いるのもよいだろう。
　タオルは，新聞紙と同じように，いろいろな形に変化させることができる道具である。
　新聞紙に比べて重く，まるめて投げたりしたときにスピードがでるといった特徴をもつ。そのほか，タオルはやわらかいため，子どもたちが取り扱うのに危険性が少ないといった利点がある。
　これらの特徴を踏まえて，柔軟性，瞬発力，巧緻性，空間認知能力を養える運動を紹介する。

1 開いて

(1) つかみとり競争

【説明および指導上の留意点】
○タオルを上に投げ，落ちてくるところを床に着く前につかむ。
○誰が早くつかめるか競争する。
○保育者がタオルを投げ子ども数人で競走してもおもしろい。

【ねらい】
○空間認知能力，協応性，巧緻性の習得。

2 丸めて

(1) 投げる

【説明および指導上の留意点】
○タオルをくしゃくしゃに丸めて，セロテープやガムテープでとめる。
○タオルのボールを両手で上に投げて，両手でキャッチする。
○フープを的にして，その穴にボールを投げ入れる。

【ねらい】
○操作系運動スキルの習得。
○協応性，空間認知能力の習得。

(2) 受ける

【説明および指導上の留意点】
- タオルをくしゃくしゃに丸めて，セロテープやガムテープでとめる。
- 座った姿勢でタオルのボールを上に投げ，立ち上がって受ける。
- ボールを真上に投げて体を一回転させて受ける。

【ねらい】
- 操作系運動スキルの習得。
- 協応性，瞬発力，空間認知能力の習得。

(3) 蹴る

【説明および指導上の留意点】
- タオルをくしゃくしゃに丸めて，セロテープやガムテープでとめる。
- フープなどの的をめがけてタオルを蹴る。
- つま先キック，甲キックなども取り入れるとよい。

【ねらい】
- サッカーの導入段階。
- 操作系運動スキルの習得。
- 協応性，巧緻性，空間認知能力の習得。

(4) 打つ

【説明および指導上の留意点】
- タオルをくしゃくしゃに丸めて，セロテープやガムテープでとめボールをつくる。
- 新聞紙数枚を棒状に丸め，はしをとめ，バットをつくる。
- 2人で向かい合い，1人がボールを投げ，もう1人がそれを打つ。

【ねらい】
- 跳んでくるボールのタイミングにあわせて打つ。(タイミング動作の習得)
- 野球の導入段階
- 巧緻性，協応性の習得。

7. ダンボール

　子どもの身のまわりにあるものを使った運動として，ダンボールを活用してみるのもよいだろう。
　ダンボールは，新聞紙と比べて破れにくく，かつ加工もしやすいので，そのまま箱として使用したり，開いたり，楕円状にしたりと，いろいろな使い方ができる。
　最初から保育者が子どもに使い方を全部説明するのではなく，まずはダンボールを目の前に与えて，自由な発想で遊ばせてみるのもおもしろい。
　柔軟性，巧緻性，創造性を養うのに適している。

1 開いて① ── 引く

（1）魔法のじゅうたん

【説明および指導上の留意点】
- ダンボールを開いて床に置く。
- 1人がダンボールに乗り，もう1人は前に立ち，ダンボールのはしを持って引っ張る。
- ダンボールに丈夫なひもを通すと引きやすい。

【ねらい】
- 協応性，筋力の習得。

2 開いて② ── 持ちあげる

（1）おみこし

【説明および指導上の留意点】
- ダンボールを開き，両はしを2人で持つ。
- ダンボールの上に人形やボールなどを乗せて，「わっしょい」と掛け声をかけながら移動する。

【ねらい】
- 協応性，巧緻性，平衡性の習得。

3 箱状で① ── 入る・出る

(1) お風呂（またいで）
【説明および指導上の留意点】
○ダンボール箱を床の上に置く。
○ダンボール箱のはしにぶつからないようにしながらまたいで入る。
○中に入ったら，はしにぶつからないようにしながら，ダンボール箱から出る。
○うまくできないときには，保育者が片手をつないで補助を行う。

【ねらい】
○バランス感覚，巧緻性の習得。

(2) お風呂（跳んで）
【説明および指導上の留意点】
○ダンボール箱を床に置く。
○ダンボール箱のはしにぶつからないように注意をしながら，ダンボールを跳びこし中に入る。
○着地のときにバランスを崩さないように注意する。
○中からダンボールを跳びこして外へ出る。
○うまくできないときは，保育者が片手をつなぎ補助を行う。

【ねらい】
○バランス感覚，瞬発力，巧緻性の習得。

4 箱状で② ── くぐる

(1) トンネル
【説明および指導上の留意点】
○大き目のダンボール箱をいくつかつないで，トンネルをつくる。
○トンネルに入るときに頭や肩・お尻をぶつけないように注意する。
○トンネルの壁に丸や四角の窓をつけても楽しい。

【ねらい】
○体の各部に対する意識を高める。
○巧緻性，バランス感覚の習得。

5 箱状で③ ── 移動

（1）自動車
【説明および指導上の留意点】
- ○ダンボール箱を床に置き，その中に子どもが座る。
- ○別の子どもが後ろからダンボール箱を押し移動する。
- ○中に座っている子どもは転ばないようにバランスをとる。
- ○スピードをだしすぎたり，急に動きだしたり，とまったりしないように注意をする。

【ねらい】
- ○バランス感覚，筋力の習得。

6 楕円状で ── 移動

（1）キャタピラ
【説明および指導上の留意点】
- ○ダンボール箱を開いて，横の部分だけを切り取り，帯状のダンボールをつくる。
- ○帯状のダンボールを何枚かつなぎ合わせ，両はしをとめる。
- ○つなぎ合わせたダンボールの中に四つ足で入り，ダンボールをまわして前後に移動する。
- ○前後にぶつかる物がないことを確かめて，安全に行う。
- ○ダンボールの角をつぶして行うとよい。

【ねらい】
- ○バランス感覚，巧緻性の習得。
- ○恐怖心の克服。

8. タイヤ

　ここでは，園庭にあるタイヤを用いた運動を紹介する。タイヤは重いので年齢の低い子どもが直接動かしたりするのは難しいかもしれないが，保育者が上手に補助することにより，転がる，弾力性があるなどの特性を生かし，ボディコントロール能力や創造性を養うのに適している。

　また，地面に埋めて固定することにより，跳び箱の導入段階としても活用できる素材である。

　なお，タイヤを用いた運動は，瞬発力，柔軟性，巧緻性，平衡性などを養うのに適している。

１ 横にして

（1）跳ぶ

【説明および指導上の留意点】
○タイヤを横にして置き，それを跳びこす。
○タイヤを横にして何本か並べ，タイヤの中を両足またはケンケンで跳ぶ。
○並べたタイヤの中と上を交互に足を開閉しながら跳び渡る。

【ねらい】
○バランス感覚，協応性，巧緻性の習得。

（2）引く

【説明および指導上の留意点】
○タイヤを横にして置き，そのタイヤに丈夫なひもを通し両はしを結び輪をつくる。
○ひもを持って，タイヤを引っ張る。
○タイヤが軽い場合にはタイヤに別の子どもを乗せて引っ張ってもよい。

【ねらい】
○筋力，持久力の向上。

(3) 押す

【説明および指導上の留意点】
○タイヤを横にして置く。
○そのタイヤを後ろから押す。
○タイヤ押しリレーを行ってもおもしろい。

【ねらい】
○筋力，持久力の向上。

2 縦にして

(1) 転がす

【説明および指導上の留意点】
○タイヤを1人でころころと転がしながらいろいろなところを歩く。
○2人で向かい合って離れて立ちタイヤを転がしたり受け止めたりする。途中でタイヤが転倒しないように工夫する。

【ねらい】
○協応性，巧緻性，空間認知能力の習得。

(2) くぐる

【説明および指導上の留意点】
○保育者がタイヤを縦にして動かないように補助を行う。
○タイヤの輪を頭や肩，お尻をぶつけないようにくぐる。
○タイヤを何本か並べその中をトンネルをくぐるようにするのもおもしろい。
○タイヤを地面に埋めて固定遊具として使用しても同じことができる。

【ねらい】
○体の各部に対する意識を高める。
○巧緻性，バランス感覚の習得。

水プログラム

水プログラムでは，子どもが水に触れる（遊ぶ）のを楽しめることと，水とはどのようなものなのか特性を理解することがねらいとなる。どのようなプログラムを組めばよいかみてみよう。

Chapter 8

　子どもにとって，"水"は慣れ親しんだ存在であるといっても，それがたくさん集まり"プール"となると，その状況は大きく変わってくる。このため，水プログラムは日常的な側面と非日常的な側面とを併せもっているといえる。

　このような水プログラムにおける最大のねらいは，子どもが水に触れる（遊ぶ）ことを楽しむことと，水の特性を理解することであると考えられる。これらの相互の達成によってこそ，子どもが水プログラムを好きになり，安全に活動できることにつながるのである。

　水プログラムでは，水を用いた多様な遊びや活動を行うことで，子どもはたくさんの動作を身につけることができる。「水に顔をつける」「目を開ける」「潜る」「跳ぶ」「すくう」「かく」「かける」「ける」など，さまざまな動作の習得を通して，水への理解を深め，楽しさに触れることができるのではないだろうか。

　水のもつ代表的な特性としては，水温・浮力・抵抗・水圧があげられる。これらはどれも，陸上では体感しにくいものばかりである。水中では陸上とどのように違うのかを体感し，理解することが水への理解を深めることにつながる。そして，これらが基礎となって，水中で安全に活動するために必要な動作の基礎的かつ原初的な粗形態や近代泳法を含めた，さまざまな水中動作を獲得することができるのである。

　なお，保育者が水プログラムを適切に展開するにあたっては，子ども自身が水中活動への認識を深めていくことが求められる。そこでは，子どもの動きを発展させるための系統的な教材の配列が必要となる。水に対する恐怖心や苦手意識の克服から，水中で思うように活動できるようになるまでのプロセスを無理なく保障する展開が，子どもの学習を促すことになるだろう。

　また入水前後のシャワーや洗眼などのプール活動時の注意事項を理解させることも大切である。

1. 洗面器

　健康的な生活習慣の習得や安全面から考えると，水を用いた活動の第一歩としては，洗面器を用いるのがよいだろう。水そのものや顔つけ，水中開眼への恐怖を克服するためには，子どもが安心して取り組める身近な活動のなかで行うことが効果的である。

　なお，水中で息を吐き出すことは，水中での呼吸動作の基礎となるものであるため，この段階で身につけられるようにすることが大切である。これにより，その後のプールでの顔つけ・潜るといった動作につながるからである。すべての子どもにできるようになってもらいたい。

1 洗う

（1）手洗い

【説明および指導上の留意点】
○洗面器の水で手を洗う。
○手首や前腕にも水をかけて洗う。

【ねらい】
○洗面器に入っている水で手を洗うことができる。
○手洗いを楽しむことができる。

（2）顔洗い

【説明および指導上の留意点】
○水の入った洗面器に顔を近づけ，両手で水をすくい，顔を洗う。
○顔全体に水をかける。

【ねらい】
○両手で水をすくい，顔を洗うことができる。
○顔洗いを楽しむことができる。

Chapter 8 ●水プログラム

2 面つけ① ── 目を閉じて

(1) 口
【説明および指導上の留意点】
○あごと口を水につける。
○口から息を吐き出す(喋らせてもよい)。

【ねらい】
○水中で息を吐き出すことができる。それにより口に水が入らないことを理解できる。
○顔が水につかることを楽しむことができる。

(2) 口+鼻
【説明および指導上の留意点】
○あごと口,鼻を水につける。
○鼻から息を吐き出す。

【ねらい】
○水中で息を吐き出すことができる。それにより鼻に水が入らないことを理解できる。
○顔が水につかることを楽しむことができる。

(3) 顔
【説明および指導上の留意点】
○目を閉じたまま,顔を洗面器の水につける。
○口と鼻から息を吐き出す。
○水に慣れるために,顔を洗い終えてすぐには顔を拭かないようにする。

【ねらい】
○顔を水につけることができる。
○水中で息を止めたり,吐き出したりを思うようにできる。

3 面つけ② ── 目を開けて

(1) 口
【説明および指導上の留意点】
○目を開けたまま，あごと口を水につける。
○口から息を吐き出す。
○呼気による泡で遊ぶ。

【ねらい】
○目の前の水に怖がらず，目を開けたままで取り組むことができる。

(2) 口＋鼻
【説明および指導上の留意点】
○目を開けたまま，あごと口，鼻を水につける。
○口，鼻から息を吐き出す。
○呼気による泡で遊ぶ。

【ねらい】
○目の前の水に怖がらず，目を開けたままで取り組むことができる。

(3) 顔
【説明および指導上の留意点】
○目を開けたまま，顔を洗面器の水につける。
○開眼が苦手な子には，洗面器の底に絵を貼っておくことで，開眼するよう促す。

【ねらい】
○目を開けたまま，顔を水につけることができる。
○水を通して見える像を楽しむことができる。

2. シャワー

　シャワーを浴びる目的は，いくつか考えられる。主に汗を流すことと，体と心を水に慣らすことである。子どもには，機械的にシャワーを浴びさせるだけではなく，入水前後や排泄後にシャワーを浴びることの意味を理解させ，習慣化させていくことが大切である。

　とくに，入水を前にしている子どもに，シャワーを浴びさせることは，水に対する不安を取り除き，水に慣れ親しみ，水で安全に楽しむことができるかがポイントになる。保育者には，それを促すための子どもへの関わりが大切となる。

1 水かけ

（1）手かけ
【説明および指導上の留意点】
○あらかじめ適温のシャワーを流しておく。
○少しずつ水に慣れるよう，シャワーを浴びる部位は，指先から肩まで漸次的に体の中心方向に移動させる。
○シャワーが苦手な子どもには，目をつぶらないよう促す。

【ねらい】
○腕にシャワーを浴びることができる。

（2）足かけ
【説明および指導上の留意点】
○あらかじめ適温のシャワーを流しておく。
○少しずつ水に慣れるよう，シャワーを浴びる部位は，つま先から太ももまで漸次的に体の中心方向に移動させる。

【ねらい】
○足にシャワーを浴びることができる。

(3) 背かけ

【説明および指導上の留意点】
- 「(2) 足かけ」から続けて行うとよい。
- 下半身までシャワーを浴びたあと、後ろ向きになり、お尻でシャワーを浴びる。
- 少しずつシャワーに近づき、お尻→腰→背中→肩の順に浴びる。

【ねらい】
- リラックスしながらシャワーを浴びることができる。

(4) 腹かけ

【説明および指導上の留意点】
- 「(2) 足かけ」から続けて行うとよい。
- 下半身までシャワーを浴びたあと、へそでシャワーを浴びる。
- 少しずつシャワーに近づき、へそ→腹→胸の順に浴びる。

【ねらい】
- リラックスしながらシャワーを浴びることができる。

(5) 頭かけ

【説明および指導上の留意点】
- 「(3) 背かけ」や「(4) 腹かけ」から続けて行うとよい。
- 胸や肩までシャワーを浴びている状態から、よりシャワーに近づき、顔で浴びる。
- シャワーを浴びているときは呼吸を止めたり、目を閉じることのないようにする。
- 鼻で水を吸い込まないようにする（ア・ア・ア……と、声を出すとよい）。

【ねらい】
- リラックスしながらシャワーを浴びることができる。

(6) 全身

【説明および指導上の留意点】
○あらかじめ首から下はシャワーを浴びておく。
○頭頂から全身に水がかかるようシャワーを浴びる。
○シャワーを浴びているときは呼吸を止めたり，目を閉じることのないようにする。

【ねらい】
○楽しみながらシャワーを浴びることができる。

3. プール

　洗面器やシャワーでの活動とは異なり，プールでは，活動の幅が大きく広がる。ここでは先に述べた通り，水の特性を理解し，水中での活動を安全に楽しめるようになることが目的といえる。

　そのため，保育者は泳ぐことのみにこだわらず，子どもがさまざまな動きを楽しみながら，水中での基本動作を習得していける教材を用意していくことが必要となる。

　また，保育者には，子ども1人ひとりの水への気持ちに即した指導と，子どもが安全に取り組むことができるような環境を構成していくことが求められる。

1 プールサイド ① ── 腰掛け

(1) 足バタバタ

【説明および指導上の留意点】
- プールサイドに浅く腰掛け，足を水中に下ろす。
- 両手を後方の床に着け，上半身を支える。
- つま先まで足を伸ばし，上下に大きく動かす。
- バタ足とは異なり，元気に大きく足を動かすことを大切にする。

【ねらい】
- 水を蹴ることを楽しむことができる。

(2) 水かけ

【説明および指導上の留意点】
- プールサイドに腰掛け，足を水中に下ろす。
- 両手で水をすくい，膝にかける。
- 慣れてきたら，膝から頭まで水をかける部位を上げる。
- 子どもどうしで水をかけ合う。

【ねらい】
- 水を浴びる楽しさを味わうことができる。

2 プールサイド② ── 下りる

(1) 腰掛け下り
【説明および指導上の留意点】
○プールサイドに浅く腰掛け，足を水中に下ろす。
○前屈みになり，両手で両もも外側の壁をつかむ。
○その姿勢から，プール床に下りる。
○不安な子には，壁をつかんだまま行わせる。

【ねらい】
○水の中に入ることを楽しむことができる。

(2) 立ち跳び下り
【説明および指導上の留意点】
○両足の指先でプールの壁をつかむようにして立つ。
○前方に跳び上がり，足から入水し，プール床に立つ。
○補助を行う場合は，子どもの前に立ち，子どもの両手か両脇を支えながら行う。

【ねらい】
○水中にバランスよく跳び下り，楽しさを味わうことができる。

3 プール内① ── その場で

(1) お風呂
【説明および指導上の留意点】
○お風呂に入っていることを想像させる声かけを行う。
○肩まで入水する。
○肩から水をかけたり，お風呂遊びを行う。

【ねらい】
○お風呂のような感覚でプールに入っていることを楽しむことができる。

(2) 水かけっこ

【説明および指導上の留意点】
○一列に並ぶ。
○保育者に向かって水をかける。
○保育者は子どもの水慣れの度合いに応じて水をかける。

【ねらい】
○水を上手にすくい，思うようにかけることができる。
○水かけを楽しむことができる。

(3) ぶくぶく

【説明および指導上の留意点】
○口まで入水する。
○口から息を吐き出す。（言葉でもよい）
○鼻まで入水する。
○鼻から息を吐き出す。

【ねらい】
○水中で口・鼻から息を吐き出すことができる。
○呼気による泡をつくり，楽しむことができる。

(4) 耳澄まし

【説明および指導上の留意点】
○肩まで入水する。
○片耳を水面につける。
○保育者が発問した音がどのように聞こえるか，水中から伝わってくる音を聞く。
○どのような音が聞こえたかを発表する。

【ねらい】
○水中でも音や声が聞こえることを理解させる。

4 プール内② ── 歩く・走る

(1) 列車

【説明および指導上の留意点】
- 1列になり，前の子どもの肩に両手をのせる。保育者が先頭に入ってもよい。
- 1列のまま，全員でゆっくり歩く。適宜，列の順番を入れ替える。
- 直進から始め，慣れてきたら蛇行する。

【ねらい】
- 列車になりきり楽しむことができる。
- 水流を感じることができる。

(2) 洗濯機

【説明および指導上の留意点】
- 子ども全員で手をつなぎ，輪になる。
- 手をつないだまま，ゆっくり右（左）回りに歩く。
- 水流が出てきたら，流れに乗り，より速くまわる。適宜，途中で逆回りも行う。

【ねらい】
- 水流の特性を理解し，それに体を預け，楽しむことができる。

(3) ウサギ

【説明および指導上の留意点】
- ウサギのように両手を頭の上にあげる。
- 少し足を曲げた状態から，真上に大きくジャンプする。
- 水に潜ることなく跳躍する。

【ねらい】
- 動物になりきり楽しむことができる。
- 水中で跳躍し，姿勢を保つことができる。

(4) ツル

【説明および指導上の留意点】
○ツルのように両手を横に広げ，両手を羽に見立て，手のひらで水面を叩く。
○水しぶきに慣れていない場合は，水面に手を置くようにする。

【ねらい】
○動物になりきり楽しむことができる。
○水を叩くことができる。

(5) カンガルー

【説明および指導上の留意点】
○「(3)ウサギ」から発展させて行う。
○「(3)ウサギ」と同じ姿勢で，肩まで入水する。
○真上に大きくジャンプし，着地後も肩まで入水する。

【ねらい】
○動物になりきり楽しむことができる。
○水中から跳び上がる跳躍ができる。

(6) ゾウ

【説明および指導上の留意点】
○前屈みになり，片手を下方に伸ばして水中に入る。
○その手をゾウの鼻に見立て，手のひら・甲で水をすくいながら，横に大きく振らす。

【ねらい】
○動物になりきり楽しむことができる。
○手のひら・甲で水をすくうことができる。

(7) カニ

【説明および指導上の留意点】
○肩まで入水し，プールサイドにつかまる。
○プールサイドを伝いながら移動する。
○保育者は両手でトンネルなどの障害物をつくり，子どもを通らせる。

【ねらい】
○壁につかまりながら，課題に適した移動ができる。

5 プール内③ ── 這う

(1) ワニ（顔上げ）

【説明および指導上の留意点】
○腰くらいの水位のプールで四つん這いになる。
○顔を上げ周囲を見ながら，四肢を使い歩行する。
○直進，蛇行，回旋などさまざまな動きをする。

【ねらい】
○水中での腕と足の交互同調動作で，思うように移動できる。

(2) ワニ（顔つけ）

【説明および指導上の留意点】
○腰くらいの水位のプールで四つん這いになる。
○顔を水面につけ，目を開けながら，四肢を使い歩行する。
○息が苦しくなったら，顔を上げ呼吸する。

【ねらい】
○水中の様子をみながら，腕と足の交互同調操作で移動できる。

(3) ワニ（棒くぐり）

【説明および指導上の留意点】
- 「（1）ワニ（顔上げ）」「（2）ワニ（顔つけ）」から発展させて行うとよい。
- 保育者は棒やフープで障害物をつくる。
- ワニの状態で，課題に合わせて通過する。
- 障害物は水上・水面・水中など子どもの能力に応じて変化させる。

【ねらい】
- 課題に適して障害を超えることができる。

6 プール内④ ── 浮く

(1) ラッコ

【説明および指導上の留意点】
- 子どもの腹部にヘルパーをつける。
- 保育者が子どもを1人ずつ仰向けにする。
- 保育者は子どもの後頭部と臀部を軽く支え，子どもを脱力させ浮かせる。

【ねらい】
- 体が水に浮くことを感じることができる。
- 全身を伸ばし，リラックスすることができる。

(2) 伏し浮き

【説明および指導上の留意点】
- 子どもの腰部にヘルパーをつける。
- 保育者が子どもを1人ずつうつ伏せ（手は頭上）にする。
- 保育者は子どもの膝と手のひらを軽く支え，子どもを脱力させ浮かせる。

【ねらい】
- 体が水に浮くことを感じることができる。
- 全身を伸ばし，リラックスすることができる。

(3) けのび

【説明および指導上の留意点】
○「(2) 伏し浮き」の発展として行うとよい。
○壁際に立ち，伏し浮きの姿勢をとる。
○保育者は子どもの手を支える。
○足を壁につける。(屈膝)
○壁を蹴り，その姿勢のまま水面を進む。

【ねらい】
○体を浮かせながら，進むことができる。

7 プール内⑤ ── バタ足

(1) プールサイド

【説明および指導上の留意点】
○プールサイドに浅く腰掛ける。
○両手を後方の床につけ，上半身を支える。
○両足をそろえ，爪先まで伸ばす。その状態から，足の甲と裏で水を上下に蹴る。

【ねらい】
○足をまっすぐ伸ばし，水を蹴ることができる。
○大腿部から大きな動作ができる。

(2) 壁

【説明および指導上の留意点】
○子どもの腰部にヘルパーをつけ，腕からつま先まで伸ばし，プールの壁をつかむ。
○どうしても浮力が必要な場合は，前腕下にビート板を入れる。
○両足を伸ばしたまま，上下に水を蹴る。
○補助は，子どもの足首をつかみながら行う。

【ねらい】
○体を浮かせたまま，大腿部から大きな動作ができる。

(3) ビート板

【説明および指導上の留意点】
○「(2) 壁」から発展させて行うとよい。
○ビート板に両腕全体をのせ，ビート板の奥に指をかける。
○つま先まで全身を伸ばした姿勢から，左右交互に上下へ水を蹴る。

【ねらい】
○全身を伸ばしながら，大腿部から大きな動作ができる。
○ビート板を用い，思うように進むことができる。

(4) フロート

【説明および指導上の留意点】
○「(2) 壁」から発展させて行うとよい。
○フロートの一辺に前腕を乗せ，横に並ぶ。
○全員でバタ足を行いながら，フロートを進める。

【ねらい】
○全身を伸ばしながら，大腿部から大きな動作ができる。
○友だちと一緒にフロートを進ませ，楽しむことができる。

8 プール内⑥ ── 潜水

(1) にらめっこ

【説明および指導上の留意点】
○壁際に並ぶ。（保育者が見渡せるように）
○水中で立ったまま"にらめっこ"を進め，最後の場面で全員で潜る。
○潜ることが不安な場合は，壁につかまる。

【ねらい】
○目を開けたまま水中で活動できる。
○"にらめっこ"を楽しむことができる。

(2) 石ひろい

【説明および指導上の留意点】
○壁際に並ぶ。（保育者が見渡せるように）
○保育者は，子どもたちに後ろを向かせ，その間にプール床に石となるもの（色鮮やかなものがよい）をたくさん置く。
○準備ができたら，潜って石をひろう。

【ねらい】
○目を開けたまま，水中で動き回ることができる。

(3) 股くぐり

【説明および指導上の留意点】
○プールサイドに腰を掛ける。
○1人ずつ水中に入り，保育者の股をくぐる。
○潜ることができない場合は，両手をつかみリードする。

【ねらい】
○潜りながら水中を移動することができる。

野外活動

自然を理解し，安全に活動するための知識や技術，仲間と活動するうえでのルールやマナーを身につけ，「思いやり」の気持ちを育てるという観点から，野外活動をみていこう。

Chapter 9

　子どもたちは，野外での自然遊びが大好きである。季節によって，また天候によって感じる暑さ寒さは違うが，どんな日でも子どもたちは，一生懸命自然を体全体で受け止めて遊んでいる。野外活動とは，「自然環境を背景に営まれる諸活動の総称」*であり，保育の現場ではさまざまな野外活動プログラムが取り入れられている。

　また，なにごとにも興味を示し，自分から積極的に身につけようとする幼児期において，本物の自然に触れ，感性を磨いていくことはこれからの人格形成においてもとても重要なことである。年々，子どもたちは，擬似化された環境の中で，擬似化された道具を使って遊んでいる傾向にあるといえる。その理由については，私たち大人が便利さや快適さを社会に求めた結果であると考えられる。このような便利で快適な社会で育った子どもたちは，将来どうなってしまうのだろうか。何もない自然の中でも，自分で考え創り出す，そんな「生きる力」を育てていくことが私たち大人の役割ではないかと考える。1998年の幼稚園教育要領に続き，1999年の保育所保育指針の改訂に伴い，幼児期から「生きる力」を育成することを柱とした新たな保育実践が求められるようになった。相手を思いやる心や健康や体力の基盤としての体を伸び伸びと動かす力なども「生きる力」である。野外活動を通して，これら心身の健康を培うことにより，幼稚園・保育所での生活をみんなで過ごしやすいものにしていく態度を養うことも，この時期の子どもたちにとってはとても大切なことである。

　この章では，心身の健康に関する領域「健康」の3つのねらい「①明るく伸び伸びと行動し，充実感を味わう。②自分の体を十分に動かし，進んで運動しようとする。③健康，安全な生活に必要な習慣や態度を身につける」**と結びつけながら，野外生活技術や園外保育などでの川や山や海での遊びを，内容および指導上の留意点やねらいとともに紹介する。また，最後に保育所や幼稚園で行われているお泊まり保育のプログラムをクラス別に紹介する。

文献（*）
日本野外活動研究会編『野外活動―その考え方と実際―』杏林書院，2001

文献（**）
文部科学省『幼稚園教育要領解説』フレーベル館，2004

1. キャンプ

　最近，お泊まり保育などでキャンプを取り入れる幼稚園や保育所が増えてきた。キャンプというと，「テントを張って……」といったいわゆる「キャンプ」をイメージする人が多いようであるが，ここでは，「自然環境のもとで，宿泊したり活動したりすること」* をさす。

　ふだん，子どもたちは，寝る場所を確保する必要も，食事を自分でつくる必要もない環境で生活をしていることがほとんどである。しかし，キャンプでは，それらを自ら確保していくことが求められる。子どもたちは，さまざまな生活プログラムを通して，仲間や保育者と協力しながら，野外での基本的な生活技術を身につけることができるのである。

　火を体験するなど危険な場面は多々あるが，保育者が安全を第一に考え，年齢に応じて子どもたちに生活技術を習得させることが「生きる力」の習得にもつながる。

　テント設営の方法など，ふだんは知らなくても生きていける世の中ではあるが，集団での生活技術の習得体験から社会性や生活ルール・マナーを習得していくことも，キャンプのねらいとして重視したい。

　本節では，キャンプで行われる生活技術習得のためのプログラムをいくつかあげ，そのプログラムを実施する際の説明および指導上の留意点やねらいについて以下に示す。

> 文献（*）
> 日本キャンプ協会指導者養成委員会編『キャンプ指導者入門』日本キャンプ協会，2006

1 キャンプ（テント）サイトでの活動

（1）サイト整備

【説明および指導上の留意点】
○これからテントを立てて生活する場所のゴミや危険な物を拾う。
○拾ったものはゴミ袋に入れる。
○野外活動では，基本的に帽子をかぶる。
○野外活動では，基本的に長袖，長ズボンを着用する。

【ねらい】
○自ら進んで，安全な生活環境をつくる習慣を身につけることができる。

(2) テント設営

【説明および指導上の留意点】
- 夜寝たり，荷物を入れておく家をつくる。
- 場所は，平地で排水がよく，日当たりがよい場所を選ぶようにする。
- テント袋に入っている物の種類や数を確認する。
- テントを張る際のペグは，四隅から固定する（引っ張る方向は，反対側の支柱の先端に合わせる）。
- ペグは，引っ掛ける箇所をテントの外側に向け，地面との角度を60～90度程度とするとよい。
- テントのしわを伸ばし，たるみが出ないように綱の長さを調整する。
- フライシート（本体の上にかけるシート）をかける。

【ねらい】
- 自分の体を十分に動かし，安全で快適な生活をつくり出すことができる。
- 仲間と助け合い，協力することの大切さを感じることができる。

(3) 火おこし

【説明および指導上の留意点】
- ご飯や料理をつくるための火をつける。
- 薪の太さや大きさを考えながら，空気がよく入るように薪を組む。
- 新聞紙などをひねった物を小枝の下の方に差し込み，マッチで火をつける準備をさせる。
- サイズの合った木綿の手袋をする。

【ねらい】
- 生活に必要な火の燃え方や大切さを知ることができる。
- 火の熱さや危険さを肌で感じることができる。

(4) 飯ごうでご飯を炊く

【説明および指導上の留意点】
○主食となるご飯を炊く。
○お米をきれいにとぎ，水を入れる。
○飯ごうの回りに液体クレンザーなどをつけ，火にかける。（洗うとき煤が落ちやすい）
○飯ごうから水が噴きこぼれ終わったら，火から下ろす。
○サイズの合った木綿の手袋をする。

【ねらい】
○お米の炊き方，およびご飯として食べられるようになるまでの過程を知ることができる。

(5) テント撤収

【説明および指導上の留意点】
○テントやペグについた土を落とす。
○ペグや支柱の数を数える。
○テントやフライシートを袋に入る大きさにたたむ。
○すべての物を袋に入れる。

【ねらい】
○テントやフライシートのたたみ方を覚えることができる。
○自分の体を十分に動かし，はじめの状態に戻すことの大切さを学ぶことができる。
○仲間と助け合いながら，「協力」の大切さを感じられる。

(6) サイト片付け

【説明および指導上の留意点】
○テントを立てた場所および生活した場所のゴミや危険な物を拾い，きれいな状態にする。
○拾ったものはゴミ袋に入れる。

【ねらい】
○自ら進んで，生活環境をきれいな状態に戻す習慣を身につけることができる。

Chapter 9 ●野外活動

2 山で遊ぶ

(1) 木登り
【説明および指導上の留意点】
○かぶれる木や神木を避け，登れそうな木を探し，折れやすい枝がないか確認する。
○木の周りに危険な物（大きな石など）がないか確認する。
○靴を履き，落ちついて両手両足の4本のうち必ず3本は木をとらえ，残り1本を動かして木を登っていく（「3点確保の原則」）

【ねらい】
○体を十分に使って，木に登る楽しさや達成感を得られる。
○仲間の登る姿を応援しながら見ることができる。

(2) 斜面登り──ロープ
【説明および指導上の留意点】
○両手でしっかりロープを握りながら，ゆっくりと一歩一歩頂上まで登る。
○前の人が頂上に着いたら，次の人が登り始める。
○最初はゆるい斜面から，徐々にきつい斜面へと挑戦する。
○原則，靴を履くが，雨上がりなどで滑りやすい場合は，裸足で挑戦する。

【ねらい】
○両手に力を入れながら，最後まで自分の力で登りきる。
○仲間の登る姿を応援しながら見ることができる。

(3) 昆虫採集
【説明および指導上の留意点】
○木や草や地面をよく観察し，昆虫を探す。
○見つけたら保育者に声をかけ，保育者と一緒に触れてみる。その際保育者が率先して触る。
○触った後は，再び自然に戻すか，責任をもって飼育する。

【ねらい】
○体を十分に使って，自然の中を行動し，心身ともに充実感を味わうことができる。
○命の大切さと命に対する責任感を養う。

(4) 山菜採り

【説明および指導上の留意点】
- 食べられる植物（春：蕨，秋：キノコやアケビなど）を探す。
- 見つけたらとる前に保育者に伝える。

【ねらい】
- 自分の体を使って，食べられる植物が探せる。
- 食生活において必要な知識が身につく。

3 川で遊ぶ

(1) 石探し

【説明および指導上の留意点】
- 河原で「何か」に似た石を1人3つずつ拾う。
- 拾った石に絵の具で色を塗り，ブルーシート上に並べる。
- みんなで何に似ているかを確認しあう。

【ねらい】
- いろいろな大きさや形の石があることを理解することができる。
- 体と頭を使い，十分に活動することができる。

(2) 浮き輪下り

【説明および指導上の留意点】
- 流れのゆるやかな浅瀬で浮き輪に乗って，川下りをする。
- 靴を履く。
- 水の冷たさを全身で感じながら，1人ずつ順番に行う。

【ねらい】
- 水の冷たさを感じながら，体を十分に動かすことができる。
- 水の感触を楽しみ，水に対する怖さを取り除くことができる。

(3) 生物観察

【説明および指導上の留意点】
○流れのゆるやかな浅瀬に靴を履いて入る。
○透明容器を使って，川の中を覗く。

【ねらい】
○川の中にいる生物や川の中の様子を知ることができる。

(4) 橋渡り

【説明および指導上の留意点】
○川の端から端に丸太をかけ，その上を1人ずつバランスをとりながら歩いて渡る。
○前の子どもが渡り終わったら，次の子どもが渡る。

【ねらい】
○体のバランスを取りながら，自分の足で丸太を渡ることができる。
○橋を渡る怖さを克服することができる。

(5) 魚つかみ

【説明および指導上の留意点】
○川の中につくられた池の中に魚を放し，その中の魚を手で捕まえる。
○帽子をかぶり，靴を履き，身軽な服装で池に入る。
○捕まえた魚はバケツに入れる。
○バケツの魚は，料理してみんなで食べる。

【ねらい】
○体を十分に使って，水の中の魚を追いかけることができる。
○魚に触ることができる。
○自分たちで捕った魚のおいしさを知る。
○命の大切さについて知る。

4 海で遊ぶ

(1) 砂にお絵描き
【説明および指導上の留意点】
○危険な物が落ちていないか確認する。
○裸足で，落ちている枝などを使って，砂の上に自由に絵を描く。
○みんなで書いたものを披露し合う。
○帽子をかぶる。

【ねらい】
○砂の感触を味わえる。
○伸び伸びと体を動かすことができる。
○自分のイメージで絵を描くことができる。

(2) 砂遊び
【説明および指導上の留意点】
○砂地を選び，グループごと（3～4人）で山をつくる。
○他のグループよりも大きな山をつくる。
○時間を決め，完成した山をみんなで見くらべる。
○帽子をかぶる。

【ねらい】
○砂の感触や重さを肌で感じることができる。
○グループの仲間と協力して，山をつくることができる。

(3) 波と戯れる
【説明および指導上の留意点】
○波際を見つけ，波が来たら逃げる。
○なるべく濡れないようにする。
○友だちとぶつかって転ばないように，気をつける。

【ねらい】
○十分に体を動かせる。
○波が来る様子を知ることができる。
○友だちと一緒に楽しむことができる。

(4) 貝殻集め

【説明および指導上の留意点】
○海岸に落ちている貝殻を自由に拾う。
○足元に気をつけながら、拾った貝殻を網の袋に入れる。
○みんなで拾った貝殻を見せ合う。

【ねらい】
○海に落ちている貝殻の種類を知ることができる。
○貝殻以外にも、海にはたくさんの物が落ちていることを知ることができる。

(5) 磯遊び

【説明および指導上の留意点】
○靴を履き、足元をよく見ながらゆっくりと歩く。
○生き物を見つけたら、触る前に保育者に知らせる。
○海藻を集める。
○見つけた生き物をバケツに入れ、みんなで見せ合う。

【ねらい】
○磯にいる生物を知り、名前を覚えることができる。
○仲間の見つけた生き物をみんなで観察することができる。

2. キャンプでのお泊まり保育

　子どもたちにとって，園外保育の1つである「お泊まり保育」は，何日も前から楽しみにしている行事である。一般的には，園舎での「お泊まり保育」が主流であるが，ここ数年，「お泊まり保育」で「キャンプ」の要素を取り入れる幼稚園や保育所が増えてきた。プログラム内容は，対象年齢，実施時期，場所，および指導教員数などによって異なるが，以下に，年中児と年長児を対象にした「キャンプ」の要素を含む1泊2日の「お泊まり保育」プログラムを紹介する（年少児については，年齢的にも難しいと考えられるため，ここでは省略した）。時期的には初夏が望ましい。

1 年中児のお泊まり保育

（1）お泊まり保育の例

【ねらい】
○自然の中で伸び伸びと体を動かす。
○友だちと協力しながら，楽しい時間を過ごす。

表9-1　お泊まり保育のスケジュール例（年中児）

1日目		2日目	
08：30	登園	06：30	起床（洗面・着替え）
09：00	園出発	07：00	散歩
09：45	公園到着，おやつ，大型遊具	07：30	朝食
11：45	公園出発	08：30	お弁当作り（おにぎり・おかず）
12：00	キャンプ場到着	09：30	ハイキングに出発（途中休憩）
	昼食（お弁当）	11：00	目的地到着
13：30	周辺散策	11：30	昼食（お弁当・ジュース・お菓子）
15：00	おやつ作り（ホットケーキ）	14：00	温泉入浴
17：00	シャワー	15：30	おやつ
18：00	夕食（カレーライス）	16：00	荷物の整理，片付け
19：00	夜のつどい（星座観察）	16：30	キャンプ場出発
20：00	就寝	17：30	園到着，解散

2 年長児のお泊まり保育

（1）お泊まり保育の例

【ねらい】
○自然の中で仲間と協力しながら，集団生活を行う。
○安全面に気をつけながら，積極的に体を動かす。

表9-2　お泊まり保育のスケジュール例（年長児）

1日目		2日目	
08：00	登園	06：30	起床（洗面・着替え）
08：30	園出発	07：00	散歩
09：30	キャンプ場到着，おやつ	07：30	朝食
10：30	テントサイト整備，テント設営	08：30	お弁当作り（おにぎり・おかず）
12：00	昼食（お弁当）	09：30	ハイキングに出発（途中休憩）
13：00	散策，レクリエーション	11：00	目的地到着
15：00	野外調理（カレーライス）	11：30	昼食（お弁当・ジュース・お菓子）
18：00	シャワー	13：00	温泉入浴
19：00	夜のつどい（星座観察）	15：00	キャンプ場到着（バス），おやつ
20：00	就寝	16：00	荷物の整理，片付け
		16：30	キャンプ場出発
		17：30	園到着，解散

【参考文献】
- 山岡寛人編著『自然とあそぼう-3 あそんでたのしむ野外活動入門』ポプラ社，1999
- 日本キャンプ協会テキスト編集委員会編『キャンプディレクター養成キャンプ専門科目テキスト』日本キャンプ協会，1998
- 山内昭道監修『チャイルドブックこども百科 しぜんあそび図鑑』チャイルド本社，2002
- 岡野伊輿次編著『自然と遊ぶ─キャンプファイヤー・スタンツ・野外調理』文教書院，2006
- 山梨幼児野外教育研究会監修『幼児キャンプ─森の体験』春風社，2001
- 山梨幼児野外教育研究会監修『幼児キャンプ─雪の体験』春風社，2004
- 日本レクリエーション協会編『自然体験活動指導者のための安全対策読本 安全で豊かな自然体験を提供する』日本レクリエーション協会，2001
- 杉原 隆・柴崎正行・河邉貴子編著『新・保育講座⑦保育内容「健康」』ミネルヴァ書房，2002
- 星野敏男・川嶋 直・平野吉直・佐藤初雄『野外教育入門』小学館，2001
- ごくらくとんぼクラブ編『夏の遊び 工作，プール，野外遊び，科学遊びベストセレクション30』いかだ社，1999
- 日本レクリエーション協会監修『すぐに役立つ 新 遊びの演出シリーズ③ 冒険心はじけるキャンプ─グループワークを生かした新しい野外活動』あすなろ書房，1999
- 神谷明宏，神谷礼子『活動意欲を高めるダイナミック野外遊び 遊びがイラスト保育実技シリーズ13』フレーベル館，1991
- 荒井 洌編著『まるごと自然あそび』日本幼年教育研究会，2002
- 東山 明・岸本 肇『研修野外活動・遊び・ゲームアイデア集3 野外・探検遊びをしよう』明治図書出版，1997

【引用文献】
- 日本キャンプ協会指導者養成委員会編『キャンプ指導者入門』日本キャンプ協会，2006
- 文部科学省『幼稚園教育要領解説』フレーベル館，2004
- 日本野外教育研究会編著『野外活動─その考え方と実際』杏林書院，2001

表現運動

子どものイメージと動きをベースにした表現運動（遊び）は，体験的な学習を通して理解してほしい。また，発表の場につなぐ日常生活の取り組みとは，いかなるものか考えてみよう。

Chapter 10

1. いろいろな動き

　子どもは，日常生活やさまざまな遊びを通して，「歩く」「走る」「跳ぶ」「転がる」「回る」などのいろいろな動きを体験している。そして，その動きには，移動を伴う動きと移動を伴わない動き（「伸びる」「回す」「振る」「捻る」など）がある。

　子どもの発達段階からみると，年齢が低いほど，「歩く」「走る」「投げる」といった単一的な動きを繰り返しているが，年齢が上がるにつれ，「走りながらボールを蹴ったり投げたりする」「くるくる回りながら跳んだり移動したりする」など，動きが組み合わされた複合的な動きへ変化していく。

　はじめの段階では，全身を使って伸び伸びと行う動きを中心に，体を動かす楽しさを味わえるように保育者も子どもと一緒に動きながら援助していくことが大切である。リズミカルに動く体験を重ねることで，ぎこちない動きも少しずつバランスの良い動きになっていく。この段階では，上手に動くことより，全身を動かす経験そのものや子ども自身が動くことが楽しいと感じる気持ちそのものがとても大切なのである。

　少し進んだ段階では，保育者ばかりでなく友だちと一緒に動くことで，友だちの動きに刺激を受けたり，新しい動きを発見し，お互いの動きをまねし合ったりするなど，今まで以上に自分の体を意識して動こうとするようになる。このことが，子どもの動きの範囲を広げ，意欲的に動こうとする気持ちへとつながっていくのである。この段階ではとくに，子どもの動きに変化や発展を与え，単一的な動きからいろいろな動きを組み合わせた複合的な動きを引き出していくことが大切である。「走ってぴたっと止まる」「いっぱい伸びてさっと縮む」などのように相反するコントラストの動きを組み合わせたり，「走りながら高く跳び上がり，着地すると同時に転がる」をいろいろな方向に繰り返し，1人で動いていたものを友だちと一緒に人数を増やして動いたりすることで，子

表 10-1　動きを変化発展させる視点

動きを変化発展させる視点		
時間性要因	空間性要因	力性要因
速度の変化　リズムの変化　拍子の変化	形の変化　向の変化　高さの変化　面の変化	強く↔弱く　緊張解緊　断続的に↔持続的に
ヒントになる言葉かけ		
スピードをあげる 急に止まる 特急 鈍行 だんだん速く だんだんゆっくり タタタタ… ノッシノッシ… ドンドン…	前に　後に　右に　左に 斜めに　ジグザグ 高く　低く 伸びて　縮んで 大きく上に 小さく 前向きで　後ろ向きで 友だちと並んで	重々しく　軽やかに ドシンドシン…　フワリ 力強く　力を抜いて だんだん強く だんだん弱く 動いたり止まったり ねじを巻いて　カチカチ…

どもの動きの世界はさらに広がり，動きも多様化してくるのである。

　子どもの動きを変化発展させる視点としては，表10-1に示すように，「時間性要因」「空間性要因」「力性要因」がある。保育者は，これらの視点に目を向け，子どもの動きを引き出すためにふさわしい言葉かけを行っていくことが望ましい。

　次に，子どもが「いろいろな動き」や「動きを組み合わせた複合的な動き」を体験できる遊びを紹介する。

Chapter10 ● 表現運動

1 だるまさんがころんだ

（1）基本的な遊び方

【説明および指導上の留意点】

○鬼は，他の子どもたちに背を向けて木や壁に向かって立ち，他の子どもたちは，鬼から7～8m程度離れた所に線を引いて横に並んで立つ。

○鬼は，「だるまさんがころんだ」と大きな声で言って振り向く。その間に他の子どもたちは鬼に近づいていき，鬼が振り向くと同時に止まり動かない。

○鬼は，振り向くと同時に，動いた子を見つけ，指名する。指名された子は，鬼と手をつないで立つ。（以上を繰り返しながら行う）

○つかまっていない子が，鬼とつかまった子どものつないだ手を切り，全員逃げる。鬼は「ストップ」と叫び，全員その場に止まる。

○鬼は「何歩？」と質問をし，他の子どもたちが「○歩」と答える。（鬼が誰かをつかまえることができる歩数を言う）

【基本的な動きの種類】

○「歩く」「走る」「止まる」

【遊びのポイント】

○言葉の早さを変化させたり，振り向くタイミングを変えたりする。

（2）工夫した遊び方①

【工夫のポイント】

○鬼が「だるまさんがころんだ」の「ころんだ」を別の動きを引き出す言葉に換え，他の子どもたちは，鬼が言った動きを行いながら移動して止まる。

表10-2　変化させた言葉と動きの種類

変化させた言葉（歌詞）	動きの種類
だるまさんが座った	歩く　走る　座る
だるまさんがスキップした	スキップする　止まる
だるまさんがジャンプした	跳ぶ　止まる
だるまさんが後ろ向きに歩いた	歩く　走る　止まる
だるまさんが泳いだ	歩く　走る　跳ぶ　寝転ぶ　止まる

(3) 工夫した遊び方②

【工夫のポイント】

○鬼が「だるまさんがころんだ」と言うところを，「飛行機が飛んだ」，「ボールが転がった」等，言葉を変化させて大きな声で言い，他の子どもたちは，鬼が言ったものになって動きながら移動して止まる。

表 10 - 3　変化させた言葉と動きの種類

変化させた言葉（歌詞）	動きの種類
飛行機が飛んだ	走る　回る　座る　止まる
ボールが転がった	転がる　弾む　回る　走る　座る　止まる
こまが回った	回る　走る　揺れる　転がる　止まる
魚が泳いだ	走る　跳ぶ　寝転ぶ　止まる
ウサギが跳んだ	歩く　跳ぶ　座る　止まる
お餅がふくらんだ	伸びる　縮む　跳ぶ　歩く　座る　寝転ぶ　止まる
ロボットが動いた	歩く　回る　膝まづく　片足で立つ　捻る　止まる
お母さんがお風呂に入った	歩く　振る　座る　滑る　揺れる　寝転ぶ　止まる
赤ちゃんがハイハイした	四つんばいで這う　転がる　止まる
シャボン玉が飛んだ	走る　歩く　跳ぶ　伸びる　縮む　揺れる　止まる

2 ゴーゴー列車

(1) 基本的な遊び方

【歌詞】

[作詞/不詳,作曲/アメリカ民謡]
ゴーゴーゴーゴーじゃんけん列車
長く長く長くなーる
ゴーゴーゴーゴーじゃんけん列車
今度の相手は君だ
（じゃんけんポン）

【説明および指導上の留意点】

○両手で車輪をつくり，体側で回転させながら自由な方向に走る。
○「今度の相手は君だ」のところで，相手を見つけてじゃんけんをする。
○負けた人は，勝った人の後ろにまわり，両手を前の人の肩にのせる。
○勝った人が運転手となって進む。先頭の人どうしでじゃんけんを行い，負けた組は勝った組の最後尾につながる。
○以上を繰り返し行う。

【基本的な動きの種類】

○「走る」「止まる」

【遊びのポイント】

○伴奏としてピアノを弾いたり，打楽器などでリズムをとったりしながら早さを変化させ，つながった列車で動くことを楽しむ。この遊びはじゃんけんで勝敗が決まるところにおもしろさがある。先頭に慣れていない子は，自分の列の先頭を応援し，一緒に勝敗が決まる時のわくわくした気持ちを共感できると楽しい。
○慣れてきたら，じゃんけんで負けた1人だけが勝った組の最後尾につながり，次の人が運転手となる。

（2）工夫した遊び方①

【工夫のポイント】

○じゃんけんの勝敗が決まった時に、「じゃんけんで勝った組は、全員の足でトンネルを作り、負けた組は、その中をくぐり最後尾につながる」「勝った組はその場に座り、負けた組は、その間をジグザグにスキップして進み最後尾につながる」など、負けた組にいろいろな動きを加えて、最後尾まで移動できるように遊びを工夫する。

表10-4　動きを引き出す工夫と動きの種類

動きを引き出す工夫	動きの種類
じゃんけんで勝った組は全員の足でトンネルをつくり、負けた組はその中をくぐる	開脚して立つ 這う
じゃんけんで勝った組はその場に座り、負けた組はその間をジグザグにスキップする	座る スキップする
じゃんけんで勝った組は小さくなって座り、負けた組はその上を跳び越えていく	座る 跳び越える

（3）工夫した遊び方②

【工夫のポイント】

○最後の先頭が決まり、全員で1列の状態になったら、長い列を特急列車や鈍行列車に見立て、いろいろな速さで動けるような言葉掛けをする。できるだけ前の人と離れずに動くことで、楽しさが増す。

表10-5　ヒントになる言葉かけと動きの種類

ヒントになる言葉かけ	動きの種類
列車が出発します。ガッタンゴットン…（速度をどんどん速くしていく）	歩く→走る
トンネルに入ります。真っ暗だよ。気をつけて進もう。	ゆっくり歩く
坂を上ります。よいしょ、よいしょ。今度は下り坂だよ。ビューン…	歩く→走る
駅に着きました。シュー。到着。お乗りの方はお急ぎください。	歩く→止まる
雨がひどくなってきました。風もいっぱい吹いています。	揺れる

2. イメージから動きへ・動きからイメージへ

　子どもは，いろいろな動きを体験することを通して，いろいろなイメージを描く。たとえば，「スピードを上げて走る」ことで，飛行機や新幹線をイメージしたり，「手を広げてくるくる回る」ことで，こまやプロペラ，風に吹かれている落ち葉などをイメージしたりする。このように1つの動きからいくつものイメージが生まれる。そのイメージを保育者や友だちと共有して動くことで，さらにイメージは広がり，新しい動きの発見や挑戦に結びついていくのである。

　子どもが描くイメージは，日常生活の中での体験が基盤となる。その体験を通した感動や喜びが心と体の中に蓄積され，イメージを育み豊かな表現へとつないでいく。とくに自然体験から得た感動は，子どもの創造的イメージを広げてくれる。

　入園して間もない子どもが園庭で「だんごむし」を見つけ，恐る恐る触ってみたり，捕まえたり，観察したりしている姿をよく見る。この子どもは，「だんごむし」を触ることで，「くるっと丸くなる」「じっとして動かない」などを知り，じっくり観察することで，「足がいっぱいあってもそもそ歩く」「石やはっぱの下に入っていく」など動きに結びつくイメージが蓄積されるのである。

　この子どもは，「四つんばいで這う」動きから「だんごむし」をイメージし，「だんごむし」から「くるっと丸くなる」，「ひっくり返る」，「足をもじゃもじゃ動かす」などの動きをイメージすることができるようになるのである。

　このように，イメージと動きは行ったり来たりしながら，お互いに深められていくのである。

　保育者は，子どもを取り巻く環境構成を工夫し，イメージの中で思いきり動けるような空間や時間，イメージがより膨らむような物的環境や音楽などを準備しておくことが大切であろう。また，人的環境として，保育者の言葉かけや動きによる援助なども，子どもの表現意欲を高め，楽しくいきいきとした表現活動を引き出すためには大切であろう。

　そこで，子どもの生活や活動体験，感動体験から題材を見つけ，いろいろなイメージや予想される動きを表10-6にまとめた。

　子どもの動きやイメージをより豊かに引き出すために，身近にある素材を利用することができる。

表10-6 動きの題材・イメージ・予想される動き

	題 材	イメージ	予想される動き
春	チューリップ 桜	咲く，散る，成長する，揺れる，つぼみが膨らむ	伸びる，腕を開く，揺れる，回る
	あり	ちょこちょこ歩く，食べ物を運ぶ，働き者，巣	四つんばいで歩く，頭で押す
	ちょうちょう	ひらひら飛ぶ，花にとまる，蜜を吸う	腕を上下に振る，回る，スキップ
	遠足 ピクニック	歩く，お弁当を食べる，バスや電車に乗る	歩く，走る，スキップ，座る
	つばめ	赤ちゃんが生まれる，餌を運ぶ，ピーピーと鳴く	走る，跳ぶ，座って口をあける
夏	海	魚，波，泳ぐ，青空，水着，砂浜，貝殻	腕を振る，回す，走る，跳ぶ
	入道雲	もくもく，いろいろな形や物，雷，雷雨	伸びる，腕を回す，走る，跳ぶ
	お化け	暗い，怖い，消える，長い髪，足がない，火の玉	静かに走る，片足で跳ぶ，回る
	かぶと虫	木にとまる，ツノで押す，蜜を吸う，夜動く，虫網	走る，登る，腕の開閉，押す
	花火	祭り，盆踊り，夜空，広がる，ヒュルヒュルドーン	走る，振る，腕の伸縮，跳ぶ
秋	葉っぱ	黄色や赤色になる，落ち葉，揺れる，風，月見，団子	揺れる，座る，転がる，回る
	こおろぎ 鈴虫	鳴く，歌う，跳ぶ，草むらに隠れる，餌を食べる	跳ぶ，歩く，手を擦る
	木の実	どんぐりや栗拾い，木から落ちる，転がる，食べる	座る，転がる，回る，揺れる
	山登り	高い，歩く，リュック，水筒，山びこ，お弁当	前かがみで歩く，滑る，手を振る
	芋掘り	土，つるを引く，どろんこ，焼き芋，もぐら	引く，転がる，体を振る，座る
冬	雪	降る，解ける，舞う，木枯らし，スキー，かまくら	腕を振る，揺らす，滑る，転がる
	氷	滑る，スケート，解ける，氷柱，熊，ペンギン	滑る，摺足で走る，よちよち歩く
	クリスマス	サンタクロース，プレゼント，寝る，ツリーを飾る	跳び下りる，寝る，跳ぶ，歩く
	お正月	餅つき，こま回し，凧揚げ，かるた取り，お年玉	伸縮する，体を回す，回る，走る
	節分	鬼退治，豆まき，お面作り，桃太郎，春が来る	走る，投げる，腕を回す，跳ぶ
生活	子どもの1日	起きる，歯を磨く，食べる，着替える，入浴する	起き上がる，歩く，走る，振る
	乗り物に乗る	三輪車，自転車，車，飛行機，バイク，電車，船	走る，膝を曲げる，腕の伸縮
	動物園	象，ライオン，猿，リス，きりん，兎，コアラ	歩く，跳ぶ，走る，伸びる，振る
	洗濯	泡，回る，汚れ物，きれいになる，干す，たたむ	回る，屈伸する，揺れる，振る
	遊園地	ジェットコースター，観覧車，メリーゴーラウンド	走る，回る，転がる，屈伸する
	忍者	素早い，隠れる，手裏剣，剣，忍者服，水に潜る	走る，忍び足で歩く，振る，跳ぶ
	宇宙	宇宙船，ロケット，宇宙人，星，ゆっくり回る	回る，走る，歩く，倒れる

表 10-7 動きを引き出しやすい身近にある素材

素材名	動きの種類	動きを引き出す工夫
新聞紙	魔法使い 忍者 雪・落ち葉 洋服 しっぽ	魔法の杖やほうきを作り，色々な所に出かける。 忍者の武器や道具を作り，色々な修行をする。 新聞紙を小さくちぎって雪や落ち葉で遊ぶ。 新聞紙を身につけ，色々なものに変身する。 色々な動物のしっぽを作り，その動物になる。
タオル	お化け屋敷 アンパンマン そり遊び 力くらべ ヘリコプター	頭や顔にかけて，お化けになりきって遊ぶ。 背中にマントをつけ，パトロールに出かける。 タオルの上に人を乗せ，引っ張って遊ぶ。 綱引きのようにタオルをお互いに引っ張る。 プロペラに見立てて回し，色々な所に出かける。
空き箱	家・ビル ロボット プレゼント 宇宙 遊園地	高く積み上げたり並べたりして家を作り遊ぶ。 体に箱をつけて，ロボットになって遊ぶ。 箱をプレゼントにしてサンタごっこをする。 宇宙基地を作り，宇宙人になって遊ぶ。 色々な乗り物に見立てて，遊具に乗って遊ぶ。

　子どもは，さまざまな素材をいろいろなものに見立て，そこからイメージを膨らませて遊ぶことが好きである。広げた新聞紙の上に載り，魔法のじゅうたんに見立てて魔法の世界に行ったり，丸めてボールに見立て，投げたり蹴ったりして野球選手やサッカー選手になって動いたりする。また，タオルを背中につけてマントにして絵本やテレビのヒーローに変身したり，頭にかぶせてお化けになったりするのである。

　そこで，動きやイメージを引き出しやすい身近にある素材をあげ，その素材を生かしながら表現遊びを展開する方法を表10-7に紹介する。

3. 日常の表現から発表の場へ

1 行事を通して

　幼稚園・保育所では，1年間を通してさまざまな行事を取り上げ，子どもの生活のリズムを作り上げている。日常生活で取り組んできた成果や子どもの成長・発達の様子を，保護者や地域の方々に見ていただく機会としては，生活発表会や運動会などがある。子どもは，これらの行事を通して，自分の目標に向かって最後までやり遂げようとする意欲や友だちと協力して取り組む態度，発表の場を通して友だちを応援したり思いやったりする社会性などを身につけるのである。

　園で取り上げる行事については，幼稚園教育要領・保育所保育指針のなかで，行事は，「園生活の自然の流れの中で，生活に変化と潤いを与え，子どもが主体的に楽しく活動できるようにする。」ものとし，「その教育的価値を十分検討し適切なものを精選し，子どもの負担にならないようする。」と方向づけている。保育者が発表当日の成果ばかり気にしすぎて「見せる」意識が強すぎると，子どもに過度の練習を求め，練習時間のために生活のリズムを乱すことにつながる。子どもにとって，発表は日常生活の盛り上がりの場であり，自分の頑張っている姿を保護者や多くの方に見てもらい，受け止めてもらうことが何よりも大切である。発表を体験することで達成感を味わい，自分自身に自信が持てるようになり，次回の活動にも意欲的に取り組んでいくのである。日常の表現を発表の場へつなげていくためには，保育者は，長期指導計画の中で子どもが主体となる活動を展開できるように，ねらいや活動内容，活動に入る時期などを十分に検討していく必要がある。

　また，発表の場を効果的に演出する方法としては，表現にふさわしい音楽や効果音の活用，イメージ豊かな表現を引き出す衣裳や物的環境，室内であれば照明の効果などが考えられる。保育者は，子どもの活動が進むにつれ，これらの演出方法についても検討し，発表の流れを組み立てるナレーションなどについても準備しておくとよい。

　また，保護者をはじめとする観客に，子ども1人ひとりの思いが届くように，発表に至るまでの過程や子どもの感じたことや考えたことなどをプログラムに記載し，事前に知らせておくとよい。

2 運動会の作品事例

(1) ピクニックに出かけよう

【これまでの活動経過】

　日常保育での散歩で発見したものや気づいたことを，友だちと話したり絵に描いたりしている姿がよく見られるようになったことをきっかけに，身体表現活動に誘ってみた。「だんご虫」「青虫」「つばめ」「電車」「飛行機」など子どもが発見したさまざまなものを題材として，動くことの楽しさをしっかり体験できるように進めていった。回を重ねるごとに，「友だちと一緒にやってみよう」「それからどうしたの？」など，イメージにあった動きを自分で工夫できるように援助を行った。また，遠足に出かけ，お弁当を食べたり広い公園で遊んだりしたことをきっかけに，活動の幅も広がっていった。

　保育者は10月に行われる運動会に向けて「ピクニックに出かけよう」の表現遊びを取り入れることにした。

実体験		さまざまな表現活動
散歩する 色々な虫や花に触れる 虫を捕まえる 遠足に行く ピクニックに出かける バスや電車に乗る 山に登る 川や海で遊ぶ お弁当を食べる 野菜を育てる，収穫する 公園で遊ぶ 飛行機やヘリコプターを見る	⇔	色々な虫や花になって遊ぶ ピクニックごっこをする 乗り物ごっこをする お弁当を作る過程を動く 川や海を題材にして動く
		粘土や折り紙でお弁当を作る 土，葉っぱ，草を利用したままごと遊び 花や虫の絵を描く
		ピクニックの絵本を見る 花や虫の図鑑を見る
		乗り物の音遊び 歌をうたう「さんぽ」「大型バス」「ピクニック」「おべんとうばこ」「ちょうちょう」等

図 10-1　活動の広がり

ピクニックに出発！（歩く，水たまりを跳び越える，つり橋を渡る）

（歩く）　（水たまりを跳び越える）　（つり橋を渡る）

川で遊ぼう！（川にいる生物や魚になって泳ぐ）

（ワニ歩き）　（魚になって）　（水かけ）　（泳ぐ）

電車に乗ろう！（列に並んで走る）

（電車）　　　　　　　　　　　（トンネルくぐって）

さあ 野原に到着！（いろんな虫や花になって動く）

（チョウ）　（カマキリ・バッタ）　（セミ）　　（花）

親子のツバメを見つけたよ！（えさを探す、飛び立つ練習）

（えさをもらう）　　　　　（飛び立つ練習）

ツバメで飛びながら退場

（列に並んで飛ぶ）

(2) 魔法使いになって遊園地へレッツゴー！

【これまでの活動経過】

　園では，朝の集まりや帰りの会などで，絵本の読み聞かせや紙芝居などを行っている。昼食後などに，好きな本を見ている子どもも多い。今，クラスでは「魔法使い」が登場する絵本が大人気である。新聞紙で魔法の杖を作ったり，おまじないを考えたりして楽しんでいる。そこで，保育者は「魔法使いになって，いろいろなものに変身して遊ぼう」と提案し，子どもの動きを引き出していった。

　また，休み明けに「遊園地に行ってきたよ」と話す子どもの言葉をきっかけに，遊園地にある乗り物やお化け屋敷，プールなどを題材に身体表現活動を展開した。

　保育者は10月に行われる運動会に向けて「魔法使いになって遊園地へレッツゴー！」の表現遊びを取り入れることにした。

実体験
- 魔法使いの絵本を見る
- 魔法使いのVTR, TVを見る
- 遊園地に出かける

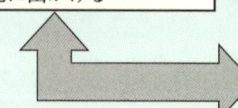

さまざまな表現活動
- 魔法のおまじないの言葉を考える
- 魔法の呪文を唱える
- 魔法使いの会話を楽しむ

- 魔法使いになって動く
- ほうきに乗って飛ぶ（走る）
- 魔法の呪文をかけて変身して遊ぶ
- 魔法の国を題材にして動く
- 遊園地の乗り物を題材にして動く
- お化け屋敷を題材に動く

- 魔法の杖を作る
- 魔法のほうきを作る
- 魔法使いの衣装を作って着る

- 魔法の国にふさわしい音楽を探す
- 呪文のを唱える時の効果音を演奏する

図10-2　活動の広がり

魔法使いに変身！
（魔法使いになるおまじないを唱える）

ほうきに乗って出発！
（列に並んで空を飛んでいるように走る）

（一人で）　（友だちと）

遊園地に到着（円形になり，立ち止まる）
でも遊園地がお休み！どうしよう？そうだ！魔法のおまじないをかけて乗り物を動かそう！

エイ

いろいろな乗り物に乗ろう！（イメージに合った動きの表現をする）

（メリーゴーラウンド）　（ゴーカート）　（ジェットコースター）　（コーヒーカップ）

今度はおばけ屋敷に入ろう！
（おばけになったり追いかけられたりする）

「おばけなんてないさ」の音楽に合わせて、おばけのダンスを踊る

（おばけ）　（追いかける）　（前奏）左右に振る　おばけなんて　ないさ

おばけなんて　うそさ　ねぼけた人が サイドステップ（開いて閉じて開いて…）左右に振る　みまちがえたのさ サイドステップ　だけどちょっと　だけどちょっと

ぼくだって　こわいよ　おばけなんて　ないさ　おばけなんて　うそさ

【参考文献】
・文部省『幼稚園教育要領』1998
・厚生省児童家庭局『保育所保育指針』1999
・槇みのり作詞,峯 陽作曲,越部信義編曲『おばけなんてないさ』
・西 洋子・本山益子・鈴木裕子・吉川京子『子ども・からだ・表現』市村出版,2003
・井上勝子他『豊かな感性を育む表現あそび―心と体を拓く』ぎょうせい,2005
・井上勝子編著『すこやかな子どもの心と体を育む運動遊び』建帛社,2006

第3部 指導計画と評価編

第3部では，第1部・第2部で学習したことを土台に，幼児教育現場における体育指導の実際の指導計画について学習する。

指導計画案

本章では，幼稚園教育要領と保育所保育指針を比較しながら，幼児体育の計画の作成の仕方，評価の方法，そして幼児体育の意義を示した。幼児体育の指導計画と評価の必要性について理解しよう。

Chapter 11

1. 指導計画の意義

　幼稚園や保育所で保育を進めていく手がかりとして，指導計画（教育課程や保育計画）がある。これら指導計画が保育のなかに取り入れられ体系化され，定着してきたのは，1956年に文部省（現文部科学省）が作成した「幼稚園教育要領」や，1965年に厚生省（現厚生労働省）が作成した「保育所保育指針」によるところが大きい。

　その後，「幼稚園教育要領」は1964年，1989年，1998年に改訂された。一方，「保育所保育指針」は1990年，1999年に改訂され現在に至っている。

　教育課程や保育計画は，幼稚園や保育所における子どもたちの在園期間を見通した全体的な計画であり，その指導計画は，それを子どもへの指導として具体化した細案と考えることができる。教育課程や保育計画は，「編成」と「実施」の2つに分けて考えられており，「編成」は全体的な計画を意味し，「実施」は指導計画への具体化，そしてその実際の展開までも含めた意味として考えることになっている。

　「編成」は，「幼稚園教育要領」や「保育所保育指針」に合わせてつくられるものであるが，大切なことは，これらは私たちの目の前にいる子どもの姿を中心に，家庭環境，地域社会，そして勤務している園の方針をバックグラウンドとして，保育者1人ひとりの願いによってつくられるべきものだということである。

　一方，「実施」についても，子どもを最優先に考え，目標，ねらい，内容，環境構成，援助のあり方などを具体的に立てる。目の前の子どもの姿からその子にどんな経験をしてほしいのか，これからの育ちについて考えて計画をし，実践してほしい。

　他の園がやっている指導計画，どこかの雑誌から借りてきた指導計画を参考にするのもよいが，やはり安易に受け入れた指導計画より，目の前の子どもの育ちを指導・援助する計画を立てる仕

事の喜びを感じてほしい。

1 幼稚園教育要領と保育所保育指針

指導計画を立てるうえで重要な「幼稚園教育要領」と「保育所保育指針」を対比して以下にあげておく（表11‐1～4）*。

> ●文献（*）
> 文部省『幼稚園教育要領』1998，および厚生省児童家庭局『保育所保育指針』1999より抜粋したものを表化した。

（1）幼稚園教育の基本と保育の基本（表11‐1）

「幼稚園教育要領」で，「教師は幼児との信頼関係を十分に築き，幼児と共によりよい教育環境を創造するように努めるものとする」とされている通り，幼稚園では，子ども1人ひとりを把握して，その子の気持ちを理解し，その場にあった対応や言葉掛けを行って信頼を築くことが求められる。「幼児の主体的な活動が確保されるよう」，あくまでも子どもの発想や行動を見守りつつ，その子の育ちに援助・指導がされることが求められるのである。

一方，「保育所保育指針」においては，保育を「入所する乳幼児の最善の利益を考慮し，その福祉を積極的に増進することに最も

表11‐1 「幼稚園教育要領」と「保育所保育指針」の比較①

幼稚園教育要領	保育所保育指針
第1章　総　則 1　幼稚園教育の基本 　幼稚園教育は，学校教育法第77条に規定する幼稚園の目的「幼稚園は幼児を保育し，適当な環境を与えて，その心身の発達を助長することを目的とする」を達成するため，幼児期の特性を踏まえ，環境を通して行うものであることを基本とする。 　このため，教師は幼児との信頼関係を十分に築き，幼児と共によりよい教育環境を創造するように努めるものとする。これらを踏まえ，次に示す事項を重視して教育を行われなければならない。 （1）幼児は安定した情緒の下で自己を十分に発揮することにより発達に必要な体験を得ていくものであることを考慮して，幼児の主体的な活動を促し，幼児期にふさわしい生活が展開されるようにすること。 （2）幼児の自発的な活動としての遊びは，心身の調和のとれた発達の基礎を養う重要な学習であることを考慮して，遊びを通しての指導を中心として保育内容の示すねらいが総合的に達成されるようにすること。 （3）幼児の発達は，心身の諸側面が相互に関連し合い，多様な経過をたどって成し遂げられていくものであること，また，幼児の生活経験がそれぞれ異なることなどを考慮して，幼児一人一人の特性に応じ，発達の課題に即した指導を行うようにすること。 　その際，幼児の主体的な活動が確保されるよう幼児一人一人の行動の理解と予想に基づき，計画的に環境を構成しなければならない。この場合において，教師は，幼児と人やものとのかかわりが重要であることを踏まえ，物的・空間的環境を構成しなければならない。また，教師は，幼児一人一人の活動の場面に応じて，様々な役割を果たし，その活動を豊かにしなければならない。	第1章　総　則 　保育所は，児童福祉法に基づき保育に欠ける乳幼児を保育することを目的とする児童福祉施設である。 　したがって，保育所における保育は，ここに入所する乳幼児の最善の利益を考慮し，その福祉を積極的に増進することに最もふさわしいものでなければならない。 　保育所は，乳幼児が，生涯にわたる人間形成の基礎を培う極めて重要な時期に，その生活時間の大半を過ごすところである。保育所における保育の基本は，家庭や地域社会と連携を図り，保護者の協力の下に家庭養育の補完を行い，子どもが健康，安全で情緒の安定した生活ができる環境を用意し，自己を十分に発揮しながら活動できるようにすることにより，健全な心身の発達を図るところにある。 　そのために，養護と教育が一体となって，豊かな人間性を持った子どもを育成するところに保育所における保育の特性がある。 また，子どもを取り巻く環境の変化に対応して，保育所には地域における子育て支援のために，乳幼児などの保育に関する相談に応じ，助言するなどの社会的役割も必要となってきている。

ふさわしいものでなければならない」と位置づけている。

また，保育所は0歳児からが生活する場で，「生涯にわたる人間形成の基礎を培う極めて重要な時期に，その生活の大半を過ごすところ」であるため，子どもの個性をしっかり把握し，育ちの援助や指導には十分に気を配る必要がある。さらに，「養護と教育が一体となって，豊かな人間性を持った子どもを育成するところ」とされていることからもわかる通り，保育所は養護と教育の二面について，最長6年間大切な子どもを預かるので，長期指導計画や短期指導計画を常に見直し，よりよい環境を準備する必要があるのである。

(2) 幼稚園教育の目標と保育の目標（表11-2）

「幼稚園教育要領」では，目標として「家庭との連携を図りながら，生涯にわたる人間形成の基礎」を培い，「幼稚園生活を通して，生きる力の基礎を育成する」ことをあげ，基本的生活習慣や人への愛情，自然への興味等，家庭と毎日連絡をとることが求められている。

一方，「保育所保育指針」では，「望ましい未来をつくり出す力の基礎を培うこと」を目標に掲げ，健康や安全への習慣や態度，人に対する愛情，自然への関心等を育むよう援助・指導を工夫していくことを求めている。

表11-2 「幼稚園教育要領」と「保育所保育指針」の比較 ②

幼稚園教育要領	保育所保育指針
第1章 総則 2　幼稚園教育の目標 　幼児期における教育は，家庭との連携を図りながら，生涯にわたる人間形成の基礎を培うために大切なものであり，幼稚園は，幼稚園教育の基本に基づいて展開される幼稚園生活を通して，生きる力の基礎を育成する学校教育法第78条に規定する幼稚園教育の目標の達成に努めなければならない。 （1）健康，安全で幸福な生活のための基本的生活習慣・態度を育て，健全な心身の基礎を培うようにすること。 （2）人への愛情や信頼感を育て，自立と共同の態度および道徳性の芽生えを培うようにすること。 （3）自然などの身近な事象への興味や関心を育て，それらに対する豊かな心情や思考力の芽生えを培うようにすること。 （4）日常生活の中で言葉への興味や関心を育て，喜んで話したり，聞いたりする態度や言葉に対する感覚を養うようにすること。 （5）多様な体験を通じて豊かな感性を育て，創造性を豊かにするようにすること。	第1章 総則 1　保育の原理 （1）保育の目標 　子どもは豊かに伸びていく可能性をそのうちに秘めている。その子どもが，現在を最もよく生き，望ましい未来をつくり出す力の基礎を培うことが保育の目標である。 　このため，保育は次の諸事項を目指して行う。 ア　十分に養護の行き届いた環境の下に，くつろいだ雰囲気の中で子どもの様々な欲求を適切に満たし，生命の保持及び情緒の安定を図ること。 イ　健康，安全など生活に必要な基本的な習慣や態度を養い，心身の健康の基礎を培うこと。 ウ　人との関わりの中で，人に対する愛情と信頼感，そして人権を大切にする心を育てるとともに，自主，協調の態度を養い，道徳性の芽生えを培うこと。 エ　自然や社会の事象についての興味や関心を育て，それらに対する豊かな心情や思考力の基礎を培うこと。 オ　生活の中で，言葉への興味や関心を育て，喜んで話したり，聞いたりする態度や豊かな言葉を養うこと。 カ　様々な体験を通して，豊かな感性を育て，創造性の芽生えを培うこと。

(3) 教育課程と保育の方法 (表11-3)

「幼稚園教育要領」では，地域の特性も考慮に入れて創意工夫した長期にわたる指導計画を作成することが求められている。

「保育所保育指針」では，「保育士の言動が子どもにも大きな影響を与える。したがって，保育士は常に研修などを通して，自ら，人間性と専門性の向上に努める必要がある」とあり，保育士自らふだんの生活のなかでいろいろなものに興味や関心をもち，心と健康の増進に努めることが大切である。

(4) 幼稚園教育のねらいと保育のねらい (表11-4)

指導計画を立てていくなかでは，「幼稚園における生活の全体を通じ，幼児が様々な体験を積み重ねる中で相互に関連をもちなが

表11-3 「幼稚園教育要領」と「保育所保育指針」の比較 ③

幼稚園教育要領	保育所保育指針
第1章 総則 3 教育課程の編成 　各幼稚園においては，法令及びこの幼稚園教育要領の示すところに従い，創意工夫を生かし，幼児の心身の発達と幼稚園及び地域の実態に即応した適切な教育課程を編成するものとする。 (1) 幼稚園生活の全体を通して保育内容が示すねらいが総合的に達成されるよう，教育期間や幼児の生活経験や発達の過程などを考慮して具体的なねらいと内容を組織しなければならないこと。この場合においては，特に，自我の芽生え，他者の存在を意識し，自己を抑制しようとする気持ちが生まれる幼児期の発達の特性を踏まえ，入園から修了に至るまでの長期的な視野をもって充実した生活が展開できるように配慮しなければならないこと。 (2) 幼稚園の毎学年の教育週数は，特別の事情のある場合を除き，39週を下ってはならないこと。 (3) 幼稚園の1日の教育時間は，4時間を標準とすること。ただし，幼児の心身の発達の程度や季節などに適切に配慮すること。	第1章 総則 1 保育の原理 (2) 保育の方法 　保育においては，保育士の言動が子どもにも大きな影響を与える。したがって，保育士は常に研修などを通して，自ら，人間性と専門性の向上に努める必要がある。また，倫理観に裏付けられた知性と技術を備え，豊かな感性と愛情を持って，一人一人の子どもに関わらなければならない。 　このため，保育は，次の諸事項に留意し，第3章から第10章に示すねらいが達成されるようにすること。 ア　一人一人の子どもの置かれている状態及び家庭，地域社会における生活の実態を把握するとともに，子どもを温かく受容し，適切な保護，世話を行い，子どもが安定感と信頼感を持って活動できるようにすること。 イ　子どもの発達について理解し，子ども一人一人の特性に応じ，生きる喜びと困難な状況への対処する力を育てることを基本とし，発達の課題に配慮して保育すること。 ウ　子どもの生活のリズムを大切にし，自己活動を重視しながら，生活の流れを安定し，かつ，調和のとれたものにすること。特に，入所時の保育に当たっては，できるだけ個別的な対応を行うことによって子どもが安定感を得られるように努め，次第に主体的に集団に適応できるように配慮するとともに，既に入所している子どもに不安や動揺を与えないように配慮すること。 エ　子どもが自発的，意欲的に関われるような環境の構成と，そこにおける子どもの主体的な活動を大切にし，乳幼児期にふさわしい体験が得られるように遊びを通して総合的に保育を行うこと。 オ　一人一人の子どもの活動を大切にしながら，子ども相互の関係づくりや集団活動を効果あるものにするように援助すること。 カ　子どもの人権に十分配慮するとともに，文化の違いを認め，互いに尊重する心を育てるようにすること。 キ　子どもの性差や個人差にも留意しつつ，性別による固定的な役割分業意識を植え付けることのないように配慮すること。 ク　子どもに，身体的苦痛を与え，人格を辱めることがないようにすること。 ケ　保育に当たり知り得た子どもなどに関する秘密は，正当な理由なく漏らすことがないようにすること。

ら次第に達成に向かう……」という一節からもわかるとおり，"5領域の関連をもちながら次第に"という点が重要である。1つの

表11−4 「幼稚園教育要領」と「保育所保育指針」の比較 ④

幼稚園教育要領	保育所保育指針
第2章　ねらい及び内容 　この章に示すねらいは幼稚園修了までに育つことが期待される生きる力の基礎となる心情，意欲，態度などであり，内容はねらいを達成するために指導する事項である。これらを幼児の発達の側面から，心身の健康に関する領域「健康」，人とのかかわりに関する領域「人間関係」，身近な環境とのかかわりに関する領域「環境」，言葉の獲得に関する領域「言葉」及び感性と表現に関する領域「表現」としてまとめ，示したものである。 　各領域に示すねらいは幼稚園における生活の全体を通じ，幼児が様々な体験を積み重ねる中で相互に関連をもちながら次第に達成に向かうものであること，内容は幼児が環境にかかわって展開する具体的な活動を通して総合的に指導されるものであることに留意しなければならない。 　なお，特に必要な場合には，各領域に示すねらいの趣旨に基づいて適切な，具体的な内容を工夫し，それを加えても差し支えないが，その場合には，それが幼稚園教育の基本を逸脱しないよう慎重に配慮する必要がある。 **健康** 〔健康な心と体を育て，自ら健康で安全な生活をつくり出す力を養う〕 **1　ねらい** （1）明るく伸び伸びと行動し，充実感を味わう。 （2）自分の体を十分に動かし，進んで運動しようとする。 （3）健康，安全な生活に必要な習慣や態度を身に付ける。 **2　内容** （1）先生や友達と触れ合い，安定感をもって行動する。 （2）いろいろな遊びの中で十分に体を動かす。 （3）進んで戸外で遊ぶ。 （4）様々な活動に親しみ，楽しんで取り組む。 （5）健康な生活のリズムを身に付ける。 （6）身の回りを清潔にし，衣服の着脱，食事，排泄など生活に必要な活動を自分でする。 （7）幼稚園における生活の仕方を知り，自分たちで生活の場を整える。 （8）自分の健康に関心をもち，病気の予防などに必要な活動を進んで行う。 （9）危険な場所，危険な遊び方，災害時などの行動の仕方が分かり，安全に気を付けて行動する。 **3　内容の取扱い** 　上記の取扱いに当たっては，次の事項に留意する必要がある。 （1）心と体の健康は，相互に密接な関連があるものであることを踏まえ，幼児が教師や他の幼児との温かい触れ合いの中で自己の存在感や充実感を味わうことなどを基盤として，しなやかな心と体の発達を促すこと。 （2）様々な遊びの中で，幼児が興味や関心，能力に応じて全身を使って活動することにより，体を動かす楽しさを味わい，安全についての構えを身に付け，自分の体を大切にしようとする気持ちが育つようにすること。 （3）自然の中で伸び伸びと体を動かして遊ぶことにより，体の諸機能の発達が促されることに留意し，幼児の興味や関心が戸外にも向くようにすること。その際，幼児の動線に配慮した園庭や遊具の配置などを工夫すること。 （4）基本的な生活習慣の形成に当たっては，幼児の自立心を育て，幼児が他の幼児とかかわりながら主体的な活動を展開する中で，生活に必要な習慣を身に付けるようにすること。	**第1章　総則** **2　保育の内容構成の基本方針** **（1）ねらい及び内容** 　「ねらい」は，保育の目標をより具体化したものである。これは，子どもが保育所において安定した生活と充実した活動ができるようにするために，「保育士が行わなければならない事項」及び子どもの自発的，主体的活動を保育士が援助することにより，「子どもが身につけることが望まれる心情，意欲，態度などを示した事項」である。 　「内容」は，これらのねらいを達成するために，子どもの状況に応じて保育士が適切に行うべき基礎的な事項及び保育士が援助する事項を子どもの発達の側面から示したものである。 　内容のうち，子どもが保育所で安定した生活を送るために必要な基礎的な事項，すなわち，生命の保持及び情緒の安定に関わる事項は全年齢について示してあるが，特に，3歳以上児の各年齢の内容においては，これらを［基礎的事項］としてまとめて示してある。また，保育士が援助して子どもが身に付けることが望まれる事項について発達の側面から以下の領域が設けられている。心身の健康に関する領域である「健康」，人との関わりに関する領域である「人間関係」，身近な環境との関わりに関する領域である「環境」，言葉の獲得に関する領域である「言葉」及び感性と表現に関する領域である「表現」の5領域を設定して示してあるが，この5領域は，3歳未満児については，その発達の特性からみて各領域を明確に区分することが困難な面が多いので，5領域に配慮しながら，基礎的な事項とともに一括して示してある。なお，保育は，具体的には子どもの活動を通して展開されるものであるので，その活動は一つの領域だけに限られるものではなく，領域の間で相互に関連を持ちながら総合的に展開していくものである。 　保育の内容の発達過程区分については，6か月未満児，6か月から1歳3か月未満児，1歳3か月から2歳未満児，さらに2歳児から6歳児までは1年ごとに設定し，それぞれのねらいと内容を第3章から第10章に示してある。 　なお，発達過程の区分による保育内容は組やグループ全員の均一的な発達の基準としてみるのではなく，一人一人の乳幼児の発達過程として理解することが大切である。

行事のためだけに練習させ発表させるのではなく，その行事は1年間を通してのその時期におけるものであり，練習の過程や発表の後もみんなで楽しむものにする計画が必要である。けっしてその場限りのものにしてはならない。

「保育所保育指針」においても5領域が示されており，それぞれを熟読する必要があることは言うまでもない。とくに「保育士が行わなければならない事項」と「子どもが身につけることが望まれる心情，意欲，態度などを示した事項」に留意し，より具体的な指針を読み取る。

2 幼児体育の方向

ここでいう「幼児体育」とは，スポーツ選手を育てたり，筋力や持久力をトレーニングしたりということではなく，幼児教育や保育というなかに位置づけられているものをいう。

つまり，参考に示してきた「幼稚園教育要領」の総則，目標や，「保育所保育指針」の総則，原理を十分理解したうえで，それらにそった方向で計画するものである。

したがって，身体的な活動を十分に楽しみながらみんなでルールを守ったり，励まし合ったりする体験をさせるための指導計画が立てられなければいけない。つまり，人としての育ちに重点を置くべきである。以下に，幼児体育の方向を示す3つのポイントをあげる。

①身体的活動

身体を動かす遊びが中心になる。子どもが積極的に精一杯走ったり，跳んだりすることで，筋力，持久力や敏捷性が向上するように援助することである。幼児期は調整力を向上させる運動，走る，跳ぶ，投げる，蹴る，バランスをとるなど，自分の身体をコントロールする能力を養う遊びを多く取り入れ，元気に楽しく参加させ，できるようになったときの満足感をもたせると自信にもつながる。

②精神的活動

楽しく精一杯遊ぶことは，大脳の発達や心の成長にもつながる。つまり，運動能力，認知能力，判断力，決断力，やる気などは，運動遊びのなかで自然に養われると考える。

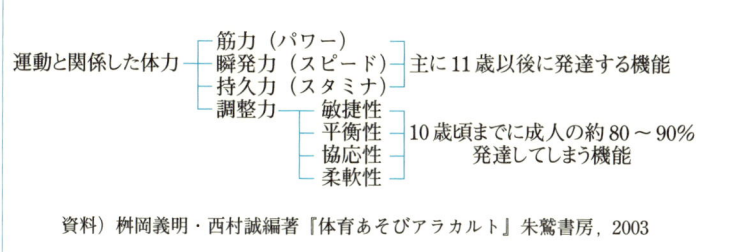

```
運動と関係した体力 ─┬─ 筋力（パワー）
                    ├─ 瞬発力（スピード） ─── 主に11歳以後に発達する機能
                    ├─ 持久力（スタミナ）
                    └─ 調整力 ─┬─ 敏捷性
                                ├─ 平衡性   10歳頃までに成人の約80〜90%
                                ├─ 協応性       発達してしまう機能
                                └─ 柔軟性
```

資料）桝岡義明・西村誠編著『体育あそびアラカルト』朱鷺書房，2003

図11-1　運動と関係した体力の分類

③社会性

　幼児体育では，1人で遊ぶことより，友だちと複数もしくは多人数で遊ぶことをすすめたい。集団的遊びにおいて，協同して楽しむことを体験し，励ましたり励まされたりのなかから思いやりの心，また自制心も育まれる。また，競争して勝ったときは，みんなで喜び，負けたときは，みんなで悔しがったりという，友だちとの連帯感を養える場としたい。

　①②③いずれも，指導者の力量が重要である。活動の目的をしっかり把握し，図11-1のような運動と関係した体力も参考に，その場その場での見守り，声掛けを行うことが，その後の展開に大きく影響する。とくに，0歳から小学校低学年までにもっとも発達する「調整力」に主眼をおきたい。

　トップレベルの競技者たちは3〜5歳の頃から競技をなんらかのきっかけで始めていることが多い。たとえば，親がトップアスリートであるため，体が弱いので強くさせるためなど……。理由はともあれ，調整力は10歳くらいまでに発達してしまうので，この時期からいろいろな遊び（体育）を体験させないと，トップアスリートにはほとんどなれないといってよいだろう。

　この時期は，それくらい本人の人生を大きく左右する時期である。リズム感，バランス感覚などしなやかに身体を動かす，器用に体を動かすという，能力を身につけることができる遊びをできるだけ多く体験させ，トップアスリートにはならなくても丈夫な体，健康な体をつくる援助・指導を心がけたい。

2. 指導計画の種類

　教育課程や保育計画で示される指導計画は，地域性，環境，子どもの発達，そして子どもの育ちへの思いを踏まえ，それぞれの園で全体的な計画を編成していかなければならない。

　それぞれの園には，教育方針（保育方針）や教育目標（保育目標）があり，その園で保育実践する保育者はその方向をしっかり理解し確認しながら，毎日子どもたちと向き合い保育していくことになる。

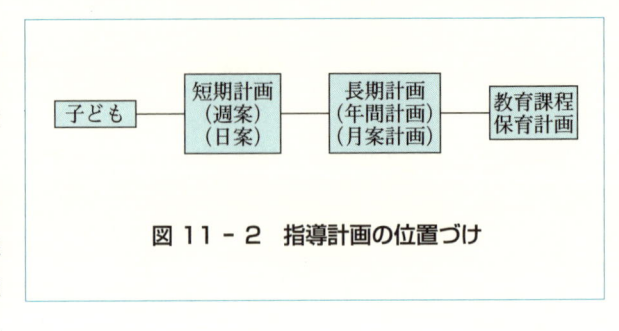

　一方，園の方針や目標は「かわいいわが子を通わせる園の方針や目標は何なのか」「具体的な日々の保育内容はどうなのか」「保育者の資質や保育にかける情熱はあるのか」など，保護者にとってもたいへん関心の高いものである。

　では，どのように指導計画を立てていけばよいのだろうか。園の教育課程や保育計画を具体的にするには，在園中から卒園後までの子どもの育ちを考えた長期の計画と，限られた時間内での具体的な保育を進める短期の計画がある（図11‐2）。

　長期の計画は，年，学期，月ごとの計画であり，短期の計画は，週，日，時ごとの計画である。これらは園の実態を踏まえながら計画を編成するものである。

　ただし，忘れてはならないことは，指導計画はあくまでも計画であって，そこにいる子どもの実態をしっかり見据えて，その子にとってよりよいものにするということである。繰り返しになるが，保育者の一方的な計画にしないで，子どもと保育者との関係のなかで築いていくことも大切なポイントである。

図11‐2　指導計画の位置づけ

子ども ― 短期計画（週案）（日案） ― 長期計画（年間計画）（月案計画） ― 教育課程保育計画

1 長期指導計画と短期指導計画

　長期指導計画には，年間計画，学期計画，期間計画，月間計画（月案）などがある。これらは，長期的な視野をもって，在園中もしくは卒園後を見通して人間としての育ちを願い，援助していくものであり，園の方針や目標に沿っていることを確認しつつ，見直すことが求められる。

　一方，短期指導計画には，週間計画（週案），日計画（日案）などがある。これらは，長期指導計画で立案されたものを，目の前

の子どもに対し，具体的に指導・援助するものである。そこで気をつけなければならないことは，目の前の子どもへの指導に夢中になり過ぎないで，子どもをしっかり観察し，無理をせずに待つゆとりをもち，短期計画を見失わないようにすることである。

以下に，各計画の特徴をあげる。

①年間計画

　園の教育方針や保育方針をもとに，1年間の指導計画として立てるものである。このなかに運動会や生活発表会などの行事も含めて計画するのは当然である。

②月間計画（月案）

　年間計画をより具体化した計画になる。目の前の子どもの状況を把握しながら修正を加えつつ指導計画を立てることになる。

③週間計画（週案）

　月間計画よりさらに具体的に計画を立てることになる。つい最近までの子どもの状況や生活を把握しながら近い将来への見通しをしつつ，具体的な援助や環境構成を考える。

④日計画（日案）

　週案のなかの1日の計画である。言い換えると，昨日から今日，今日から明日へとつながっていく毎日の生活の連続のなかの1日である。この流れを踏まえながら，クラスの環境構成を中心とする計画，活動を中心とする計画，子ども1人ひとりの援助を中心とする計画，そして，遊びを中心に展開する計画と，指導計画が多様になることも必要である。

2 幼稚園指導計画と保育所指導計画

以下に「幼稚園教育要領」および「保育所保育指針」における指導計画をみていく。

表11-5*からもわかる通り，長期指導計画と短期指導計画はそれぞれが独立しているのではなく，密接に関連していることをおさえておく必要がある。

なお，「幼稚園教育要領」と「保育所保育指針」には，指導計画の作成上の留意点など大きな点では違いがない。さらに，2006年には認定こども園制度が施行され，幼稚園でも申請し認定されれば，保育時間を1日8時間まで延長でき，乳児も保育できることになった。

●文献（*）
文部省『幼稚園教育要領』1998，および厚生省児童家庭局『保育所保育指針』1999より抜粋したものを表化した。

表11-5 「幼稚園教育要領」と「保育所保育指針」の比較 ⑤

幼稚園教育要領	保育所保育指針
第3章　指導計画作成上の留意事項 　幼稚園教育は、幼児が自ら意欲をもって環境とかかわることによりつくり出される具体的な活動を通して、その目標の達成を図るものである。 　幼稚園においてはこのことを踏まえ、幼児期にふさわしい生活が展開され、適切な指導が行われるよう、次の事項に留意して調和のとれた組織的、発展的な指導計画を作成し、幼児の活動に沿った柔軟な指導を行わなければならない。 **1　一般的な留意事項** （1）指導計画は、幼児の発達に即して一人一人の幼児が幼児期にふさわしい生活を展開し、必要な体験を得られるようにするために、具体的に作成すること。 （2）指導計画作成に当たっては、次に示すところにより、具体的なねらい及び内容を明確に設定し、適切な環境を構成することなどにより活動が選択・展開されるようにすること。 　ア　具体的なねらい及び内容は、幼稚園生活における幼児の発達の過程を見通し、幼児の生活の連続性、季節の変化などを考慮して、幼児の興味や関心、発達の実情などに応じて設定すること。 　イ　環境は具体的なねらいを達成するために適切なものとなるように構成し、幼児が自らその環境にかかわることにより様々な活動を展開しつつ必要な体験を得られるようにすること。その際、幼児の生活する姿や発想を大切にし、常にその環境が適切なものとなるようにすること。 　ウ　幼児の行う具体的な活動は、生活の流れの中で様々に変化するものであることに留意し、幼児が望ましい方向に向かって自ら活動を展開していくことができるよう必要な援助をすること。 　その際、幼児の実態及び幼児を取り巻く状況の変化などに即して指導の過程についての反省や評価を適切に行い、常に指導計画の改善を図ること。 （3）省略 （4）長期的に発達を見通した年、学期、月などにわたる指導計画やこれとの関連を保ちながらより具体的な幼児の生活に即した週、日などの指導計画を作成し、適切な指導が行われるようにすること。特に、週、日などの指導計画については、幼児の生活のリズムに配慮し、幼児の意識や興味の連続性のある活動が相互に関連して幼稚園生活の自然な流れの中に組み込まれるようにすること。 （5）幼児の行う活動は、個人、グループ、学級全体などで多様に展開されるものであるが、いずれの場合にも、幼稚園全体の教師による協力体制をつくりながら、一人一人の幼児が興味や欲求を十分に満足させるよう適切な援助を行うようにすること。 （6）幼児の主体的な活動を促すためには、教師が多様なかかわりをもつことが重要であることを踏まえ、教師は、理解者、共同作業者など様々な役割を果たし、幼児の発達に必要な豊かな体験が得られるよう、活動の場面に応じて、適切な指導を行うようにすること。 （7）幼児の生活は、家庭を基盤として地域社会を通じて次第に広がりをもつものであることに留意し、家庭との連携を十分に図るなど、幼稚園における生活が家庭や地域社会と連続性を保ちつつ展開されるようにすること。その際、地域の自然、人材、行事や公共施設などを積極的に活用し、幼児が豊かな生活体験を得られるように工夫すること。 （8）幼稚園においては、幼稚園教育が、小学校以降の生活や学習の基盤の育成につながることに配慮し、幼児期にふさわしい生活を通して、創造的な思考や主体的な生活態度などの基礎を培うようにすること。	**第1章　総則** **2　保育の内容構成の基本方針** **（2）保育の計画** 　保育の計画は、全体的な計画と具体的な計画について作成する必要があり、その作成に当たっては柔軟で発展的なものとなるように留意することが重要である。 　全体的な計画は、「保育計画」とし、入所している子ども及び家庭の状況や保護者の意向、地域の実態を考慮し、それぞれの保育所に適したものとなるように作成するものとする。 　また、保育計画は、保育の目標とそれを具体化した各年齢ごとのねらいと内容で構成され、さらに、それらが各年齢を通じて一貫性のあるものとする必要がある。 　また、保育計画に基づいて保育を展開するために、具体的な計画として、「指導計画」を作成するものとする。 　さらに、家庭や地域社会の変化に伴って生じる多様な保育需要に対しては、地域や保育所の特性を考慮して柔軟な保育の計画を作成し、適切に対応することが必要である。保育の計画を踏まえて保育が適切に進められているかどうかを把握し、次の保育の資料とするため、保育の経過や結果を記録し、自己の保育を評価し反省することに努めることが必要である。

では，違いはどこにあるのだろうか。以下に大きな差異を示す。

①**保育時間の長さ**
　1日4時間を標準とする幼稚園と，1日8時間を標準に過ごす保育所とでは，1日の生活の流れ，環境構成，家庭との連携のとり方など違いがでる。幼児体育の面から見た場合は，午前と午後の指導計画に多少の差が生じるのは，やむを得ないと考える。

②**年齢幅の違い**
　幼稚園では3歳から就学前までと3年間（最長），保育所では0歳〜就学前までと6年間（最長）となる。したがって，保育の年数によっても子ども1人ひとりへの指導計画の配慮も必要になる。とくに0〜3歳くらいまでの乳幼児には細かな援助などの記録表（指導表）があることが望ましい。幼児体育の面から見た場合は，保育所では6年間という長期にわたって計画を立てることができる。

3. 指導計画の評価

『育ての心』で倉橋惣三は「自ら育つものを育てようとする心。それが育ての心である。世にこんな楽しい心があろうか。それは明るい世界である。温かい世界である。育つものと育てるものとが，互いの結びつきに於いて相楽しんでいる心である」と述べている*。人が人を育てる——，その行為は奥深く，人間として生を授かったからには次の世代へと受け継がせていかなければならないものがある。保育者は，健康な体をつくり，思いやりのある心を育て，自然を愛し，家族や他人を敬う，そんな体や心の育ちを援助する仕事に就くことのすばらしさを味わってほしい。

そんなすばらしい仕事だからこそ，保育者はしっかりと自らを見つめ研鑽する努力を惜しまないでほしい。目の前にいる子どもたちの育ちを援助・指導するための指導計画を立て実践し，その結果を評価する。この繰り返しをしながら，よりよい育ちへ導いていくことが重要である。

●文献（＊）
倉橋惣三『育ての心』フレーベル館，1979

1 反省・評価と改善

「幼稚園教育要領；第3章　指導計画作成上の留意事項；1　一般的な留意事項（2）」に，「幼児の実態及び幼児を取り巻く状況の変化などに即して指導の過程についての反省や評価を適切に行い，常に指導計画の改善を図ること」とあるように，指導計画の改善は，「指導計画の作成→保育実践（活動の展開）→反省・評価→新たな指導計画の作成」という一連の図式のなかで行われるものである（図11-3）。

一方，『幼稚園教育指導書』では，評価と指導計画の改善について，「指導計画は，常に指導の過程について実践を通しての反省や評価を行い，改善が図られなければならない。この場合の評価は，幼児の発達を理解することと，教師の指導に対するものとの二面を合わせて行うことが大切である。特に幼児の発達の姿は教師の指導に大きく左右されるため，ねらい，内容，環境の構成，教師の直接的な援助が適切なものであったかどうかについて十分に検討し，幼児の発達が望ましい方向に向かって促されるように計画を改善していく必要がある」と述べている**。

●文献（＊＊）
文部省『幼稚園教育指導書 増補版』フレーベル館，1979

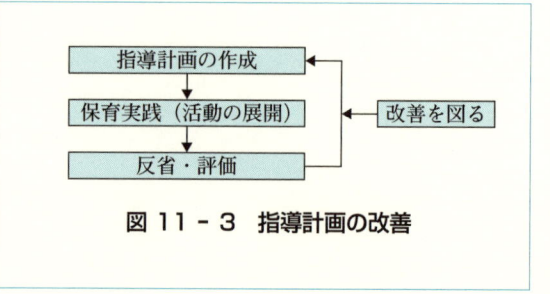

図11-3　指導計画の改善

指導計画の作成 → 保育実践（活動の展開） → 反省・評価 → 改善を図る

2 指導計画の評価のポイント

　指導計画の評価は，保育実践後その過程を反省し，次へステップする重要なものである。何がよかったのか，どこが悪かったのかを知り，今後の保育の課題を見つけ，改善していかなければいけない。

　では，どのような点を評価すればよいのか。門倉文子は「評価と改善の視点」として，以下のポイントをあげている。

①保育のねらいは，保育士の一方的な意図や押しつけでなく，子どもの活動にふさわしいものであったか。
②内容についての活動計画は，適切だったか。活動については子どもが主体的に取り組んで十分楽しめたか。取り組めなかったとしたら原因は何か。
③基礎的事項については，子ども1人ひとりの発達を正しくつかみ，援助できたか。とくに基礎的生活習慣の形成状況はどうか。
④子どもの姿はどうであったか。子ども1人ひとりをどこまで理解できたか。また，集団としての子どもどうしのかかわりはどうだったか。
⑤環境構成と保育者の援助についてはどうだったか。とくに素材・遊具などは適切であったか。1人ひとりの子どもの心の動きを読み取り，子どもの活動についての十分な援助ができたか。またその方法についてはどうであったか。その際，保育士同士の共通理解と協力体制はどうであったか。
⑥家庭や地域との連携については，どうだったか。保護者との信頼関係がとくに重要なので，1人ひとりに焦点を当てて考えてみる。

3 幼児体育の評価にあたって

　幼児体育の評価は，まずは保育者自身の動きや言葉掛けに向けられなければならない。保育者の立つ位置や表情，声掛けのタイミングや声の大きさなど，かかわり方によって，活動の「楽しさ」も変わってくるのである。子どもは課題意識（大人の要請する行動課題に沿ってその達成をはかろうとする意識）がまだ未熟な場合もあるので，保育者からの言葉掛けなどが重要なポイントとなる。言い換えると，上手に「動機づけ」できたかを保育者は省み

る必要があるのである。

　また，評価にあたっては，指導計画自体に目を向けることも当然必要である。前述の通り，指導計画は子どもの状況等を把握したうえで立てられたものであるはずだが，本当に子どもたちに合っていたのか，興味や関心はどうであったかを客観的に分析する必要がある。

　なお，実践した保育を毎日のように記録として残しておくことも，評価する際の手がかりとなり，ひいてはそれが次への保育の改善へとつながっていく。

　幼児体育は遊びから出発すべきである。0歳児でも，6歳児でも，それぞれのおかれた環境のなかから自然に生まれてくる遊びを，保育者は柔軟に対応して展開していくことが何よりも求められる。繰り返しになるが，目の前の子どもを中心に考え，「遊び」「体育」を通して，その子の人間としての育ちを指導・援助することが大切である。そのためにも，まわりの大人や保育者は，日々自分自身を研鑽し，向上心を忘れてはいけない。

【参考文献】
・柴岡三千夫『幼児体育指導教範』幼少年体育振興協会，2005
・磯部裕子『教育課程の理論』萌文書林，2006
・森上史朗・阿部明子編著『幼児教育課程・保育計画総論』建帛社，1999
・文部省『幼稚園教育要領』1998
・厚生省『保育所保育指針』1999
・文部省『幼稚園教育指導書』フレーベル館，1989
・保育所保育指針検討小委員『新しい保育所保育指針』チャイルド本社，2005
・柴岡三千夫『幼児体育教範』幼少年体育振興協会，2003

付録　単元計画の実際例

幼児教育現場における単元計画は，年少・年中・年長の心身の発育・発達に考慮し，継続性のある内容にすべきである。当然，それぞれの時期においても，単発の内容ではなく，前後のつながりをもった内容を計画すべきである。

徒手体操　単元計画（年少児）

【単元のねらい】表現遊びによって，動物についての知識を増やしながら，体の柔軟性，リズム性を養い，集団の中で自分の意思や感情を伝える力を伸ばし，創造力，社会性を育てる。

単元	1時限		2時限		3時限	
本時のねらい	動物についての知識を増やし，いろいろな表現をすることによって，体の柔軟性を養う。		音楽に合わせて表現遊びをすることにより，リズム性，創造性を養う。		自分の意志，感情を伝える力を伸ばし，創造力，社会性を伸ばす。	
段階	幼児の活動	図解	幼児の活動	図解	幼児の活動	図解
導入	1．集合 (1)先生の前に集まる 2．先生のお話 3．自由隊形に広がる 4．手遊び「小さなひょうたん大きなひょうたん」 5．集合		1．集合 (1)発表をする (2)ペープサート 2．模倣運動		1．集合 2．お話 3．自由隊形に広がる 4．体操「大きいぞうさん　小さいぞうさん」 (1)大きいぞうさん (2)小さいぞうさん (3)高いきりんさん (4)低いきりんさん (5)長いへびさん (6)短いへびさん	
展開	1．先生のお話 (1)ペープサート 2．模倣運動 (1)大きいぞうさん (2)小さいぞうさん (3)高いきりんさん (4)低いきりんさん (5)長いへびさん (6)短いへびさん		1．集合 2．先生のお話 3．歌「大きいぞうさん　小さいぞうさん」 4．円になる 5．体操「大きいぞうさん　小さいぞうさん」 (1)大きいぞうさん (2)小さいぞうさん (3)高いきりんさん (4)低いきりんさん (5)長いへびさん (6)短いへびさん		1．集合 2．円になる 3．動物かくれんぼ (1)考える (2)発表する ①ゴリラ ②ペンギン ③ライオン ④ねこ	
整理	1．集合 2．先生のお話 3．手洗い，うがい		1．集合 2．先生のお話 3．発表する 4．歌 5．手洗い，うがい		1．集合 2．先生のお話 3．手洗い，うがい	

徒手体操　単元計画（年中児）

単元	1時限		2時限		3時限	
【単元のねらい】表現遊びにより，「体操」「歌」「リズム」「表現遊び」の4つを，同時に楽しみながら，創造力，柔軟性を養い，ゲームをすることによって忍耐力，競争することの喜びを知る。						
本時のねらい	体操遊びの歌を使い，「体操」「歌」「リズム」「表現遊び」の4つのものを同時に楽しむ。		体操遊び歌を使い，「体操」「歌」「リズム」「表現遊び」を行いながら，その状況に応じた動きをすることにより，創造力，柔軟性を養う。		学んだ動物の動きを使い，みんなと一緒に楽しいゲーム遊びをして体を動かす。	
段階	幼児の活動	図解	幼児の活動	図解	幼児の活動	図解
導入	1．手遊び 「ころころ卵」 2．先生のお話 3．体操遊び歌 (1)うめぼしコロン (2)しゃっくりヒクヒク (3)さかさまだ (4)しゃっくんしゃくとり虫		1．手遊び 2．体操遊び歌 (1)先生のお話 (2)発表 3．自由隊形に広がる 4．体操遊び歌 　　同　　左		1．手遊び 2．先生のお話 3．自由隊形に広がる 4．体操遊び歌 (1)うめぼしコロン (2)しゃっくりヒクヒク (3)お散歩編 (4)寝返り編	
展開	1．自由隊形に広がる 2．体操遊び歌 (1)うめぼしコロン (2)しゃっくりヒクヒク (3)さかさまだ (4)しゃっくんしゃくとり虫		1．先生のお話 (1)ペープサート 2．自由隊形になる 3．体操遊び歌 (1)お散歩編 ①かめ ②ぞう ③へび ④だるま (2)寝返り編 ①かめ ②ぞう ③へび ④だるま		1．遊び歌ゲーム (1)へび (2)だるま (3)かめ	
整理	1．集合（しゃくとり虫） 2．話し合い 3．手洗い，うがい		1．話し合い 2．歌 3．手洗い，うがい		1．先生のお話 2．「しゃっくりヒクヒク」の歌 3．手洗い，うがい	

徒手体操　単元計画(年長児)

【単元のねらい】手や足をおもに使い、体をのびのびと動かしながら、手足の力をつけ、ゲームを通して、仲間と協力し合う社会性を身につけ、ゲームの楽しさや喜びを知る。

単元	1時限		2時限		3時限	
本時のねらい	動物にはどのような動物がいるかなど、種類やそれぞれの動きの特徴を捉え把握させる。		手と力を使って、体を自由に動かし、楽しくゲームに参加する。		1人ひとりがゲームに参加し、足の力を使ってみんなで協力して競争する喜びを知る。	
段階	幼児の活動	図解	幼児の活動	図解	幼児の活動	図解
導入	1．手遊び「きりんさん」 2．先生のお話 3．ペープサート (1)鳴き声 (2)食べ物 (3)数		1．先生のお話 2．ペープサート 3．自由隊形に広がる		1．先生のお話 2．先生の動きを見る (1)おさる (2)ペンギン (3)ぞう (4)トラ (5)うさぎ (6)にわとり (7)くじゃく 3．自由隊形に広がる 4．動物体操 　　同左下	
展開	1．自由隊形に広がる 2．動物体操 (1)おさるさん (2)ペンギン (3)ぞう (4)トラ (5)うさぎ (6)にわとり		1．動物体操 　　同左 2．お話 (1)ペープサートについて (2)くっつくもの (3)発表する 3．「セメダイン」ゲーム (1)手を床につける ①バッタ ②トンネル ③オットセイ (2)手足が自由になる ①手足をブラブラ ②背伸び		1．イモムシ合体ゲーム 2．イモムシゴロゴロゲーム	
整理	1．先生のお話 2．手洗い，うがい		1．先生のお話 2．整理運動 3．手洗い，うがい		1．先生のお話 2．片付け 3．手洗い，うがい	

縄　単元計画（年少児）

【単元のねらい】短縄，長縄を使っていろいろな遊びを知り，協応性，平衡性，瞬発力を養う。							
単元	1時限			2時限		3時限	
本時のねらい	縄で遊ぶことにより，巧緻性を養い，縄の性質を知る。			縄を投げたり，体の各部位で受け取ったりすることにより，バランス性を養う。		縄を使って遊ぶことにより，思考力，バランス性を養う。	
段階	幼児の活動		図解	幼児の活動	図解	幼児の活動	図解
導入	1．集合 2．先生のお話			1．集合 2．先生のお話		1．集合 2．先生のお話	
展開	1．縄を取りに行く 2．絵を描く 3．結び目作り 4．結び目をほどく 5．○△□ゲーム			1．縄を取りに行く 2．自由隊形に広がる 3．短縄を使う (1)投げる，捕る (2)抱く (3)背負う 4．縄を戻す 5．長縄を使う (1)並ぶ (2)歩く ①まっすぐ ②結び目のある縄の上 ③曲線の縄の上 (3)ジャンケン綱わたり		1．縄を取りに行く 2．自由隊形に広がる 3．短縄を使う (1)投げる，取る (2)くぐりっこ (3)輪の中をとぶ 4．長縄を使う (1)歩く ①まっすぐ ②四つん這い (2)走る ①まっすぐ (3)リレー	
整理	1．集合 2．先生のお話 3．手洗い，うがい			1．集合 2．先生のお話 3．片付け 4．手洗い，うがい		1．集合 2．先生のお話 3．片付け 4．手洗い，うがい	

縄　単元計画（年中児）

単元のねらい	縄を投げる，取る，跳ぶ等の運動を通して，調整力，巧緻性，柔軟性，跳躍力を養うとともに，最後までやりぬく忍耐力を育てる。					
単元	1時限		2時限		3時限	
本時のねらい	縄のいろいろな使い方を経験し，縄運動の楽しさを知り，興味をもつ。		縄運動を通して，忍耐力，敏捷性を養う。		縄運動の基本運動を通して，巧緻性，ジャンプを養うとともに，遊びの創造力を伸ばす。	
段階	幼児の活動	図解	幼児の活動	図解	幼児の活動	図解
導入	1．集合 2．先生のお話 3．縄を取りに行く 4．準備運動 (1)ぬき足 (2)遠くにタッチ (3)飛行機ブンブン (4)肩をくるりん (5)左右にピッピ (6)足に乗せて		1．集合(自由隊形) 2．先生のお話 3．縄を取りに行く 4．自由隊形に広がる 5．準備運動 (1)投げる・取る ①上に投げる・取る ②手をたたいて取る ③両手を床につける ④1回転する		1．集合 2．先生のお話 3．縄を取りに行く 4．自由隊形に広がる 5．準備運動 (1)投げる・取る ①頭の上で ②胸の所で ③膝の所で ④手をたたいて	
展開	1．短縄を使って (1)運びっこ ①頭 ②背中 ③腹 (2)縄取り 2．長縄を使って (1)跳ぶ ①ジグザグ ②川遊び ③跳び越し		1．短縄で (1)輪にする ①くぐる a．頭から b．足から ②通す a．腕 b．体 c．足 2．片付け 3．整列 4．長縄で (1)跳ぶ ①ケンケン ②両足 ③ケンパー		1．2人組になる (1)キャッチボール ①向かい合う ②足の間から ③後ろ向きで頭ごし 2．輪にする (1)くぐる (2)2人組になる ①輪投げ a．腕 b．体 c．足 3．跳びっこ (1)輪の中を跳ぶ ①片足交互 ②両足 ③ケンケン ④ケンパー	
整理	1．集合 2．先生のお話 3．片付け 4．手洗い，うがい		1．片付け 2．集合 3．先生のお話 4．手洗い，うがい		1．片付け 2．集合 3．先生のお話 4．手洗い，うがい	

縄　単元計画（年長児）

【単元のねらい】縄を使った総合的な遊びにより，創造性を養い，仲間意識を育てる。

単元	1時限		2時限		3時限	
本時のねらい	長縄を跳ぶことにより，調整力を養う。		総合的な動作をすることにより，全身的な筋力を養う。		遊びの創造性を養い，短縄跳びができるようになる。	
段階	幼児の活動	図解	幼児の活動	図解	幼児の活動	図解
導入	1．集合（自由隊形） 2．先生のお話		1．集合（自由隊形） 2．先生のお話 3．縄を取りに行く 4．自由隊形に広がる 5．絵を描く 6．2人組を作る 7．つなずもう		1．集合（自由隊形） 2．先生のお話 3．縄を取りに行く 4．自由隊形に広がる 5．準備運動 (1)縄を回す ①ヘリコプター ②くるくる水車 ③8の字回し	
展開	1．長縄を使って (1)歩く ①普通に ②障害を置く ③物を置く ④頭に物を乗せる (2)跳ぶ ①縄を跳び超える ②川跳び ③ジグザグ a．1本の縄 b．2本の縄 ④ケンケン跳び ⑤ケンパー跳び (3)箱跳び (4)へびとび (5)大波・小波		1．運びっこ (1)頭 (2)背中 (3)腹 (4)ケンケン 2．投げ入れる 3．集合（自由隊形） 4．グループ分け 5．縄けり競争 6．移動 7．鬼退治ゲーム (1)説明 (2)ゲーム		1．跳ぶ (1)1回休みながら (2)連続で (3)ケンケン (4)走りながら 2．園庭遊具を使う (1)ぶら下がる (2)ターザンロープ (3)忍者ハットリくん	
整理	1．片付け 2．集合（自由隊形） 3．先生のお話 4．手洗い，うがい		1．片付け 2．集合（自由隊形） 3．先生のお話 4．手洗い，うがい		1．片付け 2．集合（自由隊形） 3．先生のお話 4．手洗い，うがい	

付録 ● 単元計画の実際例

ボール　単元計画（年少児）

【単元のねらい】日常の遊具のなかからボールというものの性質を知り，それに親しみながら友だちと楽しく遊ぶ。

単元	1時限		2時限		3時限	
本時のねらい	ボールというものがあることを知り，それに触れてみる。		ボールを使った簡単なゲームに参加し，ボールに触れる。		ボールを使ったゲームの中で，ルールや友だちを応援するなどを身につける。	
段階	幼児の活動	図解	幼児の活動	図解	幼児の活動	図解
導入	1．シャボン玉の歌 (1)普通の大きさ (2)小さな声 (3)大きな声 2．模倣運動 (1)オルガンの音に合わせる ①大きなシャボン玉 ②中くらいのシャボン玉 ③小さいシャボン玉 ④小さいものから大きいものへ割れる 3．シャボン玉に触れる (1)競争 ①1つのものを割る ②たくさん割る (2)足で割る (3)頭で割る		1．ボールをもらう 2．ポーズ遊び (1)ウルトラポーズ (2)キン肉マンポーズ (3)カンガルーポーズ (4)(1)～(3)の動きを号令によってする 3．2列になる 4．1列がボールを片付ける (1)手で転がす (2)あごで転がす (3)お尻で転がす 5．ボールを片付ける		1．ボールをもらう 2．ポーズ遊び 　　同左 3．シャボン玉（ボール）を割る模倣 (1)胸に抱いてボールをぶつける (2)壁に向かってぶつける	
展開	1．ボールをもらう 2．ボールをもらった模倣 (1)手の上に乗せる (2)足で蹴る (3)頭に乗せる 3．ポーズ遊び (1)ウルトラポーズ (2)キン肉マンポーズ (3)カンガルーポーズ 4．ボールを片付ける		1．ピン倒しゲーム		1．チーム分け （くま，うさぎ，きつね，たぬき） 2．プレゼントゲーム	
整理	1．シャボン玉の歌 2．手洗い，うがい		1．先生のお話 2．手洗い，うがい		1．動物行進 (1)くま (2)うさぎ (3)きつね (4)たぬき 2．先生のお話 3．手洗い，うがい	

243

ボール 単元計画（年中児）

【単元のねらい】日常生活で使っているもので遊具を協同製作することで協力・創造性を養う。

単元	1時限		2時限		3時限	
本時のねらい	新聞紙を使って丸い物を作り出し、いろいろな遊びを楽しむ。個人製作から協同製作へと移り協調性を養う。		ボール運動の中の蹴る，走る，止める動きを知り，経験する。ボールの性質を知り，調整力を養う。		ボールを早く運ぶ，当てる等のゲームによって敏捷性を身につけ，集中力，判断力を養う。	
段階	幼児の活動	図解	幼児の活動	図解	幼児の活動	図解
導入	1．準備運動 (1)手遊び（タコとタイ） (2)パーマン扇風機 (3)パーマンごっこ		1．準備運動 (1)パーマン扇風機 (2)尻ポンゲーム		1．グループ分け 2．歌遊び (1)ドレミの歌 (2)かえるの歌 (3)鼻と耳 3．タコとタコ	
展開	1．新聞紙遊び (1)自由に遊ぶ (2)丸める (3)お手玉 ①右から左へ ②左から右へ ③手の甲と手の平で (4)当てっこ投げっこ (5)玉入れ 2．チーム分け 3．ボール作り (1)大きいボール (2)見る 4．ゲーム (1)ボール運びゲーム 5．片付け		1．パーマンキック (1)パーマン（強く蹴る） (2)パーコ（軽く蹴る） (3)ブービー（足にはさみ跳ぶ） (4)亀（背中に乗せる） 2．戦艦ヤマトゲーム (1)ボール1個 (2)ボール2個 (3)ボール3個を3人で 3．片付け		1．ボールをもらう（早く集合したグループ順） 2．ゲーム (1)ボール渡し ①立つ ②座る (2)転がし競争 (3)ボールはさみ（2人組） 3．グループ分け 4．なかあて 5．片付け	
整理	1．先生のお話 2．手洗い，うがい		1．整理運動 (1)足をもむ (2)手を振る (3)深呼吸 2．手洗い，うがい		1．整理運動「頭肩膝ポン」 2．先生のお話 3．手洗い，うがい	

ボール 単元計画（年長児）

【単元のねらい】遊具を使ってボールのいろいろな遊びを知る。ボールの機能を利用して，つく，投げる，蹴る，転がすなどの運動を経験する。

単元	1時限		2時限		3時限	
本時のねらい	ビーチボールを使って，いろいろな運動遊びを知る。模倣遊びを経験し，ボールに興味をもつ。		ボールを使っていろいろな模倣をし，体を動かし，ボールに触れる。		グループになってボール遊びに参加し，協調性を養う。ボール運動のつく，転がす，投げる，蹴るを経験する。	
段階	幼児の活動	図解	幼児の活動	図解	幼児の活動	図解
導入	1．準備運動 (1)だるまさん ①左右にゆれる ②前後にゆれる ③転がる (2)だるまさん遊び「にらめっこ」 2．ビーチボールをふくらます（かけ声）		1．準備運動 　　同左		1．準備運動 　　同左 (3)手を伸ばす (4)足をぶらぶら 2．グループ分け 3．でんぐり返し，通り抜け	
展開	1．ビーチボール遊び (1)円隊形 ①横渡し(右) ②横渡し(左) ③歌に合わせて渡す(イス取りゲームの形式) (2)男女1列 ①ジグザグ競争 ②爆弾ゲーム		1．ボールを取る 2．ボールに触れる (1)遊園地遊び ①赤ちゃん抱っこ ②赤ちゃん高い高い ③肩車 ④おんぶ ⑤ヒコーキ ⑥メリーゴーランド ⑦コーヒーカップ ⑧シーソー ⑨ジェットコースター 3．2人組で (1)足渡し (2)取り合いっこ (3)尻止め		1．ボールを取る 2．次は何ゲーム (1)白―つく 青―転がす 赤―投げる 黄―蹴る (2)ローテーションしていく 3．パックンチョゲーム 4．バウンド競争 5．ボール片付け 6．ハッチの冒険	
整理	1．整理運動 (1)模倣（ビーチボール） ①少し縮む ②中くらい縮む ③ぺチャンコ ④跳躍 ⑤深呼吸 2．手洗い，うがい		1．整理運動（ボール転がし） (1)父さん (2)母さん (3)姉さん (4)赤ちゃん (5)前屈 2．ボール片付け 3．手洗い，うがい		1．みつばち体操 (1)屈伸 (2)手ぶらぶら (3)アキレス (4)深呼吸 (5)手洗い，うがい	

鉄棒　単元計画（年少児）

【単元のねらい】鉄棒以外の棒に触れ，遊びを通して握るということに慣れる。

単元	1時限		2時限		3時限	
本時のねらい	遊びのなかに握る，ぶら下がるという運動を取り入れ腕力を養う。		ぶら下がることにより，鉄の棒の感覚に慣れる。		ジャングルジム遊びを通し，敏捷性を身につけ，注意力，集中力，判断力を養う。	
段階	幼児の活動	図解	幼児の活動	図解	幼児の活動	図解
導入	1．集合する 2．フープ遊び (1)フープに入って体をくぐらす (2)友だちのフープも使って5つのフープをくぐってもどる		1．グループ分け 2．ポールを持つ (1)汽車ごっこ 3．先生の話を聞く (1)似ているものを探す (2)ジャングルジム，雲てい，たいこ橋を外に見に行く		1．集合する 2．ポール体操 (1)膝の曲げ伸ばし (2)横にねじれる (3)前後屈 (4)横曲げ (5)2人組 ①片付け ②手押し車	
展開	1．ポール遊び (1)ジグザグに走る (2)ジャンプ 2．ポール体操 (1)腕の上げ下ろし (2)前後屈 (3)上半身を床に平行にして左右にふる (4)力を入れて胸の前にひきつける (5)棒を床に立て周りを1周する (6)両足くぐり (7)ジャンプ (8)棒を持って呼吸運動 (9)ウルトラマン		1．ジャングルジムについて説明を聞く (1)冷たさ，かたさを確かめる 2．ジャングルジムで遊ぶ (1)迷路遊び (2)1段目にのぼって1周する (3)2つのグループに分かれての橋渡りをする (4)1段目にぶら下がってみる (5)ジャングルジムに足をのせて腕で体を支える		1．整列する 2．ジャングルジムで遊ぶ (1)全員でのぼる (2)おさるさん (3)足ぶらぶら (4)ゲームの説明を聞く (5)高おにゲームをする	
整理	1．片付け 2．整理運動 3．先生のお話 4．手洗い，うがい		1．整理運動 2．先生のお話 3．手洗い，うがい		1．整理運動 (1)手，足をふる 2．先生のお話 3．手洗い，うがい	

鉄棒　単元計画（年中児）

【単元のねらい】鉄棒運動に必要な腕力，脚力を遊びを通して身につけ，想像力を高め，協応性を養う。

単元	1時限		2時限		3時限	
本時のねらい	鉄棒の代わりにポールを用い，握ることを身につけ，鉄棒運動の導入にする。		鉄の棒に触れることにより，鉄の性質を感じ取り慣れさせる。		鉄棒を使ってできる遊びを覚える。想像することにより遊びを増やす。	
段階	幼児の活動	図解	幼児の活動	図解	幼児の活動	図解
導入	1．集合する (1)整列する (2)注意を聞く (3)ポールを持つ		1．集合する (1)整列する 2．ポール体操をする (1)ジャンプ (2)足ぬき (3)ポールおし (4)横まげ (5)体をねじる (6)まわす (7)ポールつかみ 3．片づける		1．集合する (1)ポールをもって整列する 2．ポール体操 (1)ジャンプ (2)手足の曲げ伸ばし (3)横まげ (4)前後屈 (5)回せん (6)柔軟 (7)走る (8)深呼吸	
展開	1．ポール体操をする (1)押し合い (2)足抜き (3)2人組でのポールにつかまってのバランス (4)ぶらんこ（3人組） (5)おさるのかごや 　　　　（3人組） (6)おさるのかごやをしながら1周する		1．集合（自由） 2．ぶらさがる (1)全員でぶらさがる (2)順手でぶらさがる (3)支柱にぶらさがる (4)順手での曲げ伸ばし (5)逆手での曲げ伸ばし (6)後方順手での曲げ伸ばし (7)後方逆手での曲げ伸ばし (8)鉄棒握りリレー		1．集合する (1)整列する 2．鉄棒にぶらさがる (1)にぎる (2)ぶらさがる ①ターザン ②川ごえ (3)ぶらんこ (4)ふとん干し (5)前回りおり (6)足かけ尻おり (7)ぶたの丸焼き	
整理	1．片付け 2．先生のお話 3．整理運動 (1)手を振る 4．手洗い，うがい		1．先生のお話 2．整理運動 (1)手を振る 3．手洗い，うがい		1．整理運動 (1)手・足を振る (2)体を振る，ジャンプ (3)走る 2．お話を聞く 3．手洗い，うがい	

鉄棒 単元計画（年長児）

【単元のねらい】 鉄棒運動を行うことにより平衡性を身につけ、注意力、集中力、判断力、腕力を養い、友だちと協力することにより仲間意識を高める。

単元	1時限		2時限		3時限	
本時のねらい	遊びの中に鉄棒運動を取り入れることにより、恐怖感を取り除く。		鉄棒により平衡性を身につけ、注意力、集中力、判断力、腕力を養い、協応性を高める。		鉄棒を通して仲間意識を高めるとともに、運動の流れのリズムを身につける。	
段階	幼児の活動	図解	幼児の活動	図解	幼児の活動	図解
導入	1．先生のお話 2．グループ分け 3．ゲームの説明 4．「子取り」ゲームをする		1．集合する 2．鉄棒にタオルをかけにいく 3．走る 4．ジャンケン鬼 5．整列する 6．タオル運動 (1)足ぬき (2)タオルとり (3)つなひき 6．片付け 7．先生のお話		1．集合する 2．「まねっこたんたん」をする (1)うさぎ (2)ぞう (3)かえる (4)鉄棒 (5)あまのじゃく	
展開	1．集合 2．ポールをとる (1)汽車 (2)ポールの上げ下げ (3)ポールならべ 3．集合する (1)ポールを飛び越える (2)ケンケンでとぶ (3)うさぎとび (4)ジグザグに走る 4．集合する 5．鉄棒に触れる (1)触る (2)ぶら下がる (3)ゲームをする		1．鉄棒運動 (1)つばめ (2)ぶた (3)足ぬきまわり (4)コウモリ 2．ゲーム		1．先生のお話 2．鉄棒にぶら下がる (1)ぶらんこ (2)ペダルこぎ (3)逆さジャンケン 3．前回り 4．逆上がり 5．足かけ回り 6．連続前回り、連続逆上がり、連続足かけ回り 7．ゲーム	
整理	1．先生のお話 2．整理運動 3．片付け 4．手洗い、うがい		1．整理運動 (1)みんなの体操 2．先生のお話 3．手洗い、うがい		1．整理運動 (1)はとぽっぽ体操 (2)先生のお話 (3)手洗い、うがい	

跳び箱　単元計画（年少児）

【単元のねらい】跳び箱の性質，機能を感覚的に分からせ，怖がらず取り組んでいけるようにごっこ遊びを取り入れながら，跳び箱運動へと発展させていく。

単元	1時限		2時限		3時限	
本時のねらい	跳び箱を使った遊びを通して，社会性，協応性を養い，仲間関係を育てる。		跳び箱を使い，怖がらずに遊びながら協応性を身につけ脚力を養う。		跳び箱を使っての簡単なゲームを行うことで敏捷性や集中力，判断力を身につける。	
段階	幼児の活動	図解	幼児の活動	図解	幼児の活動	図解
導入	1．準備運動「むすんでひらいて」 2．マットの説明 (1)マットの形，柔らかさなど (2)家に似ている物がないかなど 3．マットを使って模倣遊び (1)うさぎになって (2)かえるになって (3)ぞうになって (4)いも虫になって 4．グループ分け（男女1列ずつ）		1．準備運動「むすんでひらいて」 2．汽車ぽっぽごっこ (1)ヘビ歩き (2)かたつむりのうずまき 3．先生のお話 4．グループ分け（男女1列ずつ）		1．準備運動「手をたたきましょう」 2．先生のお話「跳び箱の説明」 (1)分解したらどうなるか (2)1段目はどうなっているかなど 3．船遊び 4．跳び箱の2段目以降を使った遊び (1)くぐる (2)平均台のように歩く (3)ボールの投げ入れ（ボールの取り扱いなどの説明も入れる）	
展開	1．整列 2．お風呂遊び 「さあさ，お風呂はわいたかな～」 (1)形や硬さについて (2)跳び箱の中がどうなっているのか (3)跳び箱をお風呂に見立てる 3．お風呂ごっこ (1)脱衣 (2)入浴 (3)こすりっこ (4)着衣 (5)マットの上でおやすみ		1．整列 2．お山遊び (1)お山取りゲーム（どれだけお山に座れるか） (2)男女手をつないでお山登り (3)お山にどれだけの人数座れるか (4)お山登り⇒ウルトラマンポーズでとび降りる (5)お山登り⇒フープへのとび降り 3．滑り台遊び (1)男女手をつないで滑る (2)滑り台の下から登る (3)パーマンすべり⇒ポーズ		1．整列 （ボールは各自頭の上） 2．色別にグループ分け 3．ボールの投げ入れゲーム（どれだけたくさん入れられるかな） 4．一等に拍手 5．ボール投げゲーム 6．一等に拍手	
整理	1．「起きよ～」で起きる 2．整理運動「手をたたきましょう」 3．先生のお話 4．手洗い，うがい		1．整列 2．パーマン体操（整理運動） 3．先生のお話 4．手洗い，うがい		1．ボールを片付ける（頭の上にボールを乗せて運ぶ） 2．からだ遊びの歌（整理運動） 3．先生のお話 4．手洗い，うがい	

跳び箱　単元計画(年中児)

【単元のねらい】フープなどを兼用して使っていきながら，跳び箱運動の基本運動をきちんと身につけさせて，さらには，応用となる開脚跳びなどの運動も行ってみる。

単元	1時限		2時限		3時限	
本時のねらい	フープや跳び箱を使って，踏み切りの練習をすることで，瞬発力や跳力を養う。		跳び箱の着地方法を知らせるとともに，バランス性，平衡性を養う。		跳び箱運動を行うことで，跳び箱への恐怖感を取り除き，おもしろさを知らせながら敏捷性を養い，運動のリズムを身につける。	
段階	幼児の活動	図解	幼児の活動	図解	幼児の活動	図解
導入	1．準備運動(模倣遊び) (1) ジャンプ ①ぞうの模倣 ②うさぎの模倣 ③飛行機の模倣 ④自由に走る ⑤集合 2．フープを使って (1) フラフープ (2) ころがす (3) 縄跳び (4) 並べて右，左，両足と分けて跳ぶ (5) ケンケンパ (6) くぐる		1．準備運動(模倣遊び) (1) ジャンプ ①赤ちゃんの模倣 ②かえるの模倣 ③おさるの模倣 ④自由に走る ⑤集合 2．くずし遊び(男女で競争) 3．組み立て遊び(男女で競争)		1．準備運動「手をたたきましょう」 (むすんでひらいて) 2．くずし遊び(男女で競争) 3．平均台のようにしてくぐる 4．跳んでくぐって 5．組み立て遊び(男女で競争)	
展開	1．整列 2．跳び箱について話し(形，色，中はどうなっているかなど) 3．くずし遊び(男女で競争) 4．組み立て遊び(男女で競争) 5．跳び箱並べて (1) ケンパ (2) 男女で手をつないで走り抜ける (3) 男女で手をつないで跳んでいく		1．整列 2．跳び箱とフープを使って (1) 跳び箱からフープの中へ⇒跳び降り⇒ポーズ (2) 跳び箱から好きなフープへ跳び降り⇒ポーズ (3) 跳び箱からフープの向こうへ跳び降り⇒ポーズ 3．垂直跳び (1) 跳び箱からウルトラマン跳び⇒ウルトラマンポーズ 4．膝打ち跳び 5．手打ち跳び 6．跳び箱から跳び降り⇒マットで前転 7．跳び箱から跳び降り⇒マットで後転		1．2人組で尻上げ 2．跳び箱にお母さん座り⇒1．2．3で跳び降り 3．跳び箱にお母さん座り⇒赤ちゃん歩き 4．跳び箱に馬乗り⇒端までいき跳び降り 5．開脚跳び (1) 尻上げ⇒またぎ⇒降りる (2) 開脚跳び 6．閉脚跳び (1) お母さん座り⇒足上げ⇒跳び越し (2) 閉脚跳び 7．台上前転 (1) 低い跳び箱で赤ちゃん歩き⇒マットで前転 (2) 高さのある跳び箱で	
整理	1．片付け(汽車ポッポで運ぶ) 2．むすんでひらいて(整理運動) 3．手洗い，うがい		1．片付け(汽車ポッポで運ぶ) 2．からだ遊びのうた(整理運動) 3．手洗い，うがい		1．片付け(汽車ポッポで運ぶ) 2．からだ遊びの歌(整理運動) 3．先生のお話 4．手洗い，うがい	

跳び箱　単元計画(年長児)

【単元のねらい】跳び箱を跳び越える時の恐怖心を克服し，助走・踏み切り・支持・空間動作・着地の一連の動作を行う腕立て横跳び越し，腕立て開脚跳び越し，台上前転ができるようになる。

単元	1時限		2時限		3時限	
本時のねらい	恐怖心を克服し，腕立て横跳び越しができるようになる。		恐怖心を克服し，開脚横跳び越しができるようになる。		恐怖心を克服し，台上前転ができるようになる。	
段階	幼児の活動	図解	幼児の活動	図解	幼児の活動	図解
導入	1．集合 2．先生のお話 3．準備運動 (1) 1．2．3ジャンプ (2) ストレッチ (3) 跳び箱のセッティング		1．集合 2．先生のお話 3．準備運動 (1) 1．2．3ジャンプ (2) ストレッチ (3) 跳び箱のセッティング		1．集合 2．先生のお話 3．準備運動 (1) 1．2．3ジャンプ (2) ストレッチ (3) 跳び箱のセッティング	
展開	1．腰上げ 2．膝のり 3．足のり 4．跳び越し		1．腰上げ 2．尻のり 3．跳び越し ※手の位置 ① ② ③		1．腰上げ 2．台上前転	
整理	1．整理運動(ストレッチ) 2．片付け 3．先生のお話 4．手洗い，うがい		1．整理運動(ストレッチ) 2．片付け 3．先生のお話 4．手洗い，うがい		1．整理運動(ストレッチ) 2．片付け 3．先生のお話 4．手洗い，うがい	

平均台　単元計画（年少児）

単元	1時限		2時限		3時限	
【単元のねらい】 動物の模倣によって動物の特徴を知り，柔軟性，筋持久力を養う。また，高低のある所，狭い場所を渡ることでバランス感覚を身につける。							
本時のねらい	テープで作ったカーブや直線を歩くことにより，狭い場所での平行性を養う。		高くて狭い場所での恐怖心を取り除き，関心をもたせる。		平均台の上を歩いたりすることにより，バランス性を身につける。	
段階	幼児の活動	図解	幼児の活動	図解	幼児の活動	図解
導入	1．集合 2．先生のお話 3．自由隊形に広がる 4．準備体操 (1)はとぽっぽ体操 (2)走る		1．集合 2．先生のお話 3．自由隊形に広がる 4．準備体操 (1)はとぽっぽ体操 (2)走る		1．集合 2．先生のお話 3．自由隊形に広がる 4．準備体操 (1)はとぽっぽ体操 (2)イス取りゲーム	
展開	1．平均台くぐり (1)へび (2)いも虫 (3)アザラシ (4)くま 2．集合 3．沈没ゲーム 4．テープの上を歩く (1)半円 (2)ジグザグ (3)デコボコ (4)うずまき		1．集合 2．整列 3．歩く (1)テープの上 (2)はしごの上 (3)積み木の上 4．平均台を使って (1)またがる (2)のぼる (3)ぶらさがる		1．整列 2．平均台を使って (1)歩く ①横向き ②前向き (2)バランス 3．ハイキングゲーム (1)テープ上を歩く (2)平均台タッチ (3)くぐる (4)ぶらさがる (5)上にのぼる (6)バランス (7)おりる	
整理	1．集合 2．先生のお話 3．片付け 4．手洗い，うがい		1．集合 2．先生のお話 3．整理運動 4．片付け 5．手洗い，うがい		1．集合 2．先生のお話 3．整理運動 4．片付け 5．手洗い，うがい	

平均台 単元計画（年中児）

【単元のねらい】平均台を模倣しながら渡ることによって，理解力，想像力，バランス感覚を身につけ，できた時の感激を味わうと同時に，社会性，協応性も身につける。					
単元	1時限		2時限		3時限
本時のねらい	高くて狭い所をバランス良く渡ることができる。いろいろな準備運動で平均台に慣れ親しむ。		高くて狭い所を怖がらずに通れるようになる。お友だちの演技を集中して見ることができる。		高くて狭い所をバランス良く通ることができる。お友だちと楽しくゲームをすることができる。
段階	幼児の活動	図解	幼児の活動	図解	幼児の活動
導入	1．集合 2．先生のお話 3．自由隊形に広がる 4．準備体操 (1)はとぽっぽ体操 (2)イス取りゲーム (3)フルーツバスケット (4)7匹の子やぎ		1．集合 2．お話 3．自由隊形に広がる 4．準備体操 (1)はとぽっぽ体操 (2)ライオンがり		1．集合 2．お話 3．自由隊形に広がる 4．準備体操 (1)ハットリくん (2)ライオンがり
展開	1．整列 2．平均台を歩く (1)横歩き (2)カニさん ①普通に ②途中で座る (3)くまさん		1．整列 2．平均台あそび (1)歩く ①くま ②2人で横歩き ③前向き ④ぞうさん ⑤小犬さん ⑥モノレール ⑦ケーブルカー		1．整列 2．平均台を使って (1)歩く ①前歩き ②障害物こし (2)ポーズ ①かかし ②つる (3)ボール運び ①抱く ②肩ぐるま ③おんぶ (4)ボール運び競争 (5)すべり台すべり
整理	1．集合 2．先生のお話 3．整理体操 4．片付け 5．手洗い，うがい		1．集合 2．先生のお話 3．整理体操 4．片付け 5．手洗い，うがい		1．集合 2．先生のお話 3．整理体操 4．片付け 5．手洗い，うがい

平均台　単元計画（年長児）

【単元のねらい】いろいろな遊びを通して，平均台への恐怖心を取り除き，楽しく遊び，また，関心をわきたたせる。渡る，登る，ぶらさがるなどの運動により，バランス性，忍耐力を身につける。

単元	1時限		2時限		3時限	
本時のねらい	平均台に親しみ，興味をもたせる。全身的な協応性，バランスの能力を養う。		交互足の前，後ろ，横向きの歩きを経験し，バランスの取り方を身につける。平均台に登る，ぶら下がるなどして，腕力，脚力を身につけ，平均台の特徴を知る。		交互足での前，後ろ，横向きを習得し，グループゲームをすることにより，恐怖感をなくし協調性を養う。いろいろな器具を利用して総合的な遊びを経験する。	
段階	幼児の活動	図解	幼児の活動	図解	幼児の活動	図解
導入	1．集合(自由隊形) 2．先生のお話 3．自由隊形に広がる 4．準備体操 (1)はとぽっぽ体操 (2)タッチング (3)イス取りゲーム		1．集合(自由隊形) 2．先生のお話 3．自由隊形に広がる 4．準備体操 (1)はとぽっぽ体操 (2)電車ごっこ		1．集合(自由隊形) 2．先生のお話 3．自由隊形に広がる 4．準備体操 (1)はとぽっぽ体操 (2)イス取りゲーム	
展開	1．整列 2．平均台遊び (1)歩く ①前向き ②後ろ向き ③横向き (2)お手玉運び ①前向き ②後ろ向き (3)字かきポーズ ①「の」の字 ②「だ」の字 (4)ジャンケン陣とり		1．整列 2．平均台遊び (1)歩く ①前向き ②後ろ向き ③横向き (2)腕立て前振り跳び (3)モノレール (4)ケーブルカー		1．整列 2．平均台遊び (1)歩く ①前向き ②後ろ向き ③横向き ④クラップ (2)ボール運び (3)ハイキング	
整理	1．集合(自由隊形) 2．先生のお話 3．整理体操 4．片付け 5．手洗い，うがい		1．集合(自由隊形) 2．先生のお話 3．整理体操 4．片付け 5．手洗い，うがい		1．集合(自由隊形) 2．先生のお話 3．整理体操 4．片付け 5．手洗い，うがい	

マット運動　単元計画（年少児）

【単元のねらい】マットに直接触れることにより，特性・安全性を知り，マット運動に興味をもたせる。

単元	1時限		2時限		3時限	
本時のねらい	マットの上で自由に体を動かして体の緊張を発散させて遊ぶ楽しさを味わう。		マットに直接触れることによって感触を知る。模倣運動によって想像力，表現力を養う。		ロールマットの乗り降りによって，バランス感覚をつかみ，跳躍力をつける。	
段階	幼児の活動	図解	幼児の活動	図解	幼児の活動	図解
導入	1．マットで自由遊び ①広げたりたたんだり ②押し合い 2．集合(自由隊形) 3．お話 4．約束 5．手遊び「まねっこ拍手」		1．集合 2．歌「かめさん」 3．話し合い		1．集合 2．お話 3．約束	
展開	1．整列 2．マットを使って (1)ごっこあそび「生活ごっこ」 ①寝る ②起きる ③洗面 ④歯磨き ⑤朝食 ⑥登園 ⑦自由遊び ⑧昼食 ⑨降園		1．かめになる (1)散歩 (2)頭を引っ込める (3)手足を引っ込める (4)転がる (5)頭を出す (6)手足を出す (7)散歩 (8)(1)〜(7)を総合して (9)泳ぐ (10)転がったり這ったり		1．マットと跳び箱・平均台 (1)マットと跳び箱 (2)マットと平均台 2．マットの上を跳ぶ (1)バッタ (2)カエル 3．平均台 (1)上を歩く (2)くぐる 4．ロールマット (1)飛び降りる（フープの中に） ①両足で ②片足で (2)前転	
整理	1．整列 2．先生のお話 3．手遊び 4．片付け 5．手洗い，うがい		1．集合 2．先生のお話 3．手遊び「ポケットかくれんぼ」 4．片付け 5．手洗い，うがい		1．整理運動 2．集合 3．先生のお話 4．手遊び 5．片付け 6．手洗い，うがい	

マット運動 単元計画（年中児）

単元のねらい	マット運動をすることにより，柔軟性，巧緻性を養う。また，ゲームを通して，社会性，協調性を伸ばしていく。					
単元	1時限		2時限		3時限	
本時のねらい	マットの上ですもうをすることにより，忍耐力，向上心を養い，教師と子どものスキンシップをはかる。		マットの上でグループゲームをすることにより，協調性を養い，また，ボールを転がすことにより，調整力を養う。		模倣運動を通して，表現力，調整力を養い，マットのいろいろな遊びを知る。	
段階	幼児の活動	図解	幼児の活動	図解	幼児の活動	図解
導入	1．マットを出す 2．自由隊形に広がる 3．準備体操「はとぽっぽ体操」 4．集合 5．先生のお話 6．約束		1．マットの準備 2．自由隊形に広がる 3．準備体操「はとぽっぽ体操」 4．集合 5．先生のお話		1．手遊び 2．自由隊形に広がる 3．準備体操「はとぽっぽ体操」 4．集合 5．先生のお話	
展開	1．おすもうさん (1)話し合い (2)四股を踏む (3)はっけよいのこった (4)すもうをとる ①男の子対男の子 ②女の子対女の子 ③男の子対女の子 ④先生対子どもたち		1．歩く (1)自由に四つん這い 2．トンネル (1)先生のトンネルくぐり (2)トンネル作り (3)トンネルくぐり (4)ボール転がし (5)ボール転がしの競争		1．忍者ハットリ君 (1)話し合い ①歩き方 ②どういうことをするか ③何をするか (2)歩く ①しのび足 (3)早く走る (4)転がる (5)跳ぶ ①マットの間 ②ロールマット (6)前転 ①補助して ②手押し車から	
整理	1．集合 2．紙芝居「衛生について」 3．先生のお話 4．片付け 5．手洗い，うがい		1．集合 2．手遊び「指のロケット」 3．先生のお話 4．片付け 5．手洗い，うがい		1．集合 2．手遊び「ニャンコジャンケン」 3．先生のお話 4．片付け 5．手洗い，うがい	

マット運動　単元計画（年長児）

【単元のねらい】マット運動の総合的動作を習得し，体力，筋力，反射神経の増進をはかる。

単元	1時限		2時限		3時限	
本時のねらい	手押し車から，前転へと移っていくことにより，腕の支持力，柔軟性を養う。		ロールマットを使ったいろいろな遊びを経験し，バランス感覚や跳躍力を養う。		マット運動の総合運動を行うことにより，バランス性，調整力，忍耐力を養う。	
段階	幼児の活動	図解	幼児の活動	図解	幼児の活動	図解
導入	1．集合 2．お話 3．模倣遊び (1)動物園へ行こう！ ①車を運転する ②動物の模倣 イ．ゴリラ ロ．ぞう ハ．キリン ニ．くじゃく		1．集合 2．お話 3．自由隊形になる 4．準備体操「アブラハムには7人の子」		1．集合 2．お話 3．約束 4．自由隊形に広がる 5．準備体操「アブラハムには7人の子」 6．ジャンケン電車	
展開	1．マット運動 (1)マットに触れる ①座る ②転がる ③ゆりかご (2)前転 ①手押し車 ②手押し車から ③1人で (3)後転 ①ゆりかごから ②1人で		1．マット運動 (1)おしくらまんじゅう (2)ロールマット ①乗る イ．お尻で座る ロ．馬乗り ハ．膝乗り ニ．尻乗り ②前転 ③山登り ④マットたおし ⑤何人乗れるか		1．整列 2．マットに寝る 3．起きる 4．お約束 5．マット運動 (1)忍者ハットリ君遊び ①ゆっくり忍び足 ②素早く走る ③忍び足（フープ） ④山登り ⑤屋根にのぼりおりる ⑥前転 ⑦つなわたり ⑧泳ぐ	
整理	1．集合 2．先生のお話 3．手遊び「おはぎの嫁入り」 4．片付け 5．手洗い，うがい		1．整理体操 2．集合 3．先生のお話 4．手遊び 5．片付け 6．手洗い，うがい		1．先生のお話 2．整理体操 3．手遊び「ポテトチップス」 4．片付け 5．手洗い，うがい	

Index
さくいん

― あ ―

アウトサイド（蹴る） 143
仰向け（姿勢③―臥位） 62
赤ちゃん（這う） 88
赤ちゃん（手で扱う）（持って扱う①―座位） 130
赤ちゃん座り（姿勢②―座位） 59
上がる・下りる 106
アクティブ80ヘルスプラン 16
アザラシ（這う） 88
足打ち（空間動作・着地―低い跳び箱） 96
足裏支え（登る・下りる①―1本登り） 126
足裏支え（登る・下りる②―2本登り） 127
足かけ（水かけ） 179
足掛け上がり（上がる・下りる） 106
足から手（投げる・受ける①―1人） 133
足からみ（横渡り） 127
足つき（登る） 120
足抜き 156
足抜きまわり（まわる） 110
足乗り（腕支持①―高い跳び箱（一台）） 98
足乗り・ジャンプ下り（跳び乗り・下り） 91
足バタバタ（プールサイド①―腰掛け） 182
足（ぶら下がる） 124
遊び 7
片足（足抜き） 156
頭かけ（水かけ） 180
アヒル座り（姿勢②―座位） 61

洗う 176
歩く 123, 146
歩く（行進） 75
歩く・走る①―送り 111
歩く・走る①―立位 78
歩く・走る②―腕立て（膝つき） 80
歩く・走る②―交互足 112
歩く・走る③―腕立て（足つき） 81
歩く・走る④―腕立て 82
アルマアタ宣言 11
安座（姿勢②―座位） 60
石探し 198
石ひろい（プール内⑥―潜水） 191
磯遊び 201
一般型 7
イヌ（歩く・走る②―腕立て（膝つき）） 80
イメージ 210
イモムシ（転がる②―側方） 86
いろいろな回旋（まわる） 127
インサイド（蹴る） 143
インステップ（蹴る） 144
上から（投げる・受ける②―2人） 134
ウエルネス 12
浮き輪下り 198
受ける（丸めて） 164, 168
ウサギ（跳ぶ①―立位） 83
ウサギ（プール内②―歩く・走る） 185
後ろ向き（ぶら下がる・振る②―肘裏） 104
打つ（丸めて） 165, 168
腕支持①―高い跳び箱（一台） 97
腕支持②―高い跳び箱（二台） 98
腕支持歩き（腕支持②―高い跳び箱（二台）） 98
腕支持振り足乗り（腕支持②―高い跳び箱（二台）） 99
腕支持振り尻乗り（腕支持②―高い跳び箱（二台）） 100
腕支持振り跳び（腕支持②―高い跳び箱（二台）） 99
腕支持振り膝乗り（腕支持②―高い跳び箱（二台）） 99
腕立て開脚跳び越し下り（跳び越し下り） 101
腕立て跳び越し下り（上がる・下りる） 108
腕立て踏み越し下り（上がる・下りる） 108
腕立て横跳び越し下り（跳び越し下り） 100
海で遊ぶ 200
うんてい 124
運動 19
運動会 214
運動機能 41
運動能力 25, 30
運動の調整力 7
エアロビクス 11
栄養 19
絵描き（かく） 146
横臥（姿勢③―臥位） 62
扇（組み立て②―3人） 68
お母さん座り（姿勢②―座位） 60
送り手（渡る） 125
押す・引く 89, 115
押す（横にして） 173
お父さん座り（姿勢②―座位） 60
お泊まり保育 202
お兄さん座り（姿勢②―座位） 59

おにごっこ（登り・下り）122
お姉さん座り（姿勢②―座位）60
おばあちゃん座り（姿勢②―座位）61
お入りなさい（跳ぶ②―2人）149
お風呂（跳んで）（箱状で①―入る・出る）170
お風呂（プール内①―その場で）183
お風呂（またいで）（箱状で①―入る・出る）170
おみこし（2本）（乗せる―3人）161
おみこし（組運動②―3人）69
おみこし（開いて②―持ちあげる）169
親子体操 70
おんぶ（組運動①―2人）69
おんぶ（持って扱う②―立位）131

― か ―

臥位（仰向け）（つく）143
貝殻集め 201
開閉跳び（2本）（跳ぶ③―高さを変えて）160
開脚跳び（跳ぶ）113
開脚跳び（空間動作・着地―低い跳び箱）95
回旋（部位①―首）63
回旋（部位②―上下肢）64
回旋（部位③―体幹）65
回旋跳び（跳ぶ①―1人）148
臥位（伏臥）（つく）142
顔（面つけ②―目を開けて）178
顔（面つけ①―目を閉じて）177
顔洗い（洗う）176
かく 146
かけ足（行進）75
駕籠屋（乗せる―3人）161
下肢 36
片足（跳び越し下り）92
片足（踏み越し下り）91
片逆手（握り方）103
片逆手（持って扱う―握る）156
片手（投げる・受ける②―2人）134
片手（振る・まわす）157
片手（やり投げ）（投げる・受ける）158

学校 19
学校教育法 19
家庭 19
家庭環境 29
カニ（歩く・走る①―送り）112
カニ（プール内②―歩く・走る）187
壁（プール内⑤―バタ足）189
ガマガエル（跳ぶ②―全屈膝）84
雷落とし（転がる）93
紙吹雪つかみ（手）（切って）166
川で遊ぶ 198
川跳び（跳ぶ）114
川跳び（跳ぶ③―3人以上）150
カンガルー（プール内②―歩く・走る）186
環境 7
器具的運動 77
切って 165
機能 39
木登り 197
キャタピラ（楕円状で―移動）171
キャンプ 194, 202
キャンプサイト 194
休養 20
教育課程 224
教育基本法 19
行事 213
曲線（歩く）147
キリン（歩く・走る①―立位）78
キリン（親子体操）70
気をつけ（姿勢①―立位）58
筋力 39
くぐって跳んで（くぐる・跳ぶ）116
くぐる 123, 153, 173
くぐる・跳ぶ 116
口（面つけ①―目を閉じて）177
口（面つけ②―目を開けて）178
口＋鼻（面つけ①―目を閉じて）177
口＋鼻（面つけ②―目を開けて）178
屈伸（部位①―首）63
屈伸（部位②―上下肢）64
屈伸（部位③―体幹）65
屈腕（ぶら下がる・振る①―手）103
組運動②―3人 69
組体操 67

組み立て①―2人 67
組み立て②―3人 68
クモ（歩く・走る③―腕立て（足つき））81
クレーン（足で扱う）（持って扱う①―座位）130
クロール（這う）88
ケーブルカー（ぶら下がる）115
月案 229
月間計画 229
けのび（プール内④―浮く）189
蹴る 143
蹴る（丸めて）165, 168
ケンケン跳び（跳ぶ）114
ケンケン跳び（跳ぶ①―床に置く（静））159
ケンケン跳び（跳ぶ②―床に置く（動））160
ケンケンパ（跳ぶ）154
健康 7, 9, 17
健康観 9, 11
健康増進 11
健康増進法 16
健康対策 11, 14
健康日本21 14, 16, 17
健康問題 11, 14
現代社会 3
交互手（渡る）125
交互跳び（跳ぶ②―2人）149
公衆衛生 11
行進 75
後転（転がる③―後方）87
行動体力 22, 23
後方（歩く・走る①―送り）111
後方（歩く・走る②―交互足）112
コウモリ（ぶら下がる・振る⑤―膝裏）105
コウモリ下り（上がる・下りる）107
ゴーゴー列車 208
ゴールデンプラン 12
呼吸機能 40
心 48
腰上げ（腕支持①―高い跳び箱（一台））97
腰掛け下り（プールサイド②―下りる）

● さくいん

183
個人差　28, 29
言葉　7
ゴリラ（歩く・走る①─立位）　79
転がす　153, 158
転がす（縦にして）　173
転がす①─1人　136
転がす②─2人（＋止める）　138
転がる　93
転がる①─前方　86
転がる③─後方　87
転がる②─側方　86
昆虫採集　197

── さ ──

サーフィン（親子体操）　71
座位（赤ちゃん・長座閉脚）（転がす①─1人）　137
座位（赤ちゃん・長座開脚）（転がす①─1人）　137
座位（足）（転がす②─2人（＋止める））　140
座位（お母さん・正座）（転がす①─1人）　136
座位（お父さん・あぐら）（転がす①─1人）　136
座位（お姉さん・両足斜め座り）（転がす①─1人）　136
座位（おばあちゃん・尻を下につけた正座）（転がす①─1人）　137
座位（長座開脚）（つく）　142
座位（長座閉脚）（つく）　142
座位（手）（転がす②─2人（＋止める））　139
サイト片付け　196
サイト整備　194
座位（跳び下り）　118
座位（振る）　117
座位（胸）（転がす②─2人（＋止める））　140
逆上がり（上がる・下りる）　107
逆手（握り方）　102
逆手（持って扱う─握る）　155
魚つかみ　199
座高　34

サツマイモ（転がる②─側方）　87
左右足換え跳び（跳ぶ）　113
山菜採り　198
死因　14
持久力　24
支持　109
姿勢①─立位　58
姿勢③─臥位　61
姿勢②─座位　59
地蔵倒し（組運動②─3人）　70
下から（投げる・受ける②─2人）　135
指導計画　221, 228, 232, 233
指導計画案　221
自動車（箱状で③─移動）　171
児童福祉法　19
社会環境　13
社会性　51, 52, 226
尺とり虫（歩く・走る③─腕立て（足つき））　81
斜面登り─ロープ　197
シャワー　179
ジャングルジム　121
ジャンケン頭打ち（棒にして）　164
週案　229
週間計画　229
習慣病　14
集団行動　72
手具的運動　129
出生率　14
循環機能　40
順手（握り方）　102
順手（持って扱う─握る）　155
上肢　36
情緒　48
情緒機能　49
少年期　18
助走・踏切　94
尻抜きまわり（まわる）　110
尻乗り（腕支持①─高い跳び箱（一台））　98
尻乗り（跳び乗り・下り）　91
神経型　7
神経系　39
人権　19

身体的活動　226
身体的体力　25
身長　34
振動（部位②─上下肢）　63
新聞　162
伸腕（ぶら下がる・振る①─手）　103
垂直跳び（空間動作・着地─低い跳び箱）　95
吸いつき反射　42
スキャモン　7, 24, 26, 33
砂遊び　200
砂にお絵描き　200
すべり台　119
すべる　119
スライダー（転がす）　158
生活環境　3, 28
生活習慣　12
正座（姿勢②─座位）　60
正座（すべる）　119
生殖型　7
精神的活動　226
精神的体力　28
成人病　14
生物観察　199
整列①─横隊　72
整列②─縦隊　73
世界保健機関　7, 9
背かけ（水かけ）　180
背中合わせ立ち（押す・引く）　89
全身（水かけ）　181
洗濯機（プール内②─歩く・走る）　185
前転（360度）（転がる①─前方）　86
前方（歩く・走る①─送り）　111
前方（歩く・走る─交互足）　112
洗面器　176
ゾウ（親子体操）　70
ゾウ（プール内②─歩く・走る）　186
側方（歩く・走る①─送り）　112
側方（歩く・走る②─交互足）　113

── た ──

体育遊び　30
第1次国民健康づくり政策　14
体位の変化（歩く）　123

261

体験度数　29
体重　34
台上前転（跳び越し下り）　101
体操　58
第2次国民健康づくり対策　16
タイヤ　172
体力　21, 25, 26, 30
体力づくり　26
隊列変化　74
楕円状で―移動　171
タオル　167
高さと体位の変化（くぐる）　123
高跳び（跳ぶ）　114
立ち跳び下り（プールサイド②―下りる）　183
タックル跳び（空間動作・着地―低い跳び箱）　96
だっこ（持って扱う②―立位）　131
縦にして　173
立てる　157
だるまさんがころんだ　207
短期指導計画　228
探索反射　42
ダンボール　169
地球まわり（まわる）　110
知的能力　25
長期指導計画　228
長座（姿勢②―座位）　59
長座（すべる）　119
調整力　24, 26, 227
調整力テスト　30
跳躍（部位④―全身（動的））　65
直線（歩く）　146
つかみとり競争（開いて）　167
つく　140
綱引き（引く）　147
ツバメ（支持）　109
ツル（歩く・走る①―立位）　79
ツル（プール内②―歩く・走る）　186
手足（ぶら下がる）　122
手洗い（洗う）　176
手打ち（空間動作・着地―低い跳び箱）　96
手押し車（足持ち）（歩く・走る④―腕立て）　82

手押し車（肩掛け）（歩く・走る④―腕立て）　83
手押し車（組運動①―2人）　69
手押し車（膝持ち）（歩く・走る④―腕立て）　82
手押し車跳び（跳ぶ③―腕立て）　85
手かけ（水かけ）　179
手から足（投げる・受ける①―1人）　133
鉄棒　102
手（ぶら下がる）　124
手（振る）　125
でんぐり返し（180度）（転がる①―前方）　86
テント設営　195
テント撤収　196
頭囲　36
倒（部位⑤―全身（静的））　66
倒立前転（転がる）　93
徒手的運動　57
トノサマガエル（跳ぶ②―全屈膝）　84
跳び上がり・跳び下り（上がる・下りる）　106
跳び下り　118
跳び越し下り　92, 100
跳び乗り・下り　90
跳び箱　94
跳び箱段を使って（助走・踏切）　94
跳ぶ　113, 154
跳ぶ（開いて①―床に置いて）　162
跳ぶ（横にして）　172
跳ぶ①―1人　148
跳ぶ①―床に置く（静）　159
跳ぶ①―立位　83
跳ぶ②―2人　149
跳ぶ②―全屈膝　84
跳ぶ②―床に置く（動）　160
跳ぶ③―3人以上　150
跳ぶ③―高さを変えて　160
ドラゴン（親子体操）　71
トリム　12
トントンパー（立てる）　157
トンネル（箱状で②―くぐる）　170

― な ―

仲良し跳び（跳ぶ②―2人）　149
投げる（丸めて）　164, 167
投げる・受ける　153, 158
投げる・受ける①―1人　132
投げる・受ける②―2人　134
ナマケモノ（片手足）（ぶら下がる・振る⑥―手足）　106
波と戯れる　200
波跳び（跳ぶ③―3人以上）　150
縄　145
握り方　102
日案　229
日計画　229
にらめっこ（プール内⑥―潜水）　190
人間関係　7
ネコ（歩く・走る②―腕立て（膝つき））　80
ねらい　224
年間計画　229
捻転（部位①―首）　62
捻転（部位③―体幹）　64
乗せる―3人　161
登り・下り　121
登り棒　126
登る　120
登る・下りる①―1本登り　126
登る・下りる②―2本登り　127

― は ―

把握反射　42
這う　88, 115
拍手（投げる・受ける①―1人）　132
箱状で①―入る・出る　170
箱状で②―くぐる　170
箱状で③―移動　171
走る（開いて②―体につけて）　163
橋渡り　199
パズル（足）（切って）　165
発育　33, 34
発育発達曲線　7, 24, 26, 33
発現力　24
バッタ（跳ぶ③―腕立て）　85
発達　33, 39, 41, 48

幅跳び（跳ぶ）　114
バビンスキー反射　42
腹（ぶら下がる）　122
腹かけ（水かけ）　180
バランス（部位⑤―全身（静的））　66
バランス崩し（押す・引く）　89, 115, 159
飯ごう　196
反省　232
ハンドル（持って扱う）　152
ビート板（プール内⑤―バタ足）　190
ヒール（蹴る）　144
火おこし　195
引く　147
空間動作・着地―低い跳び箱　95
ピクニック　214
引く（横にして）　172
膝裏（ぶら下がる）　123
膝立て（姿勢②―座位）　59
膝つき（姿勢①―立位）　59
膝つき（登る）　120
膝乗り（腕支持①―高い跳び箱（一台））　97
膝乗り・ジャンプ下り（跳び乗り・下り）　90
膝乗り・前転下り（跳び乗り・下り）　90
ひねり跳び（空間動作・着地―低い跳び箱）　97
評価　232, 233
表現　7
表現運動　205
開いて　167
開いて①―引く　169
開いて①―床に置いて　162
開いて②―体につけて　163
開いて②―持ちあげる　169
ピラミッド（組み立て②―3人）　68
部位①―首　62
部位②―上下肢　63
部位③―体幹　64
部位④―全身（動的）　65
部位⑤―全身（静的）　66
フィットネス　11
フープ　152

フープを使って（助走・踏切）　94
プール　182
プールサイド（プール内⑤―バタ足）　189
プールサイド①―腰掛け　182
プールサイド②―下りる　183
プール内①―その場で　183
プール内②―歩く・走る　185
プール内③―這う　187
プール内④―浮く　188
プール内⑤―バタ足　189
プール内⑥―潜水　190
伏臥（姿勢③―臥位）　61
伏臥（すべる）　120
伏臥（振る）　118
ぶくぶく（プール内①―その場で）　184
伏し浮き（プール内④―浮く）　188
ブタの丸焼き（両手足）（ぶら下がる・振る⑥―手足）　105
ふとん干し（ぶら下がる・振る④―腹部）　105
踏み越し下り　91
プライマリ・ヘルス・ケア　11
ぶら下がる　115, 122, 124
ぶら下がる・振る①―手　103
ぶら下がる・振る②―肘裏　104
ぶら下がる・振る③―脇　104
ぶら下がる・振る④―腹部　105
ぶら下がる・振る⑤―膝裏　105
ぶら下がる・振る⑥―手足　105
ブランコ　117
ブリッジ　49
振る　117, 125
振る・まわす　157
フレーベル　6
フロート（プール内⑤―バタ足）　190
平均台　111
平均余命　14
ヘリコプター（まわす）　147
ヘリコプター跳び（跳ぶ①―1人）　148
ペンギン（歩く・走る①―立位）　79
保育所　6, 19
保育所指導計画　229

保育所保育指針　6, 19, 221, 222, 229
棒　155
防衛体力　22, 23
方向転換　73
棒にして　163
ボール　130
歩行反射　42

― ま ―

真上（登り・下り）　121
前まわり（まわる）　109
前向き（ぶら下がる・振る②―肘裏）　104
前向き（ぶら下がる・振る③―脇）　104
枕（持って扱う③―臥位）　132
股くぐり（プール内⑥―潜水）　191
マット　78
魔法のじゅうたん（開いて①―引く）　169
魔法のじゅうたん（開いて①―床に置いて）　163
丸めて　164, 167
まわし跳び（跳ぶ③―3人以上）　151
まわし跳び（跳ぶ）　154
まわす　147, 152
まわりを走る（開いて①―床に置いて）　162
まわる　109, 127
まわれ右（方向転換）　74
右向け右（方向転換）　73
水かけ　179
水かけ（プールサイド①―腰掛け）　182
水かけっこ（プール内①―その場で）　184
水プログラム　175
耳澄まし（プール内①―その場で）　184
向かい合ってバランス立ち（押す・引く）　89
結び目つくり（持って扱う）　145
結び目とき（持って扱う）　145
面つけ①―目を閉じて　177
面つけ②―目を開けて　178

263

目標　223
文字書き（かく）　146
持って扱う　145, 152
持って扱う―握る　155
持って扱う①―座位　130
持って扱う②―立位　131
持って扱う③―臥位　131
モノレール（這う）　115
モロー反射　42

― や ―

野外活動　193
休め（姿勢①―立位）　58
山で遊ぶ　197
山跳び（跳ぶ）　114
山跳び（跳ぶ③―3人以上）　150
遊園地　216
床に両手つき（投げる・受ける①―1人）　132
ゆりかご（転がる③―後方）　87
よい子（歩く・走る①―立位）　78
幼児期　17
幼児教育現場　6
幼児体育　226, 233
幼稚園　6, 19
幼稚園教育要領　6, 19, 221, 222, 229
幼稚園指導計画　229
幼年期　18
横移動（登り・下り）　121
横座り（姿勢②―座位）　60
横にして　172
横渡り　127

― ら ―

ライオン（歩く・走る②―腕立て（膝つき））　81
ラッコ（持って扱う③―臥位）　131
ラッコ（プール内④―浮く）　188
立位（8の字）（転がす①―1人）　138
立位（足）（転がす②―2人（＋止める））　139
立位（足）（つく）　141
立位（頭）（つく）　141
立位（片手）（つく）　140
立位（尻）（転がす②―2人（＋止める））　139
立位（前屈）（転がす①―1人）　138
立位（手）（転がす②―2人（＋止める））　138
立位（跳び下り）　118
立位（振る）　117
立位（両手）（つく）　141
両足（足抜き）　156
両足（投げる・受ける②―2人）　135
両足（踏み越し下り）　92
両足からみ（登る・下りる①―1本登り）　126
両足跳び（跳ぶ①―床に置く（静））　159
両足跳び（跳ぶ②―床に置く（動））　160
両足の間から（投げる・受ける②―2人）　135
領域　7
両手（投げる・受ける）　158
両手（投げる・受ける②―2人）　134
両手（野球・ゴルフ）（振る・まわす）　157
リンパ型　7
列車（プール内②―歩く・走る）　185
ロイター板を使って（助走・踏切）　95
ロケット（組み立て②―3人）　68
ロケット（棒にして）　163
ロボット（歩く・走る①―立位）　80
ロールマット　90
ロールマット上前転（転がる）　93

― わ ―

渡る　116, 125
ワニ（顔上げ）（プール内③―這う）　187
ワニ（顔つけ）（プール内③―這う）　187
ワニ（棒くぐり）（プール内③―這う）　188

1回まわり（投げる・受ける①―1人）　133
2台並べて（渡る）　116
2列から3列（隊列変化）　75
2列から4列（隊列変化）　74
2列（整列①―横隊）　72
2列（整列②―縦隊）　73
4列（整列①―横隊）　72
4列（整列②―縦隊）　73
8の字回旋（まわす）　148
Health for all 2000　13
Healthy People　12, 13
HFA 2000　13
Nurturing Health　13
Our Healthier Nation　13
Sports for all　12
The Health and Well-Being　13
The Health of the Nation　13
V字バランス（組み立て①―2人）　67
WHO　7, 9
W字バランス（組み立て①―2人）　67

幼児体育教本

2007年4月15日　第一版第1刷発行
2013年4月15日　第一版第3刷発行

編著者　河田　隆
著　者　古田瑞穂・村松正之
　　　　坂本勝江・山内健次
　　　　渡辺貫二・佐々木俊郎
　　　　森谷直樹・月橋春美
　　　　瀧　信子・飯田昌男
発行者　宇野文博
発行所　株式会社　同文書院
　　　　〒112-0002
　　　　東京都文京区小石川5-24-3
　　　　TEL (03)3812-7777
　　　　FAX (03)3812-7792
　　　　振替　00100-4-1316
印刷・製本　中央精版印刷株式会社

Ⓒ T.Kawata et al., 2007
Printed in Japan　ISBN978-4-8103-1339-0
●乱丁・落丁本はお取り替えいたします